Shobogenzo Zuimonki

【増補新版】

若き道元の言葉

正法眼蔵随聞記に学ぶ

鈴木格禅 著

大法輪閣

正法眼蔵随聞記に学ぶ

【目次】

【付　編】

装丁／山本　太郎

講話の前に

あれはたしか昭和十八年の、暮もかなり押し迫ったころのことだったと思います。そのころ私は東京陸軍航空学校を出て、埼玉県にあった熊谷《くまがや》陸軍飛行学校におりました。日曜日に外出をして、前の年に知りあったある方の家にお邪魔したのですけれども、通された部屋の本棚に道元禅師のお書きになった『正法眼蔵《しょうぼうげんぞう》』の岩波文庫本が、上・中・下の三巻とも全部揃って並んでいました。私はそっとそれを手にとって、神妙に何頁かの活字を目で追いました。活字を目で追ったと言って、読んだと申し上げないのは、字は読めるのですけれども中味がさっぱり分からなかったからです。

昭和十八年十月、学徒出陣が決められ、十二月には学徒兵たちが入隊してまいりました。そんなある日のこと、やや得意になって、「オレはセイホウガンゾウを見たぞ」（読んだと言わないところが味噌なんです）と言ったところ、国学院大学の出身だという特別操縦見習士官第一期生の一人が、いやそれは「ショウボウゲンゾウ」と読むんだと教えてくれました。私が『正法眼蔵』を「ショウボウゲンゾウ」と読むようになったのはそれからです。

『随聞記』も「ズイブンキ」と読んで間違いではないのでしょうが、やはり長い間「ズイモンキ」と言い習わしておりますし、また普通には、正法眼蔵という言葉を省略して、単に『随聞記』といえば、この『正法眼蔵随聞記』を指すことになっているように思われますので、ここでも『随聞記』とのみ申し上げることが多いと思いますが、どうか合わせてご承知置き下さい。

ところで『随聞記』は、鎌倉時代における偉大な仏者の一人である道元禅師《どうげんぜんじ》（一二〇〇―一二五三）の折にふれての説示《せつじ》や随時の説法を、禅師の高弟で、禅師がおかくれになったあとも約三十年もの間、真心を尽くして、ひとすじにその教えを護り、永平寺を守って八十三年のご生涯を閉じられた孤雲懐奘禅師《こうんえじょう》（一一九八―一二八〇）が、丹念に筆録したものであります。『随聞記』筆録の期間は、文暦《ぶんりゃく》元年（一二三四）の末、もしくは翌年の初めのころから嘉禎《かてい》四年（一二三八）晩秋のころまでの約四ヶ年であります。もちろん、これは懐奘禅師がご自身の仏道修行の力になさるべく、秘かに筆録されたもので、これを世に出されようというお考えは毛頭なかったに違いありません。

道元禅師がおかくれになった建長五年（一二五三）の冬十二月、懐奘禅師は永平寺の方丈《ほうじょう》において、道元禅師が中国は天童山《てんどうざん》でのご修行中に、その師・如浄《にょじょう》禅師（一一六三―一二二八）からいろいろと教えられた道元禅師直筆《じきひつ》の記録を発見し、それを書き写して『宝慶記《ほうきょうき》』と名づけました。これは、道元禅師における如浄禅師の《随聞記》なのであります。

懐奘禅師は自ら書き写した『宝慶記』の一番末尾に、「右は先師古仏《せんしこぶつ》の御遺書《ごゆいしょ》の中にこれ在り。これを草し始めしも猶《なお》余残あるものか、恨《うら》むらくは功を終えざることを。悲涙千万端《ひるいせんばんたん》なり。懐奘」としたためております。永平寺の方丈の中から、若き日の道元禅師が如浄禅師から教えられた参学の記録を発見し、これを写し始めたけれども、まだそのほかに残されてあるはずなのに、そのすべてを発見し得ず半途にして終ることになってしまった。なんと悲しいことか、涙が流れてならぬ、という意味であります。

自分の参学のために、師の教えを秘かに記録しておくということは、修行者の大事な心掛けの一つだったに違いありません。したがって懐奘禅師も秘かに参学の要点を記録していたのであり、人に見せるためにしたのではないと思います。それゆえ、これを六巻に編集して一本にまとめたのも、また『正法眼蔵随聞記』と名づけられたのも、懐奘禅師ではなくて、そのお弟子さんたちであったかも知れぬ、そういう推測もなされております。『随聞記』は永い間、人に知られませんでした。

道元禅師の末孫で江戸時代を代表する学僧に、面山瑞方《めんざんずいほう》（一六八三―一七六九）という方がおられます。この面山和尚は、数え二十七歳のとき、先輩の僧から『随聞記』にもっと良い本があることを聞き、それを求めて手元の『随聞記』を修訂し、宝暦八年（一七五八）に序を書き、それを明和七年（一七七〇）に刊行されました。宝暦八年、このとき面山和尚は七十六歳です。なんと面山は四十九年目に、その願いを達したのであります。

初め面山が持っていた『随聞記』は、もと禅門ではない他の宗旨の古い寺に写本で伝わっていたのを、その作者が誰だか分からないけれども、内容が大変優れているから、仏道修行のためになるであろうというので、寛文《かんぶん》九年（一六六九）の秋、京都の書店から刊行されたものだったといいます。

こんなことを考え合わせてみますと、『随聞記』はかなり長い間、不遇であったといえます。それが面山和尚の目にとまり、その手によって世に出されたことは、ひとり『随聞記』のみならず、学道の人にとっても大きな喜びであったはずであります。

嘉禎四年（一二三八）、『随聞記』の筆録が終ったとき懐奘禅師は四十一歳、師の道元禅師は数え三十九歳です。お二方とも仏道に対する白熱の志気《しいき》が、まさに天に沖《ちゅう》するような勢いで燃えさかっていたころの言行とその記録であります。

まえおきがずいぶん長くなりました。それでは本文のお話に移ることに致しましょう。

〔註〕

◇『正法眼蔵随聞記』の原文には、江戸時代の学僧面山の校訂になる明和本《めいわぼん》を底本とした和辻哲郎博士の、岩波文庫版を用いた。近年は、昭和十七年（一九四二）に発見された長円寺本《ちょうえんじぼん》が、写本としては、より忠実に原本の俤《おもかげ》を残しているに相違ないという理由から、すこぶる珍重され、次第に普及しつつあるが、面山本（明和本・岩波文庫本）も、久しく、唯一の『随聞記』として、広く学人《がくにん》を教養し、深く宗門の歴史に関わって生きてきたのであるから、その意義と功績は、永く讃えられなければならぬ。ただ、面山本と長円寺本とでは、文字言語の表現のありようや扱い方に相違があり、また、巻目の順序等も同一ではないので、注意を要する。

引用した本文の「ふりがな」は、現代かなづかいに改めてある。

◇本書は「あとがき」にもあるように、ＮＨＫラジオ「こころをよむ」で放送された講義と、放送時に刊行されたテキストを併せて再編成したものである。本文中、※印の後の小活字の部分はテキストの〔節要〕〔講義各回の要点〕からの引用であり、〔意釈〕もテキストから採った。（編集部）

第一回　無常の世

――次の瞬間の保証などない

亦《また》此《こ》の志《こころざ》しをおこす事は切《せつ》に世間《せけん》の無常を思ふべきなり。此の事は亦只仮令《ただけりょう》の観法《かんぼう》なんどにすべきことにあらず。亦無きことをつくりて思ふべきことにもあらず。真実に眼前《がんぜん》の道理なり。人のおしへ、聖教《しょうぎょう》の文《もん》、証道の理《り》を待つべからず。

朝《あした》に生《しょう》じて夕《ゆ》ふべに死し、昨日《きのう》みし人今日《きょう》はなきこと、眼《まなこ》に遮《さえ》ぎり耳にちかし。是《これ》は他《た》のうへにて見聞《けんもん》することなり。我が身にひきあてて道理を思ふに、たとひ七旬《じゅん》八旬に命《いのち》を期《ご》すべくとも、終《つい》に死ぬべき道理に依《よっ》て死す。其の間の憂へ楽しみ、恩愛怨敵《おんないおんてき》等を思ひとげばいかにでもすごしてん。

只仏道を信じて涅槃《ねはん》の真楽《しんらく》を求むべし。況《いわん》や年長大《としちょうだい》せる人、半《なか》ばに過《すぎ》ぬる人は、余年幾《い》く計《ばか》りなれば学道ゆるくすべきや。此の道理も猶《なお》のびたる事なり。真実には、今日今時《こんにちこんじ》こそかくのごとく世間の事をも仏道の事をも思へ、今夜明日《みょうにち》よりいかなる重病をも受《うけ》て、東西をも弁《わきま》へぬ重苦の身となり、亦いかなる鬼神《きじん》の怨害《おんがい》をもうけて頓死《とんし》をもし、いかなる賊難にもあひ怨敵も出来《いできたっ》て殺害奪命《せつがいだつみょう》せらるることもやあらんずらん。実《まこと》に不定《ふじょう》なり。(第二巻の十四の後半)

【意訳】まことなる人間の「いのち」の道に、真剣に生きてゆきたいと希《ねが》い、かつ思うならば、何よりもまず世の儚《はかな》さ、我が身のたよりがたなさについて、よくよく思量するがよい。

己れをも含むすべてのものが、ひとときの停滞もなく、変りづめに変り、うつろい、かつ流れ去ってゆくことは、修行の一方法としての、かりそめの観法《かんぼう》などで、ことさらになすべきことでも、それによって改めて気づかされることでもない。また、もともとありもせぬことを、無理やりに作り出したり、幻想させせたり、わざわざ考え出させたりするようなことでもない。移り変る世のさま、明日をも知れぬ我が身などということは、理屈や思想ではなしに、誰人の眼の前にも展開されているところの、少しも疑う余地のない経験的な事実である。人の訓《おし》えや、世間で大切にする宗教の書物、ないしは古聖先哲《こしょうせんてつ》が書きのこしてくれたところの、優れた言葉や道理をまつまでもない。

朝生まれたものが、その日の暮れ方にはすでに死んでおり、昨日逢ったばかりの人が、すでにみまかって、今日はもはや、この世にいないなどというようなことを、我々は日常生活の間に、直接に見たり聞いたりしている。しかし、我々の見聞はどこまでも他人のことであり、噂話《うわさばなし》に終ってしまう。

「諸行無常」ということを、他人事にせず、よそ事のように思わないで、我が身のこと、代りの利かない自分自身の事実の問題だと、はっきり自分に振り向けて、よくこの「ことわり」を考えてみると、たとい、七十歳・八十歳の高齢まで生きることを希い、また、実際にその年齢まで生きながらえたとしても、死ぬべきときには、否応《いやおう》なしに死んでゆかねばならぬ。それが道理であり、人はその道理を免《まぬが》れることはできぬ。

それゆえ、死に到るまでの、喜びや悲しみを織りまぜた様々な出来事や、肉親の間の濃《こま》やかな恩愛の情、他人との間の深刻な感情の縺《もつ》れなど、仮にいろいろあったとしても、人は元来、儚《はかな》い存在で、自分の思いや意志の力など全くとるに足らず、また、そのようなものではどうすることもできない「ハタラキ」の一様相として、仮に、「いま」「ここ」に在らしめられているにすぎないという事実に気づき、よくその実態を見きわめてみると、恩愛のしこりや感情の縺れなどが、たとい、いかなるものであったとしても、その事柄に、どのようにでも対応し得て、生きてゆくことが容易になるであろう。「死」の事実を根底に見据《みす》えて判断すれば、万事はいかようにでも処理し得るものである。

それゆえ人は、存命中は無条件に仏道を信じ、ひたすらに生の喘《あえ》ぎのおさまった、まことの安楽を求むべきである。とりわけて、たいへん長生きして老境に入った人や、人生の半ばを過ぎて、ようやく死をその身に感ずるような年配になった人は、余年はそれほど沢山残ってはいないのだから、仏道を学ぶのに、緩《ゆる》みや手抜きがあっては相ならぬ。仏道は喫緊《きっきん》に修行すべきである。余命いくばくもないことに思いを致せば、修行をゆるくすることなど、とうていできるはずのものではない。

しかしながら、このように言うことも、まだ、間延《まの》びした不徹底な申し条であり、緊張感に欠け、切実さがない。

本当のことを言えば、今日この時こそ、このように世間の出来事や仏道について、いろいろに思惟《しゆい》したり物語ったりしているが、次の瞬間の保証など、どこにもないのである。されば、今夜にでも、明日にでも、どんな病にかかって意識不明の重態になるやもしれず、また、眼には見えぬものの妖《あや》しげな力によって、急に死に到らしめられることもあり、さらにはまた、思いもよらぬ凶悪な人にも出くわし、憎悪《ぞうお》と怨念《おんねん》の固まりのような人にも遭遇して、不当に殺され、命を奪われることだって、ないわけではない。事故や災難による失命は、いつ到来するか全く予知できぬ。そのような次第で、この身の安全を保証するものなぞ、どこに

もないのである。それぱかりか、世の中に何ひとつとして、確かなことなどありはしない。

原文の末尾に「第二巻の十四の後半」とあるのは、面山本『随聞記』第二巻の十四と見出しのあるお話の後半の分だという意味であります。この段の前半の部分をまずご紹介申し上げます。

ある日、一人の学人《がくにん》が道元禅師に向かって質問をした。「私は仏道修行を心にかけてから、かなりの歳月が経ってしまいましたけれども、まだ悟りを開くことができません。昔の人は多く、真実を得ることは聡明霊利《そうめいれいり》や有智明敏《うちめいびん》にはよらぬと仰せになっていますから、自分のこの身がどんなに貧しく愚かであったとしても、卑下《ひげ》することはないように思います。もしこのことについて、なお私が承知しておくべき伝承や心得がございましたら、どうか教えていただきたい、いかがなものでございましょう」

そういう僧の問いに道元禅師はお答えになって、このように仰せられております。

「有智高才を用いず、霊利聡明によらないのは、まことの学道である。だけれどもこれを誤って、全く愚かになってしまえとするのは、やはり間違いである。学道は多聞高才《たもんこうさい》を用いないから、自分のことを愚かな人間だと厭《いと》おてはならない。それだから、まことの学道はたやすいはずである。しかしながら、大いなる国、宋の修行道場にも、一人の指導者の下に数百、数千の多くの僧がおるけれども、まことの得道《とくどう》、得法の人はわずかに一人、二人であるにすぎない。

そういうわけであるから、それにふさわしい故実用心《こじつようじん》ももちろんある。その理由を考えてみると、志の至ると至らないということに尽きるようだ。真実の志をおこして、自分の分際に従って修行すれば、道を得ないということはない。その用心のありさまは、まず真剣に慕い求める志の切なることである。

それはたとえて言えば、かけがえのない宝物を盗もうと思い、強い敵にうち勝たんと思い、すてきな美人に逢いたいと思う心のある人は、寝ても覚めてもいつでもどこでも、そのことを思っているから、その願いを遂げないということはないはずである。そのように道を求める志が切でありさえすれば、あるいは坐禅の時、あるいは昔の人が道を得た問題に向かう時、あるいはよき指導者に出逢った時、真実の志をもって行ずる時、それがどれほど高くとも射貫《いぬ》くべく、また、いかに深くともきっと釣り上げることができるであろう。これほどの志をおこさずして、仏道の一念に生死《しょうじ》の輪廻を切る大事をどうして成就することができるであろうか。もしこの志のある人は、己れの性《さが》の貧しさや愚かであるということの区別なく、必ず悟りを得るに決まっている」

原文の如くならば、「若《も》し此の心あらん人は、下智劣根《げちれっこん》をも云はず、愚痴悪人をも論ぜず、必ず悟りを得べきなり」。そういう文章が先にあって、そうして「亦《また》此の志しをおこす事は切に世間の無常を思ふべきなり、云々《うんぬん》」と続いてくるわけであります。

人が真実に生きるためにはどうしたらよいか、本当に人間として、この身をはこんでゆくためには、いかにあらねばならぬのか、またどのようにすべきか。

文の初めにある「この志」とは、自分が真実に生きたいと切に願う心のことであります。道元禅師は、その志をおこすことは切に世間の無常を思うべきであると仰せられます。そうしてこのことは、ただかりそめの観法《かんぼう》などによってすべきことではないと仰せられます。

観法というのは、坐禅をして心を凝《こ》らし、特殊な状況を観念することです。心の眼で、ある状況を思うことです。この場合に相応するのは、一般に不浄観《ふじょうかん》と呼ばれる観法ではないかと思われます。不浄観は、自分の呼吸を数えることを中心とする数息観《すそくかん》とともに「入道の二甘露門」、つまり仏道に入るための二つの優れた観法の方法だといわれます。

もっとも道元禅師は、只管打坐《しかんたざ》の法門を説かれる宗教的立場から、これらの方法をとることを厳しく拒絶されておりますけれども、ここで仰せになっているのは、たぶん、不浄観のように思われます。

不浄観は、また九想観《くそうかん》ないし九相観《きゅうそうかん》とも呼ばれ、野に捨てられた人間の死体がだんだんに崩れ腐って、やがて白骨になってゆくありさまを九つの段階に区分して想念するもので、元来は人間の淫欲を超克《ちょうこく》してゆくための観法でありますけれども、それがまた自ずから無常のことわりを示す構造にもなっております。

　徳川家康の家来で、関ケ原の合戦はもとより、大坂冬の陣、夏の陣にも出陣し、兵馬倥偬《へいばこうそう》の間に勇名を馳《は》せ、四十二歳のとき出家して仁王禅《におうぜん》を創唱した特異の禅将・鈴木正三《すずきしょうさん》和尚は、文筆の才にも恵まれ、五十四歳のとき『二人比丘尼《ににんびくに》』という題の物語を書きました。この中には、尼僧となった美しい女性《にょしょう》が、亡くなって野に捨てられ、次第にくずれ腐って朽ちはててゆくその様子を、美しい文章でなまなましく書き綴っています。谷崎潤一郎の『少将滋幹《しげもと》の母』という小説にも、滋幹の父が墓地に行って不浄観を修する様子が、まるで絵でも見るように、こまごまと美しく語られております。

　しかしながら道元禅師は、無常というのは眼前の道理であり事実なんだから、ことさらに観法をしてみることでも、また、ありもせぬものを作り事をして想うようなことでもない、と仰せられます。「朝《あした》に生じて夕《ゆ》ふべに死し、昨日みし人今日はなきこと」などという言葉のあやは、無常を語るときの常套語《じょうとうご》ですらあるように思われます。

　無常を想うには、まず世の中のこと、人の身の上を想うてみる。そうして、その道理を今度は我が身の上に引き当てて考えてみる。人はどれほど長生きをしても、いつか必ず死ぬべき道理によって死んでゆかねばなりません。それゆえ、年長大《としちょうだい》せる人、人生の半ばを過ぎた人は残り時間が少ないから、しっかり修行に身を入れよというのも、まだ間延《まの》びしたなまぬるい申し条だと道元禅師は仰せられます。

真実には、次の瞬間の保証などどこにもない。「明日ありと思う心の徒桜《あだざくら》　夜半《よわ》に嵐の吹かぬものかは」という歌がありますが、まことに「三日見ぬ間の桜かな」です。

死は、この世に生まれ出たもの、そして今ここに生きつつある私どもの誰もが、決して避けては通れない必然なのであります。死の前には財産も、地位も、名誉も、学歴も、学力も、権力も、何の意味も持たず力もありません。

人間のあらゆる権能や力のすべては、死の事実の前には何の役にも立ちません。生の帰結は死です。そして、それは万人にいともに平等な形で到来します。

死は「いつ」でも「どこ」でも自分の真下に

然《しか》あれば、是れほどにあだなる世に、極《きわめ》て不定《ふじょう》なる死期《しご》をいつまで命《いの》ちながらゆべきとて、種種の活計を案じ、剰《あまつ》さへ他人のために悪をたくみ思《おも》て、いたづらに時光《じこう》を過すこと、極めておろかなる事なり。此の道理真実なればこそ、仏も是れを衆生の為に説きたまひ、祖師の普説《ふせつ》法語にも此の道理のみを説《とか》る。今の上堂請益《じょうどうしんえき》等にも、無常迅速生死事大《むじょうじんそくしょうじじだい》と云《い》ふなり。返返《かえすがえす》もこの道理を心にわすれずして、只今日今時《こんにちこんじ》ばかりと思ふて時光をうしなはず、学道に心をいるべきなり。其の後《のち》は真実にやすきなり。性《しょう》の上下と根《こん》の利鈍は全く論ずべから

ざるなり。（同）

【意釈】そういうわけであるから、これほどあてにはならぬ現実の世に、実際には、いつ到来するか少しも分からず、また決まってもいない自分の死期を、まるで他人事のようにしか感ぜず、いつまでも生きていられるように錯覚して、いろいろに生活上の手だてを考え、その上に、他人のためにも良からぬことを思い企《たくら》んだりして、虚しく時間を過ごしてしまうなどは、極めて愚かしいことである。

「死」は、「いつ」でも「どこ」でも「どんな場合」でも、自分の真下にあり、人は常に「死」の深淵の上を歩いているという道理が真実であればこそ、仏もこのことを広く人々にお説きになったのであり、仏道を相伝した先哲たちが、一山《いっさん》の修行僧を集めて説法するとき（普説法語《ふせつほうご》）にも、必ず、この道理だけをお説きになっている。それゆえ、今日の法堂《はっとう》の壇上に登っての説法（上堂）も、質疑や要請に応じての法益《ほうやく》（請益《しんえき》）も、決まって「時のすぐるはいと速し、もろく儚《はかな》き人の世に、生くるいのちは尊く重し」を説き、「人いかに生くべき、人いかに在るべき」を語って、まことなる生の実践について教導するのである。

くれぐれも、この道理を忘れず、よくよく心の奥に刻みつけて、自分のいのちは、今日の、この一瞬だけしかないということを思い、時間を無駄にせず、真剣に仏道を学ぶのでなければならない。その覚悟や態度がしっかりしていさえすれば、あとはまことに、たやすいことである。生まれつきの性分のよしあしや、利口かそうでないかなどという如きことは、全く問うところではない。

「是れほどにあだなる世に、極《きわめ》て不定《ふじょう》なる死期《しご》を」と道元禅師は仰せられます。

生は刻々の死においてあり、日々の別れにおいてあります。瞬間瞬間が永別の時です。瞬時瞬時が新しい出逢いの時であります。すでに申し上げましたように、死は向こうの方にあって、やがて訪れて来るものであるとは限っておりません。死は「いつ」でも「どこ」でも「どんな場合」でも、私どもの真下にあります。

道元禅師は無常と題して、「世の中は何にたとえん水鳥の　嘴《はし》ふるつゆに宿る月影」と詠《うた》っておられます。水鳥が水の中に首を突っ込んで、そして上げる、その嘴《くちばし》についた露の一滴《ひとしずく》に宿った月の光のように、脆《もろ》く儚《はかな》きものは世の中であり、人のいのちである。そう道元禅師はお詠いになっておられます。元旦だから死なないということはありません。結婚式の最中だから大丈夫だという保証はどこにもありません。

昭和二十年八月六日午前八時十五分、広島市中央区の上空五七〇ｍで原子爆弾が炸裂し、一瞬にして二十万余の人命を奪ってしまいました。戦後何年か経って被災の状況が世に知らされるようになりました。その中にあった一枚の写真が特に私に強い印象を与えました。

それはコンクリートの塀に焼き付けられた人間の影です。たしか、それはバケツか何かを持って梯子《はしご》を登りつつあった人の影のように記憶しております。仮にそうだとして、その人は瞬間まで生きていました。そうして自らには何の原因も理由もなしに突如、死んでしまいました。コンクリートに焼き付けられたその人の影には動きがありました。その動きが午前八時十五分のその瞬間に、白いコンクリートの壁に黒く焼き付けられて本人は死んだのであります。この影は、長崎をも含む何十万という多くの被爆死した方々の状況を象徴するもののように思われます。

髑髏《しゃれこうべ》をつけた杖をついて、一休禅師は「元旦や冥途の旅の一里塚　めでたくもありめでたくもなし」と詠《うた》いながら元旦の都大路を歩いたと伝説しますが、正月を迎えて浮かれさんざめいている人々に対する一休禅師独特の警告も、『随聞記』に従えば、なお延《の》びたことと言わなければなりません。死は何の前ぶれもなしに突如としてやって来ます。だから脇見している暇など、どこにもないではないか、道元禅師はそう仰せられるのです。

それゆえにこそ、お釈迦さまも歴代のお祖師さま方も、ひたすらに無常の事実と、いのちの大事のみをお説きになるのだと仰せられます。己れにおける死の見つめは、そのまま生の見つめです。真《まこと》に己れの死を熟視し得た人にして、初めて真に生きることができるように思うのであります。そしてそれは仏教の、宗教としての根幹に直接する大問題でもあります。

道元禅師が「祇園精舎《ぎおんしょうじゃ》の鐘の声、諸行無常の響あり。娑羅双樹《さらそうじゅ》の花の色、盛者必衰《じょうしゃひっすい》のことはりをあらはす」という『平家物語』や、「ゆく河の流れは絶えずして、しかも、もとの水にあらず、淀《よど》みに浮かぶうたかたは、かつ消え、かつ結びて、久しくとどまりたる例《ためし》なし。世の中にある人と栖《すみか》と、またかくのごとし」という『方丈記』と、同じ無常についての景観を自己の内に深く懐きながら、さらにそれを乗り超えて、自己存在そのものとしての無常を語るのには、それにふさわしい道元禅師ご自身における内なる気づきと透脱があったからにほかなりません。

ただ、『平家物語』や『方丈記』が無常を平面的な一種の景観として詠嘆しているのに対して、道元禅師はこれを内に深く包み込みながら、無常そのものを自己存在の事実として垂直にとらえ、ダイナミックで壮大なハタラキの実際として認識している、ということができるように思います。

そうしてそのことは、極めて素朴な意味において、「諸行無常」「諸法無我《しょほうむが》」「涅槃寂静《ねはんじゃくじょう》」の三《さん》法印《ぼういん》、もしくはこれに「一切皆苦《いっさいかいく》」を差しばさんだ四法印《しほういん》を標榜する原初の仏教の期待に最も近く忠実な在り方であり、その純粋なる歴史的展開であると思うのであります。この限りにおいて「諸行無常」は「諸法無我」という言葉と不可分の関係にあり、両者は表裏一体となって縁起の理法を支え、またはその背景となる論理的概念だったに違いありません。

しかしながら、仏教が日本に伝来し我が国の人々の心に溶け込んでゆくにしたがって、「諸行無常」という言葉は、時に「諸法無我」という言葉と切り離され、我が国の人に特有な情緒的思考の中に組み入れられ、それを代表する言葉として新しい装いをもって表現されるようになりました。中世以来、「諸行無常」と言うとき、どこかに、もの悲しさがついてまわります。それはある意味で、滅《ほろ》びへの詠嘆であると言ってよいでありましょう。先にあげた『平家物語』も『方丈記』も、うつろいゆくものの哀れ、滅びゆくものへの悲しみを切々と詠いあげて余すところはありません。

道元禅師は、《無常》につけ加えられた情緒的詠嘆を切り捨て、《無常》の日本的な変容を軌道修正したと言ってよいように思われます。無常に関する日本人的ななまりを改修して、仏法の本源に立ち返らせたと言ってよいように思われます。

さてそこで、人はいったい、この無常の世界に何をしに来たのでありましょうか。「人探す花火あかりの短かすぎ」という句があります。瞬間の生の中に私どもの求めるものは、いったい何であり、何が大事なのでありましょうか。

―――いちばん大事なこと

夜話に云《いわ》く、学人《がくにん》は必ずしぬべきことを思ふべき道理は勿論《もちろん》なり。たとひ其のことをば思はずとも、暫《しばら》く先づ光陰を徒《いたず》らに過《すご》さじと思ひて、無用のことをなして徒らに時を過さず、詮《せん》あることをなして時を過すべきなり。其のなすべきことの中にも、亦《また》一切のことといづれか

一　大切なると云ふに、仏祖の行履《あんり》の外はみな無用なりと知るべし。（第二巻の十七）　一

【意釈】ある晩、道元禅師は仰せになった。

仏道を修行する者は、当然のこととして、免《まぬが》れ難い死の事実について、はっきりと覚悟し、常にそのことを心にかけているべきである。たとい「死」ということについて、直接にあれこれと思いをめぐらしたりしなくとも、とにもかくにも、まず時間をば無駄には過ごすまいと思って、余計なこと、役にも立たぬことをして、いたずらに貴重な時間を空費せず、意義のあることをして時を過ごすべきである。その意義あることの中においても、また、その他のすべてのことにおいても、何がいちばん大事であるかといえば、仏道に生きた人々の修行の在り方、暮らし振りのほかは、すべて無用であると知るがよい。

人間のすべきことは、それぞれの立場、いや世界において沢山あるには違いありませんけれども、その中で最も大切なものは何かといえば、仏道に生き、これを全《まっと》うされた人々の生活や修行のあとを学ぶ以外はすべて無用だ、と道元禅師は仰せられます。このことを学ぶために真剣に志をふるい、やる気をおこせば、生まれつきの資質や能力など全く論ずるところではない、と道元禅師は力をこめて仰せられるのであります。

「必ず死ぬべきことを思ふ」というのは、やはり生の方向と内容を決定する大切な要因であると言うほかはありません。この必ずという言葉が「死ぬべきこと」にかかるのか、あるいは「思うべき道理」にかかるのか、よく分かりませんけれども、死の事実に対する真剣な思惟とその凝視は、必ずや生の大事を私どもに告げ、それに気づかせてくれるに違いありません。

※

仏教は「諸法無我《しょほうむが》」のゆえに、永遠なる神の存在を否定した。弱き人の群れが、究極的に信じ、かつ、頼らざるを得ない絶対の神は、自己および世界の真実相を徹底的に見きわめて、覚者となった偉大なる魂の中に収斂《しゅうれん》され、やがて、新しい衣を着せられ、別な役割を担い、その任務を果たすものとして、仏教の中に再生する。世俗に生きる人の心が、あこがれ慕った永遠なる神や、絶対の権能を振るって世俗に君臨した唯一者は、「諸法無我」において死んだのである。

絶対者としての神の死は、また、私の内における聖なるものの死であった。私の内における聖なるものとは、我々の日常的な意識の根底にあって、私の生命を未来につなぎ、あるいは神に連続せしめ、ないしは浄土や天上の園にはこんでくれるべき契機としての、「われ」以前の「われ」である。私自身は決して出逢うことはないけれども、私の内面の最も深いところにあって、私の生を支え、私を現在にはたらかしめている「オノレ」という実体。それが、ここに言う「われ」以前の「われ」である。

古いインドで主流をなした思潮の一つは、このえたいの知れない「オノレ」が、永遠なる宇宙の大生命と等質のものであると主張した。自己に内在する「聖なるもの」は、そのまま自己を超越する宇宙の「聖なるもの」であった。その「聖なるもの」としての「オノレ」を、けがらわしい肉体の束縛や欲望の囹圄《れいご》から解放するために、苦行があり禅定《ぜんじょう》が修行された。人は肉体の緊縛《きんばく》から離脱することによって、永遠の自由を得るのである。苦行や禅定に堪えられぬ者は、ひたすら布施等の善根《ぜんごん》を修することにおいて、生天の福を冀《ねが》った。

しかしながら、内なる「オノレ」が神と等質であるか否かはともかく、自己存在の根拠として、無意識の中に、誰人もその存在を肯定しているはずの「オノレ」という「モノ」が、実際には「何もない」という自己存在の事実について、人はこれを容易に肯《うけが》うことができない。それは、人間自身が所有する免れ難い思考の癖であり、自己存在の事実に関する根源的錯覚である。たとい現象として見聞し得る諸行の無常なる様態について、これを素直に肯うことができたとしても、いま現に生きつつある自己自身の存在の実際について、それを実の如く諒解し得るものは稀有《けう》である。人は、滅びゆくもの、死すべきものとしての自分を、十二分に承知しながら、なおその根底に、永生に関わる何かを求め、これを信じようとする。

第二回　人間の誠

——己れ独りを慎む

亦云《またいわ》く、世俗の礼にも、人の見ざる処あるひは暗室の中なれども、衣服等《えぶくなど》をきかゆる時も、亦坐臥《ざが》する時にも放逸《ほういつ》に隠処《かくしどころ》なんどをも蔵《か》くさず無礼《ぶれい》なるをば、天に慚《は》ぢず鬼《き》に慚ぢずとてそしるなり。只だ人の見る時と同《おなじ》くかくすべき処をもかくし、はづべきことをもはづるなり。仏法の中も亦戒律かくのごとし。然《しか》あれば道者《どうじゃ》は内外《ないげ》を論ぜず、明暗を択《えら》ばず、仏制を心に存《そん》じて人の見ず、知らざればとて悪事を行ずべからざるなり。（第二巻の十三）

【意釈】また道元禅師は仰せになった。

世間に行なわれる礼儀作法でも、人の見ていない処、あるいは、暗い部屋の中などであっても、衣服等を着替えるときや、その他、坐ったり寝たりする日常生活のすべてにおいて、だらしない仕方や、隠すべき処を覆《おお》わないような礼に欠くる在り方を、天地の神明に向かって愧《は》じないことだと非難する。人は、いつの場合でも、他人が見ているときと同じように、隠すべき処は隠し、愧ずべき処は愧じなければならない。仏法の中で説かれる戒律も、全くそれと同じである。

そういうわけであるから、仏道を学び真実に生きんとする者は、部屋の中であろうと外であろうと、また、明るい場所であろうと暗い処であろうと、いかような場所や時においても、仏さまのお決めになった「決まり」を心の中にはっきり刻みつけ、わきまえて、人が見ていないから人に気づかれず、人に知られないであろうからといって、仏道修行のさまたげになるようなことを、決してしてはならないのである。

文の初めに「亦云《またいわ》く」とあります、これは前に道元禅師のお話があり、それに引き続いてこれをお述べになっているということであります。第二巻の十二が、この本文の前にある文章なのでありたす。面山《めんざん》和尚が校訂のためにお使いになった『随聞記』の良き本が、このようになっていたのか、それとも面山和尚が便宜のために二つに分けて番号を振ったのか、その辺の事情はよく分かりませんけれども、長円寺本では一つにまとめられております。

まず十二というところから、ご紹介することに致しましょう。

夜話に云く、今此国《このくに》の人は、多分、或ひは行儀《ぎょうぎ》につけ、或ひは言語《ごんご》につけ、善悪是非世人《せじん》の見聞識知《けんもんしきち》を思ふて、其の事をなさば人悪《あ》しく思ひてん、其の事は人善《よ》しと思ひてんと、乃《ない》至向後《しきょうこう》までをも執《しゅう》するなり。是れ全く非なり。（第二巻の十二）

【意訳】ある晩、道元禅師はこんなお話をなすった。
いま日本の国の人は大部分の者が、あるいは生活の仕振《しぶ》りや、あるいは言葉づかい、いやその中味等について、人の思惑や批判、評判といったようなことばかりを気にして、これをしたら人が悪く思うであろう、このことは人がきっとよく思うに違いないなどと将来のことにまで、いわば人気取りをしておこうと企《たくら》む。それは全く誤りである。

世間の人必ずしも善とすることとあたはず。人はいかにも思はば思へ、狂人とも云へ、我が心に仏道に順じたらんことをばなし、仏法に順ぜずんば行ぜずして、一期《いちご》をも過ごさば、世間の人はいかに思ふとも苦《く》るしかるべからず。（前同）

【意訳】世間の人の言うことが必ずしも当たっているとは限らない。世の中の人がどのように思わば思ってもかまわない。仮に正常を逸しているというふうに言わば言え。自分の心の中に仏祖の道に順じてゆこうということを実行し、仏法に違《たが》うことであるならば行なわない、というふうに決めて一生を過ごしてゆくならば、世間の人は、たとえどのように思いましょうとも一向さしつかえはない。

遁世《とんせい》と云《いう》は世人《せじん》の情《じょう》を心にかけざるなり。ただ仏祖《ぶっそ》の行履《あんり》菩薩の慈悲を学して、諸天善神《しょてんぜんじん》の冥《ひそか》に照す所を慚愧《ざんぎ》して、仏制に任《まか》せて行じもてゆかば、一切苦《く》るしかるまじきなり。（前同）

【意訳】遁世《とんせい》ということは世間との関わりを絶って山にこもること、世俗との関係を捨てて仏道修行に専心すること、特定の寺院に居住せず小さな庵などにいて、世俗的な名達の埒《らち》の外に身を置くこと、世捨人《よすてびと》、などという意味でありますけれども、要するに世人の情を心にかけないことである。ただ仏祖の行履《あんり》、菩薩の慈悲、そういったものを深く勉強して、目に見えない神々のひそかに照らすところを内に恥じ外に恥じて、仏法の掟《おきて》、お釈迦さまのお決めになった決まりに身を任せて生きてゆくならば、一切苦しいことなんかありはしない。

だからといって、

されぱとて亦《また》人の悪《あ》ししと思ひ云《いわ》んも苦るしかるべからずとて、放逸《ほういつ》にして悪事を行じて人を愧《はじ》ざるは、是れ亦非なり。ただ人目にはよらずして一向に仏法に依《より》て行ずべきなり。仏法の中には亦然《しか》のごときの放逸無慚《むざん》をば制するなり。（前同）

いつの時代でも鼻もちならぬいやみな人間というのはいるもののようでございまして、「放逸にして悪事を行じて人を愧《は》じざる」、あるいはまた「世を執《しゅう》せぬとて、雨にもぬれながら行きなんどするは、内外《ないげ》ともに無益《むやく》なる」（第二巻の十、82頁参照）にもかかわらず、世間の人はあの人は世を執せぬと言って褒める、そういう行き違いや誤解がいっぱいあります。

そういう無責任な評価にはよらなくって、ひたすらに仏法によって行じ、かつ生きてゆけよ、そう道元禅師は仰せられるのであります。人の評判だけを気にし、これを基準として生きることが、その人にとって、かけがえのない人生の大事であり、生活上の生命線だという立場や職業の人がいますから、これを一般論として簡単に申し上げるわけにはまいりませんけれども、仏祖の道《どう》を学び、これに生きることを使命とし本領とする者が世評だけを気にしているのは、やはり誤りであると言うほかはないようであります。第二巻の十二の初めの方に、「人はいかにも思はば思へ、狂人とも云へ」などという言葉が出てまいりますが、これは実に激《はげ》しい申し条です。

遁世《とんせい》というのは世人の情を心にかけないことだ、と道元禅師は仰せになります。遁世というのは、世間の煩《わずら》わしさから逃げ出して世間を斜《はす》に見下ろして過ごす、といった暮らしぶりのことではなくして、仏制《ぶっせい》に従って生きることである。ひとたび身をよせて遁世したからには、世間の人の批評や噂話《うわさばなし》など一切気にしてはいけない。

世間の人の評判は無責任なものと相場が決まっているようなものであります。私は以前こんなことを聞いたことがあります。中部地方のある町にすてきな美人がおりました。いつも親切にしてくれる心安い人が「貴女のような美しい人が尼僧《にそう》になったら、どんなにすてきだろう。本当に絵に書いたような美人尼僧になるに決まっている。お嫁に行って苦労することなんかないですよ」と本人の前でため息まじりにしみじみと語った。

彼女はついその気になって、親の反対を押しきって尼僧さんになりました。それから暫《しばら》くして、尼僧になることをため息まじりに話したその当の本人が、別の人に語って言った。

「あの人もなあ、何の不満があって尼僧さんになったか知りませんが、あれほどの器量よしだもの、どんな玉の輿《こし》に乗れたか分からないのに、惜しいことをした。このごろの若い人はいったい何を考えているることやら」と、ため息まじりに語ったのを聞いた人がいます。

そういうことが、すべてであるとは決して言えませんが、大体において世間の風評というものは無責任なものであります。そういう無責任な世人の評価や噂話を気にして、自分をとり繕《つくろ》うのが、とどのつまり、己《おの》れ可愛さということであり、仏道とは何の関係もないことになってしまいます。

だからといって放逸無慚《ほういつむざん》であってはならず、デタラメであっていい道理はありません。

また、人から尊敬され褒められようなどという下心をもって、「雨にぬれながら行きなんどする」愚かしい行為を好んでする人もあり、またそれをして得意な人もおります。

そうではなくって、我が身は人目のいかんにかかわらず、正しく保ってゆかねばなりません。真実求道の人は人の見ていると否とにかかわらず、徹頭徹尾己れ独りを慎むことを果たしてゆかなければなりません。

この本文に書かれてある内容は、改めて説明する必要のないほど当然なことであり、決して特別なことではありません。その文章もまた分かりやすく簡潔にして要を得ております。そんないわば分かりきったことを、なぜ道元禅師はお説きになったのか。それはそのようなことをした人間がいたということであり、また、それをしそうな人がそこにいるということでありましょう。

ここに述べられていることは人間の節度や折目《おりめ》、ないしは儀礼の最も初歩的なものとして昔も今も親が子に教え、人が人をたしなめて歴史に伝えてきた大事な人間の文化の基《もとい》であり、ひそやかな人間の嗜《たしな》みであり慎みでありました。

道元禅師がこのようなことについてお述べになっているのは、一遍や二遍ではございません。『随聞記』の中にはかなりの回数、類似の説示《せつじ》を数え上げることができます。

後に日本臨済宗の祖といわれる栄西《えいさい》禅師（一一四一―一二一五）が建久九年（一一九八）五十八歳のときに書いた『興禅護国論』の中に、栄西禅師に対する、ある人の次のような質問が出ております。

「或《あ》る人、妄《みだ》りに禅宗を称して、名づけて達磨宗と曰《い》う。而して自ら云う、行なく修なし。本より煩悩なく、元より是れ菩提《ぼだい》。この故に事戒《じかい》を用いず、事行《じぎょう》を用いず、ただ応に偃臥《えんが》を用うべし。何ぞ念仏を修し、舎利に供《く》し、長斎節食《ちょうさいせつじき》することを労せんと云々《うんぬん》、この義は如何《いか》ん」

この質問は、本覚法門《ほんがくほうもん》を学び間違った人たちとも共通する意識であったように思います（本覚法門と日本達磨宗については273～274頁参照）。自分は本来仏だから、そのことを悟り、そこに合点がいけば何をしても一向にかまわない。戒律などを守るのは小乗仏教の亜流で、大乗仏教の清《しん》規《ぎ》（規則）を解《げ》せぬ愚かな人間のすることだという誤れる理解と受用がその根元《ねもと》にある、と言ってよいでありましょう。しかしそれは宗教生活の破壊であり、真実の道の否定であります。

道元禅師は、そういった人間の傾向についても、かなりよくご存知であったように思われてなりません。時代の風潮や、そういった人たちについて、道元禅師は相当に敏感であったように思われます。それだから繰り返し繰り返し、世俗的な価値判断に関わることへの警戒や嗜《たしな》みについてお述べになっているのでありましょう。

しかし、人の見ていない処で本当のことを行ぜよという訓《おし》えは、右に述べたような達磨宗に関わるところの、いわば特殊な事例についてのみ限定されるのではありません。それどころか、このことは洋の東西、時の古今を択《えら》ばず、宗教的実践や道徳的生活の本質に関わる重大な事柄である、と言うことができましょう。

独りを慎む、「慎独《しんどく》」ということは、程朱《ていしゅ》の道（朱子学）を学ぶ者にとって、最も切要な工夫の焦点であり、大事でありました。神の眼をおそれ、神の眼差しに己れを慎まぬキリスト者はおりません。日本ではいつのころからか「壁に耳あり障子に眼あり」と言い、「天知る、地知る、己れ知る」などと言って、親は幼い児に「独りを慎む」ことを訓えました。「慎独」は道徳の基本であり同時に宗教の大義でもあります。


むかし、初めて都会に働きに出ることになった少年に、ある人が銭別を贈りました。普通のものより二まわりも大きい包なので少年はどのくらい入っているのかな、と胸算用しながら、その包を開けてみますと、中から一通の紙切れが出てきて、それに「母が見てござる」とだけ書いてありました。少年はハッと胸をつかれ、たった今、瞬間にいだいた自分の貧しく卑《いや》しい思いを天地に恥じました。母の眼は神のように厳しい裁きの眼ではありません。母の眼はやさしい慈しみの眼です。社会には無数の誘惑が我が子を待ち受けている、愛しい我が子が誘惑に負けて自分を持ちくずすようなことがあってはいけない。「母が見てござる」という餞別を貰ったこの少年が、その後どんな生涯を送ったのか、私は知りません。

人は神をおそれて生きてきました。お天道《てんとう》さまをおそれ、大地の神をおそれ、そうして自分を慎んでまいりました。人はまた父や母の眼をおそれ、懐かしみ恋いながら己れを全うしようと努力しました。人は優れた導き手や、先生の声や眼差しをおそれることによって前進してまいりました。道元禅師の魂の最も奥にあったのは、釈尊へのおそれと、無常の事実に対するおそれやおののきであったのではないでしょうか。

おそれるものを持たぬ人間は傲慢になります。傲慢な人に道《みち》は遠いと言わなければなりません。奢《おご》り高かぶる人に道は無限であると言うほかはありません。道元禅師は、釈尊の眼と無常の事実をおそれ、今ここの己れを慎み、ひたむきに道に生きよと仰せられるのであります。

道に身心《しんじん》を捨てるということは、明日を待たない、今ここにおける自分自身の遂行であります。今ここで己れを完遂《かんすい》することであります。たとえどのような生まれの者であっても、そうしてまた、いかに貧しく愚かな性《さが》の持ち主であったと致しましても、たった一つのおそれる眼《め》を持ち得た人は幸せであります。いかに財を蓄え、学を積み、名をなしても、おそれる眼を知らぬ人は貧しく悲しい人だと言わなければなりません。

——沢木興道老師の衝撃的体験

　昭和四十年十二月二十一日、八十六歳の生涯を洛北の一隅に閉じられた沢木興道老師《さわきこうどうろうし》は、幼名を才吉《さいきち》と言いましたが、五歳で母を失い、八歳で父と死別して一家離散し、叔父の家に預けられました。ところがこの叔父も、間もなく幼い老師の眼の前で急に亡くなってしまったので、そのあとは表向きは提灯屋《ちょうちんや》を家業とする渡世をしていた沢木家の養子になりました。明治二十一年、数え年九歳のとき、近くの遊廓の二階で五十がらみの男が突如死んでしまった事件がありました。幼名提灯屋の才吉は人だかりの間を潜《くぐ》り抜けてその現場を見て、人の世の儚《はかな》さと空しさを心に刻み込みます。老師に長く接した人で、この話を知らぬ者はいないほど有名な物語でありますけれども、これを『沢木興道聞き書き』（酒井得元著）という書物によってご紹介申し上げてみましょう。

「なんでも九歳ぐらいのとき、明治二十一年だったと思うが、近所の遊郭の二階で急死者があった。五十男が突然、卒中か何かでその場で急死したという事件があった。その界わいは大騒ぎだった。巡査がかけつけるやら、検死が来るやら大へんな混雑だ。その家の前は黒山のような人である。交互に中をのぞき込んでは、なんとかかんとか噂し合っている。子供というものは神通力を持っているものだし、それにわしは、そのころ恐ろしくすばしこかったので、人が混雑しておってもなんのその、大人の股ぐらをするするとくぐり抜けて木戸御免とばかり、チョコチョコと二階にのぼってしまった。

上がってみるとちょうど検死の来る前で、呼びよせられて、今さっきかけつけたのであろう、死んだ男の妻女と思われる人が、死人にすがりついてオイオイ泣いている。『お前さんはマアー、死ぬにもことかいて、なんだってこんなところで――世間の外聞もあるものを』と言ってうらみをいう最中である。

このときのこの光景に、わしはドキンと胸を打たれた。冷水をぶっかけられたようであった。少年ながら、何か深刻なものを感じたのだ。『人間は内緒ごとはできんぞ』……これがそのときの実感であった。このおやじは、まさかこんなところで死ぬつもりはなかったろう。

無常を観ずるということにもいろいろあろうけれども、わしのように、幼いころに、母に死なれ、父に死なれ、叔父は見ている前で目をむいてぶっ倒れ、一瞬のうちに冷たくなったが、わしは無常なんていう痛切なものを観じなかった。そういうときの心配は、ただ今後だれが自分を養ってくれるかということだけだった。

道元禅師は八歳にして母を失い、香のけむりのゆらゆらするのを見て無常を観じられたというが、わしなど下根《げこん》の者には、まるでそういう体験はなかった。ところが最後に、こんな急死事件をまざまざと見せつけられて、ようやくこう何段構えにも、経験したあげくやっと、無常を骨の髄まで観ぜざるを得なかったのである。このときばかりは、いかに鈍いわしでも、しんから無常を観じないわけにはゆかなかった。

大体、人間はいつ死ぬるかもわからないものであるが、いざ死ぬというときには、あっさりといってしまうもので、いわば都合が悪いからちょっと待ってもらうというわけにはいかない、まことに待てしばしのないものである。このとき、この広い世界になに一つあてになるものはないのだということが、しんからわかったような気がした。

わしがこんなふうに無常を観じたのは、環境が環境であったからである。養家の生活環境というものは、この世の中の最悪、最下等のどん底で、人格だの教育だのということとは縁もゆかりもないところだったが、じつはそれがかえって最上の教育環境であったようだ」

老師の生涯は全くかげ日なたが無く、透明な人格をもって道に全生涯を尽くしきった類《たぐい》まれなる禅将でありました。

お米を盗もうと思って他人の家の米櫃《こめびつ》に手を突っ込んだまま死んだ人もおります。無常の風はまことに時を選びません。それゆえ、道を求むる者は何よりもまず己れの恣《ほしいまま》なる心を制する心掛けが大切になります。

心の調伏

示して云《いわ》く、行者《ぎょうじゃ》先づ心《こころ》をだにも調伏《ちょうぶく》しつれば、身をも世をも捨《すつ》ることは易《やす》きなり。只言《ただごん》語《ご》につけ行儀につけて人目《ひとめ》を思ひて、此の事は悪事《あくじ》なれば人あしく思ふべしとてなさず、我《わ》れ此の事をせんこそ仏法者と人は見んとて事に触《ふれ》て善きことをせんとするも、猶《な》を世情なり。然《しか》あればとて亦恣《ほし》ひままに我が心に任《まか》せて悪事をするは、一向の悪人なり。

所詮悪心を忘れ我が身を忘れて、只一向に仏法の為にすべきなり。向《むか》ひ来《きた》らんごとに随《したがっ》て用心すべきなり。初心の行者は先づ世情なりとも人情なりとも悪事をば心に制し、善事をば身に行ずるが、便《すなわ》ち身心を捨つるにて有《ある》なり。（第二巻の一）

道元禅師はこんなことを仰せられた。仏道を修行する者は何よりもまず、心を調伏《ちょうぶく》しなければいけない。調伏というのは普通、整えるということでよろしいのでありましょうけれども、伏という字に、ここではより重く大きい意味があるように思います。

仏教で心を整えてゆく過程、もしくはその状況を示す言葉に、断《だん》・伏《ふく》・捨《しゃ》ということを言います。断はたち切る、伏は抑えつける、捨は文字通り捨てるということ、もしくは関わりが無い状態を指すことに使います。

『随聞記』がここで使っている調伏という言葉は、どうも人間の心のありようを見据えたナマの言葉であるように思われてなりません。心を整えるといっても、人の心はそうざっとしたものではありません。ナマの要求が、抑《おさ》えても抑えても、しつこく頭をもたげてくる、それはまさに煩悩のマグマです。心の地底のいちばん奥の方から地鳴りを伴って吹き上がってくるところの、己れのためにのみ燃え上がる灼熱の炎に途方もなく熱せられた煩悩の熔岩《ようがん》です。これは己れを焼き滅ぼす炎だから、なんとか根元から消し止めなければならないのでありますけれども、それがなかなかできない。少し気を抜くとすぐ炎を上げる。ちょっと手間をはぶくと、たちまち燻《くすぶ》り始めてしまう。

生きている限り、根元から完全にこれを消し去ってしまうことなど、とうていできぬ相談だから、そこでしっかり抑えつけておく。これを調伏と言ったのでありましょう。だからこの調伏という言葉には、どこか非常に具体的な響きがあり、体験的な味わいといったようなものがあるように思われます。

本文の「心をだにも」というのは、心さえというほどの意味であります。ですからここは、仏道を修行する者は何よりもまず、心さえ整えることができたならば、この自分の身体をも世間をも捨て去ることは容易である。

ここで「世」といい「世間」というのは、世間一般のことを指すのではなしに、自分を取り巻く様々な関係、または自分を軸として広がっている、いろいろな関わり合いの世界、そういうほどの意味に受け取ってよろしいかと思います。

心をさえ調伏すれば、身も世も捨てることは難しいことではないが、ただものを言うについても、何かをするにしても、人の批評や思惑だけを気にして、これに引きずりまわされて、これはどうもろくでもないいんだから、それをしてしまったら人は悪く思うに違いないと勝手に推量し、そうしてそれをしない。あるいはまた、これをしたら人が、彼はさすがに仏法者だ、見上げた者よ、偉い者だときっと思ってくれるであろうと、これ見よがしに善いことをする――。

世間とか、人情とかいうのは自分に貼りつく心の在り方であります。己れを飾り、よく見せようとする心の傾向を指しております。人目を気にして行ないすます。もしくは行ないすましているような振りをする。褒められようと思って、いろいろ演技をする。しかしまた、それとは反対に、世間に向かって、いい子ぶるのは嫌だ、オレはそういうことは大嫌いだ、などと言って自分の心の赴《おもむ》くままに勝手なことを言ったり、したりする。オレは執《とら》われていないんだということをわざと見せびらかすような人も、広い世間にはいるわけで、こういうのは一向の悪人であると道元禅師は仰《おっしゃ》っている。

一向の悪人というのは、救いようもないほど愚かだというほどの意味で、こういう人につける薬は無いと言いたげであります。とどのつまり、どういうことが肝心かというと、悪心を忘れ、我が身を忘れて、ただ一向に仏法のためにすべきである、そう仰せられる。ここで悪心といっているのは、己れというものを中心に据え、軸に置いてキョロキョロすることです。良く思われたいとか、褒められようとか、尊敬されたいとか、口さがない世間の風評や、無責任なもの言いなどに頓着しないで、ひとむきに仏法のためにこの身を尽くせと道元禅師は語ります。

一向というのはその字の通り、ひとむきということです。自分が生きてゆく標準というか、定点というか、基準となるものを、己れや世間の側に置かないで、仏法の側にはっきり置いて、もうよろめかない。自分の胸算用やソロバン勘定を一切そこに持ち込んでこない。これが、ただ一向に仏法のためにすることであります。

人生というのは毎日、事件の連続であります。私どもは好むと否とにかかわらず、毎日毎日、時々刻々に真新しい事柄と対面しては訣別しておりますけれども、それに対する都度、新鮮に工夫し、己れを創造してゆく。これが「向《むか》ひ来《きた》らんごとに随《したがっ》て用心《ようじん》すべきなり」ということの真意でございましょう。

現前に展開しているところの、私どもが絶え間なしに出会っていかざるを得ない、そういうことの一つ一つを、法として生きてゆくところに仏道の大事があります。用心とは、眼の前の事件を法として生きる、その心の用いのことではないでしょうか。

初心の仏道修行者は、まず第一に世情であろうとも人情でありましょうとも、道のために不都合なことであるならば、それがたとえどんなに辛《つら》くっても心の中に抑《おさ》え鎮《しず》め、道のためになることだけを実践してゆくのが、とりもなおさず己れの身心《しんじん》を捨てることである、そう道元禅師は仰せられております。

人にさせられてするのではない。どんなにいいことでも、人にさせられてするときはお荷物になり苦行になります。そうではなくして、人はたった一つの眼《め》をおそれ、自ら己れが心を制御し、調伏して、それがどんなに辛く苦しくとも、また人間的要求の間尺に合わなくっとも、ひとすじに、ひとむきに道に生きる――。それが道に身心を捨てることであり、仏道に生きる者の「人間の誠」なのであります。

第三回　求道の純

――先人の生き方

一日示して云《いわ》く、俗人《ぞくにん》の云く、何人《なんぴと》か好衣《こうえ》を望まざらん、誰人《たれひと》か重味《じゅうみ》を貪《むさ》ぼらざらん。然《しか》あれども道《みち》を存《そん》せんと思ふ人は、山に入り雲に眠り寒むきをも忍び飢《う》へをも忍ぶ。先人《せんじん》苦《く》るしみなきに非ず、是れを忍びて道《どう》を守ればなり。後人《こうじん》是れを聴《きき》て道を慕《した》ひ徳を仰ぐなり。俗すら賢なるは猶《な》をかくの如し。仏道豈《あ》に然《しか》らざらんや。古人《こじん》もみな金骨《きんこつ》にはあらず。在世もことごとく上器《じょうき》にはあらず、大小の律蔵《りつぞう》によりて諸《もろもろ》の比丘《びく》をかんがふるに、不可思議の不当の心を起すもありき。然《しか》あれども後には皆《みな》得道し羅漢《らかん》となれりと見へたり。

しかあれば我れらも賤《いやし》く拙《つた》なしと云ふとも、発心《ほっしん》修行せば決定《けつじょう》得道すべしと知《しり》て、即ち発心するなり。古《いにし》へも皆な苦を忍び寒《かん》にたゑて、愁《うれ》ひながら修行せしなり。今の学者苦るし

く愁《うれ》るとも只《ただ》しひて学道すべきなり。（第四巻の六）

【意釈】ある日、道元禅師は仰せになった。

世俗の人が言うのには、「すてきな被服を着たくない人はいないし、おいしいご馳走を食べたくない人もまた、いないであろう。しかしながら、真実を求め、本当に生きようと希《ねが》う人は、俗世を遠く離れた深山の奥や谷川のほとりに隠れ棲《す》み、わずかな貧しい着物を身にまとうて寒さを忍び、木の実などをわずかに食べるだけで餓えにも耐え、枯淡《こたん》そのものの生活を貫き通している。そのような生活を守り、道に生きた古《いにし》えの人たちに苦しみがなかったのではない。その苦しみを忍び、困難に耐えて、ひとすじに道を守り、これに生きたればこそ、後の世の人たちが、その人の道を慕い、その徳を仰ぎ恋うのである」と。

世俗においても立派な人は、やはり、このように生き、かつ、その徳を讃仰《さんごう》し慕うのである。仏道に生きる者が、そのようでなくてなんとしようぞ。昔の人もみな、われらと同じような生身《なまみ》の体であり、黄金の骨で作られていたわけではないし、お釈迦さまがご在世のころの弟子たちも、立派な人間ばかりがいたわけではない。出家者の決まりを書きしるした大乗・小乗の、様々な書物によって、いろいろな僧たちのことを調べてみると、中には、とうてい考えられないような、道に外れたことを企《たくら》んだり、ひどい心をおこす者もあったのである。けれども、彼らもまた、後にはみな道を得、解脱して、人天《にんでん》の供養を受けるにふさわしい者（羅漢《らかん》）としての極果《ごくか》を得ている。

そういうわけであるから、自分たちも、たとい素質も悪く資性も拙《つたな》くて、一向に取り柄のない貧しい人間でしかないといっても、ひとすじに真実を求め道に生きる志をおこし、ひるまず、たゆまず修行してゆけば、必ず道を得ることができるのだということを、よく心得、心に決めて、求道の志を奮いおこすのである。

昔の人も、みな苦しみを忍び、寒さに耐えて、ころびつ、まろびつしながら、嶮《けわ》しい仏道修行の山坂を攀《よ》じ登ったのである。今の求道者も、たとい、身を削り骨を刻むような思いをしようとも、ひとすじに、無条件に、ひたすらに参禅弁道すべきである。


本文に一度お目を通していただければすぐ分かる通り、難しい意味など、どこにもありません。けれどもこの文には、どこか迫ってくるような力強さがあります。弱虫で怠け者の私の心をそっといたわり、いだいてくれるような暖かさがあり、やさしさがあります。それはこの言葉を語られた道元禅師の、そしてまたおそらくは、その言葉をそのまま文字に写されたであありましょう懐奘禅師の、心のやさしさであり人格の温《ぬく》みであると言ってよいように思います。

ある日、道元禅師はこんなことをお話しになった。

「俗人《ぞくにん》の云く、何人《なんぴと》か好衣《こうえ》を望まざらん、誰人《たれひと》か重味《じゅうみ》を貪《むさぼ》らざらん」、この俗人というのが誰のことだか、よく分かりません。伝の如くならば、道元禅師は七歳で『毛詩《もうし》』および『春秋左氏伝《しゅんじゅうさしでん》』を読み、九歳にして世親《せしん》の『倶舎論《くしゃろん》』をお読みになったと言います。

『毛詩』というのは『詩経《しきょう》』のことで、漢の時代の毛亨《もうこう》という学者が注釈をつけて伝えたもののことであります。『詩経』そのものの成立は、紀元前十一世紀から九世紀にかけて約三百年にわたる様々な人間の作った詩の集大成そのものでございます。『春秋左氏伝』は、紀元前八世紀から五世紀に及ぶおよそ三五〇年間にわたる歴史の出来事を記録したものであります。

道元禅師はまた、有名な中国の古典である司馬遷《しばせん》の『史記《しき》』や、唐の太宗李世民《たいそうりせいみん》のことを伝えた帝王学の教程としての『貞観政要《じょうがんせいよう》』、『文選《もんぜん》』その他、いろいろな中国の古典を沢山お読みになっていらっしゃる。

でありますから、ここに言われる俗人が、それらの書物の著者であるのか、あるいはその書物の中に出てくる登場人物の誰かを指すのか、現に道元禅師のお近くにおわしてこれを語った在家の人がいて、その人のことを指しているのか、よく分かりません。分かりませんけれども、いずれにしても道元禅師によってここに紹介せられているのは、本当のことであります。

すてきな被服を望み、おいしい味わいの食べ物を願わない者はおりません。衣・食・住と言ったり、「食う寝る処に住む処」と言ったり致しますけれども、人は誰でも、生きてゆく最低の条件を少しでも向上させようとする願望を、心のどこかで根づよく持っております。食べられさえすれば、どんな粗末な物でもいい、身に纏《まと》う物でありさえすれば、いかに粗末なボロ切れでも一向かまわない。何もないときには実際そう思うものであります。戦後のある時期にかけて、食べる物も着る物も、空襲に焼け出されて住む処もなくなってしまった幾百万幾千万という多くの日本人が、ついこの間、その痛切な経験をしたばかりであります。

しかし、だんだん世相が落ち着き、生活のありようがわずかずつでも良くなってまいりますと、最低のレベルに留まっていなくなります。われも人もどういうものか、より良いものを求め、より優れた物をたずねて懸命になります。上等な着物一枚だけでは足りない、もっとすてきな着物が欲しい、そう思う。おいしいご馳走を一度だけではなしに、いつも食べていたい、そう願う。これはもう涯《はて》しない人間の夢であり、止まることを知らぬ人間の欲望なのであります。

けれども、道を存《そん》せんと思う人は、真実に生き、まことしき世界に我が身を置こうと願う人は、「山に入り雲に眠り寒むきをも忍び飢へをも忍ぶ」というわけです。山に入り雲に眠るということは世俗の世界を離れることです。これには二つの意味があるように思います。その一つは、地理的条件として実際に静かな山の中に分け入って、そこに住むということ、世間とは遠く離れた深山幽谷《ゆうこく》の中に身を置いて、世俗の煩《わずら》わしさに関わらないで生きるという意味。もう一つは、これを内面的な問題としてとらえる。ここでは、山という字を純粋な世界、真実の世界というものの象徴として理解する。だから実際には山奥に身をはこぶのではないけれども、世間と関わり世俗に煩《わずら》わされない内面的寂《しず》けさの中に身を置いて、というほどの意味になりますが、ここではやはり前の方の、実際に山の中に分け入って、そこに住むという意味に理解する方が親しいように思われます。

司馬遷《しばせん》の著した『史記』という書物の中で、我が国にもよく知られたものに、伯夷《はくい》・叔斉《しゅくせい》のお話があります。二人は孤竹国《こちくこく》という名の国の領主の子であります。父は弟の叔斉に跡を譲りたいと思っていましたけれども、その父が亡くなってしまうと叔斉は、兄の伯夷にこれを譲ろうと致しました。しかし伯夷は、父の遺志に叛《そむ》くわけにはいかぬ、そう言って国の外に去ってしまいました。叔斉もまた兄を差しおいて領主になることを潔《いさぎよ》しとせず、国を出てしまいました。二人は西の方の国々の旗頭《はたがしら》であった昌《しょう》という人を頼って行きましたけれども、来てみると、すでに昌は死んでおり、その子の武王が父の位牌を車に乗せて（殷《いん》の）紂王《ちゅうおう》を討伐するため東に向かおうとしていた。二人は武王の馬を引き止め、父の葬儀も済まないのに戦いを起こすのは孝《こう》ではないし、臣下が主君を討とうとするのは仁《じん》ではない、そう言って諫《いさ》めました。武王の家来たちが二人を殺そうとしたが、太公望《たいこうぼう》の取り成しによって二人は命を助けられました。やがて武王は乱を平定し、天下は周を王と仰ぐことになりました。けれども伯夷・叔斉の兄弟は、この国に仕えることを恥とし、あくまで義を守って、周に仕えようとはしませんでした。そこで二人は遂に首陽山《しゅようざん》に隠れ住み、薇《ぜんまい》をとって露命をつないでおりましたが、やがて死ぬべき時の到来を知った二人は、「採《さい》薇《び》の歌」を辞世として、この山に飢えて死んでゆきました。

司馬遷は自序を述べる中で、伯夷・叔斉を列伝の第一に置いた理由について、「末世利を争うも、只彼義《ただかれぎ》にはしる、国を譲りて餓死す、天下これを賞す」――世も末になって人々は名利《みょうり》のためにのみ狂奔するが、伯夷・叔斉の二人は人間の節操を守り、それを全うして首陽山に飢えて死んだ、天下の人々は挙《こぞ》って二人を誉《ほ》めそやした――と述べ、その清廉潔白な生き方を讃えました。

『随聞記』に、「道《みち》を存《そん》せんと思ふ人は、山に入り雲に眠り寒《さ》むきをも忍び飢へをも忍ぶ」と言い、「先人苦《せんじんく》るしみなきに非ず、是れを忍びて道《どう》を守ればなり。後人《こうじん》是れを聴《きき》て道を慕ひ徳を仰ぐなり。俗すら賢なるは猶《な》をかくの如し」と言うのは、きっとこの伯夷・叔斉のような人のことを言ったのに違いありません。ことによったら、これを語られる道元禅師の胸中には、我が国にもよく知られたこのお二人の著名な物語が去来していたかも知れません。

また道元禅師は『随聞記』の第二巻の二三に、戦国時代の楚の人で、懐王《かいおう》の信任を得て国政を司ったけれども讒《ざん》にあって疎《うと》んぜられ、その子襄王《じょうおう》には長沙に流されて、遂に五月五日、石を抱いて汨羅《べきら》に身を投じて死んだ屈原《くつげん》についてもふれて、「近代の僧侶、多く世俗に随《したが》ふべしと云ふ。今思ふに然《しか》あらず。世間の賢すらなを民俗にしたがふことをけがれたることと云ひて、屈原の如きんば世は挙《こぞっ》て皆よへり我は独り醒《さめ》たりとて、民俗に随はずして、終《つい》に滄浪《そうろう》に没す。況《いわん》や仏法は事《こ》と事《ご》とみな世俗に違背《いはい》せるなり。俗は髪を飾る、僧は髪を剃《そ》る。俗は多く食《じき》す、僧は一食《いちじき》す。皆そむけり。然《しこう》して後に還《かえっ》て大安楽の人となるなり。故《ゆ》へに僧は一切世俗にそむけるなり」と述べておられます。

司馬遷は、屈原のことを『史記』の列伝第二十四に取り上げて一章を設けております。「俗すら賢なるは猶をかくの如し」ということについて、今は伯夷・叔斉や屈原のことをお話し申し上げましたけれども、賢なる人はもちろん彼らだけではありません。ほかにも沢山おりますけれども、世俗の人ですら賢人と言われるような人々は、義を尊び仁に生き、道を守るために、ずいぶん骨を折り苦労していらっしゃる。だからこそ後の人が、そのことを聞いて仰ぎ慕い賞め讃えるのだと言ったあと、道元禅師は、世俗の人ですらそのようにするのだから、まして仏道に生きようとする者はそのようでなければならぬではないか、と学人を激励致します。

そこで、「古人もみな金骨にはあらず。在世もことごとく上器にはあらず」と仰せられました。昔もみんな丈夫で立派な人たちばかりだったのではないということであります。

こういうことを仰せられる背景には、末法史観と同時に道元禅師ご自身の歴史観の主張があるように思われます。人間の思考の中には、下降的歴史観と上昇的歴史観と仮に名づけ得る二つの正反対の歴史観が同時にあって、都合よく機能しております。下降的歴史観というのは、いわゆる末法史観のことで、「昔は良かったが時が経つにしたがって、だんだんダメになってくる」という考え方。この考え方は現実批判的であります。「このごろの若い者はなっちゃいない、以前はそんなんじゃなかった。昔は良かった、自分の若いころは――」などというような表現をともなうものが下降的歴史観。

それから、「今はいい世の中になったね、すっかり便利になって昔には考えられなかったことばかりだ、長生きをして良かった」などという、これが上昇的歴史観であります。この歴史観を支えるのは、人間の欲望と、その要求を満たそうとするいわば道具の拡大、ないし、いろいろな科学の発達と言ってよいでありましょう。

でありますから、宗教とか道徳とか、あるいは倫理とか、そういう人間の本質に直接する基層文化は、大体、下降的歴史観に立つのが普通であります。新人類などと言われる言葉はそういう立場から生まれてまいります。

道元禅師は、時、つまり時間の流れを標準とする歴史観に対して、人間そのものを歴史観の底に据えているように私には思える。この、人間を根底に置いて歴史を眺め、そしてとらえるところに、道元禅師の歴史観の特徴があります。「古人もみな金骨にはあらず。在世もことごとく上器にはあらず」という表現には、下降的歴史観を背景にしながら、道元禅師の、人を根底に据えた歴史観の主張があるように思われてなりません。

勇施比丘の罪と救い

「大小の律蔵《りつぞう》によりて諸《もろもろ》の比丘《びく》をかんがふるに、不可思議の不当の心を起すもありき」とあります。大小というのは大乗・小乗ということ。現今では小乗というのは見下げた響きがあり貶《けな》した表現だという理由から、南方仏教とかテーラーバーダーとかいうような言葉で表現することが行なわれておるようであります。律蔵というのは戒律に関することを集大成したものの総称であります。戒が生まれ律が定められてゆくのには、それを生みかつ決めてゆくにふさわしい事件があったからなので、律蔵というのは、言ってみれば比丘や比丘尼《びくに》たちの犯した膨大な事件史である、仏弟子としては間違っていたり適当を欠いているところの、おびただしい生活の記録である、そのように言っていい一面を持っております。

もちろん律蔵の中には実際にあった事柄に対する記述もあれば、一個の物語によって戒律の精神を高揚し、仏法の真面目《しんめんもく》を敷衍《ふえん》するといったことも少なからず記録されております。その中の一つを例にとってお話し申し上げてみましょう。これはお釈迦さまが文殊《もんじゅ》菩薩に説かれたお話であります。

むかし日無垢光如来《にちむくこうにょらい》という仏さまがおわしました。この如来のおわします国を衆香《しゅこう》といいました。この国に一人の比丘がおりました。この比丘の名を勇施《ゆうせ》といいます。勇施というのは、厳しく戒律を保ち学問もあり知恵も優れ、声もよければ見目形《みめかたち》がまことに麗《うるわ》しい、「顔貌端正《げんみょうたんしょう》にして第一清浄妙色《しょうじょうみょうしき》を成就せり」とあります。実にどうも男前の比丘でございます。この勇施比丘が托鉢のため難勝城という町にやって来ました。そうして作法に従って次第に托鉢し、ある長者の家にまいりました。

托鉢にもちゃんと掟というか決まりがあって、やたらに食《じき》を乞うて歩くということは許されません。施物《せもつ》をくれてもくれなくとも、家並みに沿い、その順に従って托鉢するのが決まりで、これを次第托鉢《しだいたくはつ》といいます。だからお釈迦さまも、ある日の托鉢で何も貰うことができず、最後の家の召使いが危うく流そうとしているお米の研《と》ぎ汁を貰って辛うじて飢えを凌《しの》いだ、ということがございます。

この長者の家に一人の娘がおり、すでに結婚もしていたのでありますけれども、この女性が、托鉢する勇施の神々しい姿、見目麗しいその顔を見てボーっとなってしまいました。それだけなら、どうということもないんでありましょうけれども、なんとか勇施と一緒になりたい、もしあの人と結婚できないなら死んでしまいたい、そう思うようになりました。

原文の如くならば「時に長者の娘、勇施を見おわりて、愛染《あいぜん》の心を生じ、かくの如きの念をなす。われもし勇施比丘を得て以って夫となさざれば、まさに自ら命を落とすべし」

相手は持戒堅固な出家の身でありますから、この女性の願いは初めっから所詮無理であることは決まっております。それだからこそ余計に恋しいが、事が事だけに人には言えません。そこでドッと病の床についてしまいました。

そんなことがあったとは少しも知らぬ勇施比丘が、またこの町に入り托鉢をして、長者の家の前にやってまいりました。勇施が招きに従って家の中に入ってみますというと、美しい女性が痩せ衰えて横たわっております。その訳を尋ねますというと、娘の母親は、「この娘《こ》は前々から仏法についてのお話を聞きたいと言っておりましたのに、私がそのことを聞き入れないで娘の欲していないことを無理強い致しましたので、とうとうこんな重い病になってしまいました。そこでお願いがありますけれども、貴方、時々我が家に来て娘のためにお話をして下さいませんか」

勇施はそれには答えないで食事の供養を受けると、その日は精舎《しょうじゃ》に帰って行きました。初めは三ヶ月に一度ぐらいだったのが、一ヶ月に一度、やがて入りびたるようになってしまいました。一方、彼女の亭主の方は穏やかではございません。このところ、とんと女房の顔を見たこともない、どうしたことかと様子を探ってみますというと、どうも最近は比丘がこの家にいついているようだ。疑心暗鬼というが、それどころではございません。自分の女房が不貞をはたらいている、憎きは彼《か》の男だというので策をめぐらして、勇施を亡きものにしようと企《たくら》みます。これに気づいた勇施は先に亭主をやってしまおうと、「これを食事に混ぜて食べさせておくれ」と言って取り出したのが、日本で言うなら、さしずめ「岩見銀山《いわみぎんざん》猫いらず」。亭主は久しぶりに自分の女房からのご馳走でありますので喜んでそれを全部召し上がる。あとがいけません、血へどを吐いてとうとう死んでしまいました。

　これはえらいことをしてしまった。自分は出家の身でありながら他人の妻と通じ、その亭主を殺してしまった。淫と殺という二つの大きな罪を犯してしまった。どうしようというので救いを求め、道を求めて歩きます。その様子を経典は次のように描写しております。

「今われ為《な》すところ、これ大重悪なり。なんぞ比丘と名づけん、淫法《いんぼう》を受行《じゅぎょう》し、また人のいのちを絶てり。今われかくの如くまさになんの帰すべきところぞ。大憂悩《うのう》を生ぜり。われもし命終らばまさに悪道に落つべし。誰かよくわれのかくの如きの苦を免《まぬが》れしめんや」と。

　われは地獄の衆生だと言って放浪を続けた勇施は、ある寺にたどり着きます。そこにおわしましたのが鼻揉多羅《びにゅうたら》という名の菩薩です。勇施はこの菩薩の前の大地に全身を投げうち、自分は地獄の衆生であると言い、われは淫戒を犯し人命を絶ってしまったと告白を致します。それを聞いて菩薩は言います、「比丘よ、おそるることなかれ、われ今よく汝に無畏《むい》を施さん」――無畏というのは怖れなきことの意味であります。

　やがて勇施は、その菩薩の導きによって救われます。経は、勇施を救った鼻揉多羅菩薩は今の弥勒菩薩であり、勇施は宝月如来である、と述べてこの段をしめくくります。

　淫と殺との二つの重罪を犯した勇施が宝月如来、つまり仏になったというのであります。このことを経典で初めて読んだとき、私は自分の目を疑いました。読み間違いではないかとも思いました。しかし読み間違いではありませんでした。仏法とは、なんと広大無辺な教えなのでありましょう。

道元禅師もこの勇施のことについてはご存知のはずであります。なんとなれば道元禅師は『正法眼蔵深信因果《じんしんいんが》』の巻に、「豁達《かったつ》の空は因果を撥《はら》う、莽莽蕩蕩《もうもうとうとう》として殃過《おうか》を招く」とお書きになり、また『正法眼蔵坐禅箴《ざぜんしん》』の巻では、「行《ぎょう》もまた禅、坐もまた禅、語黙動静体安然《ごもくどうじょうたいあんねん》」などという言葉をおつかいになっておりますが、これはいずれも唐の時代の優れた禅将で、六祖慧能《ろくそえのう》禅師のところに行き、無常について質問をし一晩で道を得たという、永嘉玄覚《ようかのげんかく》がお作りになった『証《しょう》道歌《どうか》』というものの一節なのであります。でありますから、『証道歌』をお読みになっている道元禅師が勇施のことについて、ご存知ないはずはございません。

『随聞記』の本文に、「大小の律蔵によりて諸の比丘をかんがふるに、不可思議の不当の心を起すもありき。然《しか》あれども後には皆得道し羅漢となれりと見へたり」と仰せられておりますけれども、そのようにお話しになった根拠、もしくは背景の一つに、この勇施の話があったかも知れない、そう思って引用したわけでございます。

「古《いにし》へも皆な苦を忍び寒にたゑて、愁《うれ》ひながら修行せしなり」。お前たちも、たとえ苦しく愁うるとも、ただ強《し》いて学道すべきであるという、この「愁いながら」と「強いて」という二つのお言葉が、私にはこの上もなく暖かく思われるのであります。

——どんなに愚かでも

示して云く、仏々《ぶつぶつ》祖々《そそ》、皆《み》な本《もと》は凡夫《ぼんぷ》なり。凡夫の時は必《かならず》しも悪業《あくごう》もあり、悪心もあり、鈍もあり、痴《ち》もあり。然《しか》あれども尽《ことごと》く改めて知識に①随《したがい》て修行せしゆへに、皆仏祖と成《なり》しなり。今の人も然《しか》あるべし。我が身愚鈍なればとて卑下《ひげ》することなかれ。今生《こんじょう》に発心《ほっしん》せずんば何《いずれ》の時を待《まっ》てか行道《ぎょうどう》すべきや。今強《しい》て修《しゅ》せば必ずしも道《どう》を得べきなり。（第六巻の十六）

【意釈】道元禅師は仰せられた。

仏道を伝承し、道に生き、これを全うして、後の世の人から仏祖と仰がれるような方々も、みな初めは凡夫《ぼんぷ》でしかなかった。凡夫のときは、必ずや良からぬことをしたり、けしからぬことを思ったり、また、のろまの者もあり、愚かな人もいたのである。けれども、ひとたび仏に帰依しその門に入ってからは、ふしだらであった従来の在り方をすっかり改め、よき指導者の教えや導きに随って修行したので、一人の例外もなしに真実に生き、道を具現する者、すなわち仏祖となったのである。

今の人も、そうでなければならぬ。自分の性《さが》が、貧しく愚かであるからといって、己れをいやしめ、引込み思案であっては相ならぬ。この世に生きている間に、今この時に、真実を求める心をおこさなかったならば、道を行じ、これに生きる時などありはしない。それゆえ、今この時をはずさず、強《し》いて修行するのである。そうすれば、必ず道を得ることができる。

お釈迦さまのご在世に摩尼跋陀羅《まにばっだら》という人がおりました。この人は、人間の指を一人に一本ずつ千個集めると天に生まれることができる、という教えを説きました。それを本気に真正面から信じ込んだのが央掘摩羅《おうくつまら》という人であります。央掘摩羅は取った人の指で首飾りを作って掛けておりましたので、人々が指鬘外道《しまんげどう》とあだ名を致しました。ひとすじに教えを信じ込んだ純情な青年央掘摩羅は、来る日も来る日も人を殺し、その指を取って、九百九十九個目になりました。あと一つ取れば自分は天に生まれることができる。その日、央掘魔羅が町で出逢ったのは自分の母親でありました。央掘摩羅は自分の信仰のために、母を殺しその指を取ろうと致します。そこにたまたま来られたのがお釈迦さまでした。お釈迦さまは当然、その母親と息子の間に入って、その誤れる願望の邪魔を致します。

央掘摩羅にとって指が千個あればよいので、相手は誰でもかまいません。央掘摩羅はお釈迦さまに一歩ずつ迫ります。迫った分だけお釈迦さまは後に引きながら、諄々《じゅんじゅん》と央掘摩羅の誤りを諭《さと》します。どうしてもお釈迦さまに近づくことができなかった央掘摩羅は、お釈迦さまの教えに心を洗われ、やがてその弟子になり、遂に阿羅漢となります。

ある日、仏弟子となった央掘摩羅が托鉢をして舎衛城に行ったとき、人々はこの殺人鬼を罵《ののし》り、瓦《かわら》や石を投げつけ刀で切りかかりました。彼は人々のなすままに身を任せ、血だらけになってお釈迦さまのもとに帰ってまいります。この人がどこでどのようにしてその生涯を閉じたのか、それは誰も知りません。

また、眼の見えない老いた比丘《びく》がおりました。悪童たちがバカにし、からかってやろうと、「部屋の隅へ行って黙って坐っていろ、手毬《てまり》を投げてそれが頭に当たる毎に一つ悟りが開けるよ」と言いました。盲《めし》いた老比丘は真正直に部屋の隅に行って坐りました。子供たちの投げた手毬が頭に当たったとき、この比丘は本当に一つの悟りを得ました。四角い部屋でありましたので、このことが四たび繰り返され、その都度悟りを開いて、この老比丘は四度目には、遂に最高の悟りである阿羅漢果《あらかんか》を得たと言います。

また、蓮華色比丘尼《れんげしきびくに》という人は、元遊女でありましたけれども、酒の上の戯《たわむ》れに客の前でお袈裟をつけて踊った、その因縁によって後に出家して比丘尼になり、とうとう道を明らむるに至ったという話もあります。

このことを道元禅師は『正法眼蔵弁道話《べんどうわ》』の中で、「仏在世にも、てまりによりて四果《しか》を証し、袈裟をかけて大道《たいどう》をあきらめし、ともに愚暗のやから、癡狂《ちおう》の畜類なり。ただし、正信《しょうしん》のたすくるところ、まどひをはなるるみちあり」、そう仰せられております。

本文の「凡夫の時は」の次から並べられているところの「悪業もあり、悪心もあり、鈍もあり、痴もあり」というお言葉は、まるで自分のことを指されているような気がしてなりません。悪いことをし、性《さが》もいたって貧しい、そして愚かしい今の自分自身に、決して失望してはいけない、今生《こんじょう》のいまだ過ぎざる間に急ぎ発願し、道を求めよ、人が歳月を待つのではない、時は人を待ってはくれないのであります。

私にとって明日という日が訪れて来るか来ないかは、決して分かりません。

私は戦争の終った翌年の秋、貧しい禅寺の小僧になりました。様々なことに遭遇して絶望を繰り返し、救いようもないような失敗をしたり、暗夜に道をまさぐるようなこともしばしばございましたが、そんな私を力づけ勇気づけてくれたのは、道元禅師のお示しになったこのお言葉なのであります。

それにしても道元禅師は、このお話をいったい誰に向かってなさったのでありましょうか。懐《え》奘《じょう》禅師はお若いころ、何かの事件に遭われ、深刻な罪業感に悩んだ方であるに違いない。そういう推測も一部でなされておりますから、このお話の正面の相手は案外、懐奘禅師ご自身であったかも知れません。

「今生《こんじょう》に発心《ほっしん》せずんば何《いずれ》の時を待てか行道《ぎょうどう》すべきや。今強《しい》て修《しゅ》せば必ずしも道《どう》を得べきなり」、「必ずしも」というのは、必ずという意味であります。

※

いずれにしても、道元禅師の人間性に対する洞察は鋭く深い。仏道修行は決して容易ではない。参禅学道はたやすいことではない。ただ、強いて学道し修行せよと道元禅師は繰り返す。人は常に人間性の底辺への傾斜の中に生きている。ここに「人間性の底辺」というのは、食欲や性欲や睡眠といった動物に共通する一般的傾向と、名誉と利財に関する欲望のことである。生活表現の中でいえば、感覚的に「ここちよきこと」、感情的に「みちたりること」、知的には「納得すること」等々を、人は生涯追い求めてやまない。あらゆる意味における自己満足、自己充足のためゆえに、人は己れの一生をかけ、これに身心の全分を費す。成功とは、ある意味で欲望充足の一形態をいうのであり、生き甲斐とは、そのことのために献身する自己の在り方を、自ら諒解し納得することにほかならぬと言ってよいであろう。

しかし、道に生きるということは、かかる人間の在り方に背を向け、全く逆の方向に歩むということである。

道元禅師が、「況《いわん》や仏法は事《こ》と事《ご》とみな世俗に違背《いはい》せるなり」（『随聞記』第二巻の二三）と言い、「学道の人は人情を棄《すつ》べきなり」（同上の四）と言うとき、それは、人間の日常的な願望の放棄と背馳《はいち》を意味した。「人情をすつると云《いう》は仏法に随《した》がひ行く」（同上）ことであり、それはまた「所期《しょご》も無く所求《しょぐ》も無く所得もなふして、無利に先聖《せんしょう》の道《どう》を行じ祖祖の行履《あんり》を行」（同・第三巻の十）じてゆくことにほかならなかった。

〔註〕

① 善知識の略語。よき指導者。優れた導き手。「知識に三種あり、一には外護《げご》、二には同行《どうぎょう》、三には教授なり」（『摩訶止観』）

第四回　参学の要

――法輪転ずれば食輪転ず

亦云《またいわ》く、学道の人、多分云ふ、若《も》し其《そ》のことをなさば世人是《せじんこれ》を謗《ぼう》ぜんかと。此《こ》の条太《はなは》だ非なり。世間の人いかに謗ずるとも、仏祖の行履《あんり》、聖教《しょうぎょう》の道理にてだにもあらば依行《えぎょう》すべし。設《たと》ひ世人挙《せじんこぞ》ってほむるとも、聖教の道理ならず、祖師も行《ぎょう》ぜざることならば、依行すべからず。（第三巻の十三）

【意釈】また、道元禅師は仰せられた。

仏道を学ぶ人の多くが、よくこんなことを口にする。もし、そのようなことをしたら、世の中の人が、悪口を言いはしないだろうか。否《いな》、きっと非難し攻撃するに決まっていると。

そのような考え方や申し条は、大変な間違いである。世間の人が、いかに非難し悪口を言ったとしても、自分の現在行なっていることや、また、これから実践しようとすることが、仏道の真実を履《ふ》み行ない、これに生き、これを歴史に伝承してきた人たちの、修行の在り方や生活の仕方であり、また、経典や律蔵《りつぞう》、その他、祖師の伝記や語録等に説かれている仏法の道理であるならば、必ずそれに依り、それを根拠とし標準として、自分の生活や行動を決し、修行してゆくべきである。それゆえ、たとい世間の人々が、一人のこらず賞讃し褒《ほ》めそやしたとしても、それが、仏法の道理ではなく、道に生きた先人たちも実践し修行していないことであったならば、決してこれを行なってはならない。

本文の初めに「亦云《またいわ》く」とあり、その少しあとに「若《も》し其《そ》のことをなさば」という言葉がありますので、この段も前に何かが説かれていて、それに続いてのお話であるように思います。しかしながら、本文の底本《そこほん》に使いました面山本《めんざんぼん》も、それより古い写本である長円寺本も、このところは前の文と区切って新しく見出しの番号をつけておりますし、読みようによっては、必ずしも前の文と続ける必然性はないようにも思われましたので、一応ここのところを独立した文章として取り扱っております。

それで本文の「若し其のことをなさば」というところを、そのまま「もし、そのようなことをしたら」と意釈致しましたけれども、もしこの文が前のところとつながっているものとすれば、「そのようなこと」がどんな内容の事柄なのか、それは前の文章の中に示されてあるはずでありまず。そこで念のため、初めに、前にある文章を要約してご紹介することに致しましょう。これは面山本『随聞記』第三巻の十二に相当するところであります。

ある僧が言った、

「唐の国の寺院では、お寺の財産や生活に直接する物資や消耗品などがちゃんと用意されている仕組みになっているから、僧たちは何の心配もなしに修行に専念することができる。しかし我が国にはそういったことがないから、経済的なことを何もかも捨てておいてしまっては、仏道修行にさし障《さわ》りが出、乱れが出てくるように思う。そこで、そのようにならないために、着る物や食べる物を絶えず供給してくれる人を探し当て決めておいたらよいと思うが、いかがでありましょうか」

この問いに対して、道元禅師は次のように答えられた、

「そうではない。唐の国の人よりは我が国の人の方がかえって、わけもなしに僧に供養したり、その分際にふさわしからぬほどの物を人に与えることがある。ほかの人のことはよく知らないけれども、私自身は経験としてそのことをよく知っている。それは一切何も持たず、また何も当て

にしないで十余年過ごして来たからだ。少しでも財物《ざいもつ》を蓄えようとする、そのことが大問題なのである。人の一生は、ほんのわずかな間でしかない。その命を支えるくらいなことは、どうして蓄えようかなどと苦心などしなくっても、自然に与えられているものである。人には誰でも、天や地から授けられた自ずからなる食分《じきぶん》と命分《みょうぶん》、つまり食べ物と寿命、そういったものがあるから、そのために走り回ることなど必要はない、いわんや仏弟子には如来の残された福分《ふくぶん》がある」

このことは、お釈迦さまは百歳まで生きられることになっていたけれども、八十歳でおかくれになった。それはあとの二十年を福分として弟子たちにお残しになって下さった、ということを言うのであります。で、その二十年は仏弟子にとっては尽きることのない二十年なのであります。この尽きることのない如来の福分は、如来から与えられたものでありますから、求めなくっとも自ずから充たされます。

「それゆえ、道に生きる者は、衣食《えじき》、つまり着る物や食べることのために頭を使ったり心を煩《わずら》わしたりしないで、ひたむきに修行せよ。そうすれば衣食は自ずから充足される。それは自分が経験したことでもあり、また現に、いくらもその証拠はある」

そのように道元禅師は言われる。このことについて道元禅師の末流であるところの修行道場では、昔から「法輪転《ほうりんてん》ずれば食輪転《じきりんてん》ず」、つまり仏道修行に専心していれば、食べる物は必ずどこからか回って来て飢えることはない、そう言って、食べ物くらいのことに脇見をするなと厳しく学人を警《いまし》めております。

『随聞記』第三巻の十二の終りは、原文の如くならば「況《いわん》や仏子《ぶっし》は如来遺嘱《にょらいゆいしょく》の福分あり、不求《ふぐ》自得《じとく》（求めざるに自ずから得る）なり。只《ただ》一向にすてて道《どう》を行ぜば、天然これあるべし。是れ現証なり」と結んでおり、項を改めて「亦云く」と、今日の本文のところに続きます。

一人きりの世界

でありますから、今日の本文の第一行目にある「若《も》し其《そ》のことをなさば――」ということを、これの続きとして意味を汲み取ってみますと、「只一向にすてて道《どう》を行ぜば」ということになります。つまり食べる物や着る物のことについて、とんとおかまいなしに、そんなことに振り向きもせず、ただ一向に捨てて道を行ぜば、学道の人の大方が、世の人がそのことについて悪口を言い非難するに違いないと言うけれども、それは大変な了見違いだ、と文は続くことになります。で、もしこれを独立した文として見ますというと、「若し其のことをなさば」というのは、必ずしも着たり食べたりすることに関連し、これに拘束される意味ではなしに、ある何かをするという意味になって、その対象は特定できないけれども、素材となる問題の範囲は無制限に広くなります。ここでは、こんなことをしたら世の中の人が悪口を言うのではないか、という表現は同じでありますけれども、問題の中心が完全に移動してしまいます。つまり初めの方では、衣食《えじき》にとどこおるか否かということに問題の重心がありましたけれども、あとの方では人の非難を気にするか、しないかということに問題の焦点が移ることになります。

二つの問題は深く関わっておりますので、片方だけを切り捨てるということは適当ではないかも知れません。しかしながら、ここでは、世間の噂《うわさ》や人の批評だけに心を奪われて自分の足元をすくわれるなという、広い意味に理解致しました。

世間の人が、たとえどのように悪口を言っても、その反対に世の人が挙《こぞ》って褒めそやしたと致しましても、仏道に生きる者はそれに動かされず、聖教《しょうぎょう》の道理、祖師の行じたこと以外の方向に自分を向けてはいけない、と道元禅師は仰《おっしゃ》います。そうして、その理由について道元禅師は次のように仰せられております。

其《そ》れ故に世人《せじん》の親疎《しんそ》我れをほめ我れを誹《そし》ればとて彼《か》の人の心ろに随《したが》ひたりとも、我が命《みょう》終《じゅう》の時悪業《あくごう》にも引かれ悪道へ落《おち》なん時、彼の人いかにも救《すく》ふべからず。亦設《たと》ひ諸人《しょにん》に謗《ぼう》ぜられ悪《にく》まるるとも、仏祖の道《どう》に依行《えぎょう》せば、真実に我れをたすけられんずれば、人の謗ずればとて道《どう》を行ぜざるべからず。亦かくの如く謗じ讃ずる人、必ずしも仏祖の行を通達《つうだつ》し証得《しょうとく》せるにあらず。なにとしてか仏祖の道《どう》を世の善悪を以て判ずべき。然《しか》あれば世人の情には順《したが》ふべからず。只仏道に依行すべき道理ならば一向に依行すべきなり。（前同）

【意釈】そのわけは、世間の中の自分に親しい人やそうでない人たちが、自分を褒めたり、そしったりしたからといって、それは極めて無責任なものでしかないのだから、それを言う人の心に随《したが》い、その口車に乗ったとしても、自分の死ぬとき、生前のよからぬ行為や生活のむくいとして、苦しみ喘《あえ》ぐ地獄や餓鬼などの責苦《せめく》の世界に落ちてゆこうとするとき、それらの人がどのようであれ、自分を救ってはくれないのである。

また、たとい多くの人々に悪口を言われ憎《にく》まれても、仏祖の道を根拠とし、これに依り、これに随って修行し、これを踏み外すことがなければ、それこそが自分のまことの救いなのであり、また、真実なる救いが必ず直ぐそこにあるのであるから、人が非難したからといって、弱腰にならず、断乎《だんこ》として道を行じてゆかなければならない。

また、そのように、悪口を言ったり、褒めそやしたりするような人が、必ずしも仏道の中味やその実践について、知り尽くしていたり、肝心なことを明らめ得たりしているのではない。どうして、出世間の法であるべき仏祖の道を、世間の標準としての善悪で価値判断することができようか。そういうわけであるから、世の中の人の感情に従い、これに影響され、振りまわされてはならない。ただ、仏道に依り随ってゆくのが、仏弟子となった者の当然の道であり、それが「ことわり」なのだから、僧は、ひたむきに、無条件に、ひとすじに、仏

の道を守り、仏の法によって実践してゆくべきである。

ここには世間の批評そのものが持っているところの、二つの条件が述べられております。その一つは、良きにしろ悪しきにしろ自分について、いろいろ言ってくれる人も、自分が死ぬとき、誰も助けてはくれないということ。つまり、人はいつもたった一人であるということ。その二つめは、そういう批判や批評をする人が必ずしも仏道の奥義に達し、仏法を明らめてはいないということ。つまり人は無責任にものを言っているということ。

でありますから、本当に生きようと思う人は、世人の情《じょう》には従わないで、仏道によって生きてゆくべきであるというのであります。『随聞記』や参学の心構えを記した『学道用心集』の中には、このほかに何個所も同じことが述べられております。

道元禅師が繰り返し繰り返し、このことをお述べになるのは、それが学道の者にとっての大事なことであると同時に、実際にはなかなか実行できないということなのであります。そうしてまた、それを犯す人が沢山いたということであります。そのことは言葉を換えて言えば、それが人間の弱点であるということ、つまり誰もがそういう弱さを持っているということであります。それだからこそ道元禅師は、これを繰り返してお述べになったのでありましょう。

たった今申し上げたことでありますけれども、人はいつもたった一人です。道元禅師より少しばかり後の人でありますが、念仏の法門を極め遊行《ゆぎょう》の捨《す》て聖《ひじり》として天下にその名を知られた一遍《いっぺん》上人《しょうにん》は、「六道輪廻のあいだには伴《とも》う人もなかりけり　一人生まれて一人死す　生死《しょうじ》の道こそ悲しけれ」と歌っております。一人生まれて一人死んでゆく、これが人間の事実です。

『正法眼蔵出家功徳』の巻で道元禅師は、「おほよそ無常たちまちにいたるときは、国王・大臣、親昵《しんじつ》・従僕、妻子・珍宝たすくるなし、ただひとり黄泉《こうせん》におもむくのみなり」と仰せられております。自分の生を救ってくれるものは権力でも、愛情でも、信頼でも、財宝でも、家柄でも、血筋でも、学問でも、教養でもない。誰も救ってはくれないし、何ものも助けてはくれません。それを無責任な他人の噂話《うわさばなし》に乗せられてキョロキョロするのは、まことに愚かと言うほかはありません。

なるほど、人は自分以外の人間や自然や、その他あらゆる物や事と限りなく深い関わりの中に生き、そうして生かされておりますが、それと同時に、ほかの人や物には決して代ってはもらうことのできない、たった一人きりの世界に生きているということも、また本当なのであります。人は欠伸《あくび》の貸し借りはできません。鼾《いびき》の貸し借りも呼吸の貸し借りもできません。痛みや悩みの貸し借りもできません。もと自分のものではない自分の生を、人はたった一人で背負い、たった一人で生きているのであります。人は人間としての自分の全責任を、いつも背負っており、そうして、また自分の人生の最終の責任者なのであります。それゆえ、いつ・どこで・どんな時に果てても、自分の生の尻拭《しりぬぐ》いは自分で果たしてゆかなければなりません。少なくとも、道に生きる者にはその覚悟や心掛けがなければならぬはずであります。

私の古い友人の一人は、戦時中、今の中国の東北地方つまり旧満州におりましたが、終戦直後、凍傷にかかって両足を切断してしまいました。日本に帰ってからも何回か手術を繰り返した彼は、あるとき私にこんなことを語ってくれました。

それは、何度手術してもその都度、真新しい痛みに悩まされたし、痛みは少しも軽くはならなかった、というのであります。その痛みは、その本人が生きている限り、たった一人で背負い続けてゆくほかはない痛みでありました。彼は大変浮き沈みの激しい人生を送り、十年ほど前、五十余年の生涯を閉じてしまいましたけれども、ある日のこと、絶望のあまり京都にある人を尋ねようとして、旅の途中、天城の山中の樹の下で夜通し坐禅をしました。

彼は号泣《ごうきゅう》しながら懸命に観音さまに祈りました。しかし、夜を通して助けて下さいと一所懸命に祈った観音さまからも、完全に見捨てられてしまいました。しかし、そのとき彼はかえって、観音さまによって生かされている自分を発見したと言います。頼みとしていた観音さまに裏切られ見捨てられたとき、彼は初めて自分自身の命の大地に甦《よみがえ》ったのでありました。

それは、他によりかかることも、またそのすべをも全く途絶えきってしまった孤独の世界であり、寸毫《すんごう》の甘えも許さない、そして微塵《みじん》ばかりも他者の介入の余地のない、全くたった一人の世界でありました。障害に坐り、そこから逃げ出さず、そこを出発点とする、そうすることにおいて彼は、自己ならざる自己の大地に立ち上がり、そして歩み去ってしまいました。

道元禅師は『正法眼蔵光明《こうみょう》』の巻で「この自己は尽十方界《じんじっぽうかい》なり。廻避《かいひ》の余地あるべからず」と述べ、「而今《にこん》の髑髏《どくろ》七尺、すなはち尽十方界の形なり、象《かたち》なり」と仰せられております。自分がいかに粗末であり愚かであっても、逃げて行くべきところ、回避すべきところはどこにもありません。それどころか、この自分自身が尽十方界、すなわち宇宙いっぱいの関わりにおいて、今ここに存在せしめられ、生かされているという事実に気づき、これに促されて、人としての「まこと」に生きてゆく、その大事を至るところで教えていてくれます。ここで「まこと」というのは嘘ではないこと、「真実の事」というほどの意味であります。

――自身のために修せず、仏法のために修す

道元禅師にとって「まこと」とは仏道のことです。人間としての私、凡夫《ぼんぷ》としての私には、ものの欲しさや、欲たらしさや、自己充足のためだけの願いがあって、「まこと」はない。もの欲しさや、ものの足りることを願うのは人の心の癖《くせ》であります。道元禅師が人情と呼ぶのは、人間のこのどうしようもない心の癖《くせ》、いのちの癖《へき》のことでありましょう。

ある意味で、それがなければ人は生きてゆくことができません。しかしながら、それに従って

しまったのでは、この私において「まこと」を実現することはできない道理であります。自分が真実の自己に生きるためには、どうしても自己を捨てるということがなければならぬのでありま す。自分を大切にしたがる人間の生命的な要求は、たとえ頭の中でその道理を理解し、一応は理屈でこれを納得し得ても、いざ実際にそれを行なう段になると、頭も身体も完全に拒絶反応を起こし、ほとんど生理的に根強い抵抗の形をとるに違いありません。

そういったことの例の幾つかが、ここには引用してあります。この項の最初に本文として引用したものに最も近いと思われるのが、次に引用する『学道用心集』の文であります。

「仏法修行は、これ人のために修せず。今世人《こんぜにん》の如きは、仏法修行の人、その心《こころ》、道《どう》と遠《と》うして遠し。もし人賞翫《しょうがん》すれば、たとい非道と知るも、すなわちこれを修行し、もし恭敬讃嘆《くぎょうさんだん》せざれば、これ正道《しょうどう》と知るといえども棄てて修せず。痛ましい哉。汝等《なんじら》、試みに心を静かにして観察せよ。この心行《しんぎょう》、仏法とせんや、仏法に非ずとせんや。恥ずべし、恥ずべし。聖眼《しょうげん》の照らすところなり。それ仏法修行は、なお自身のためにせず、いわんや名聞利養《みょうもんりよう》のために、これを修せんや。ただ、仏法のためにこれを修すべきなり」(『学道用心集』第四)

簡単にご紹介申し上げますと、

「仏道修行は人のためにするのではない。ところがこのごろの人は、ひどく心得違いをしていて、もし人が褒めると、それがたとえ道ではないと知っていてもそれを修行し、もし人が褒めそやさなければ、それが正しい道だと心得ていても捨てて顧みない。なんとまあ恥ずかしいことか」

これからが大事なところでありますけれども、

「それ仏法修行は、なお自身のためにせず、いわんや名聞利養のために、これを修せんや。ただ、仏法のためにこれを修すべきなり」

この、仏法のために仏法を修するということが、たいていは見落とされて、人は初めから我が身のためにのみ仏道を修行することに専念してしまいます。ここでは神さまや仏さまを自分のレベルに引きずり降ろして、自分の気に入るように切り刻み、色合いをつけ、自分に都合のよい、自分の気に入った神さまや仏さまだけが本当の神や仏であり、霊験あらたかなありがたい神仏になるわけであります。

しかし道元禅師は、そういう在り方を真っ向からひっくり返してしまったのであります。

自分のためにするのが仏道ではない、というのが道元禅師の申し条であります。

※

仏法は自分のために修行するのではなしに、仏法のために修するのであるという道元禅師の言葉は破格である。ここには迷妄の淵《ふち》に沈淪《ちんりん》し苦悩している私の救いなど、初めから問題にされてはいない。仏道においては、私の救いなど余計なことであり、どうでもよいことなのだ。仏法のために仏法を修するとは、道のために己れのすべてを投托《とうたく》し尽くしきるということにほかならぬ。

救《たす》けられようと意欲し願望する私が一分でも介入すれば、それは凡夫道《ぼんぶどう》にはなっても仏道とはなり得ない。仏道修行は初めから、凡夫としてしかありようのない「私」の間尺《ましゃく》には、とうてい合わぬことなのである。「仏道」とは「仏の道」の謂《いい》であり、「凡夫の道」の謂ではない。「仏道」は「凡夫道」とは根本的に相容れぬ。それゆえ、我がためにする修行は、「凡夫道」ではあり得ても「仏道」とはなり得ない。

道元禅師が「一方を証するときは一方はくらし」(『正法眼蔵現成公案《げんじょうこうあん》』)と言うのは、「おのれ」が尽き「凡夫道」が消えなければ、「仏道」は現成《げんじょう》しないということである。私がそこにあるとき、一毫《いちごう》も仏法はない。「わずかに是非あれば、紛然《ふんぜん》として心《しん》を失す」(『信心銘《しんじんめい》』)るのである。仏法があらわになるということは、「われ」がそこに滅し去り、亡びきっているということである。欲たらしい私が「大死一番《たいしいちばん》」し、「懸崖《けんがい》に手を撒《さっ》する」ということなしに、仏法が現実のものとなるということはない。

それだから心を捨てよ、身を捨てよ、世情を捨てよ、人情を捨てよ、と繰り返し繰り返して仰せられるのであります。道元禅師がそのように言われるのは、ここに引用したところばかりではありません。『随聞記』の中には、もっともっと沢山あります。しかし、ここに引用した文に従って要点だけを申し上げますと、

　夜話《やわ》に云《いわ》く、学道《がくどう》の人は人情を棄《すつ》べきなり。人情をすつると云《いう》は仏法《ぶっぽう》に随《した》がひ行くなり。世人《せじん》をほく小乗根性《こんじょう》にて、善悪をわきまへ是非を分《わか》ちて是《ぜ》をとり非をすつるは、みな是れ小乗根性なり。只先づ世情をすてて仏道に入るべし。仏道に入《いる》には、我がこころに善悪を分けてよしと思ひあしと思ふことをすてて、我が身よからん我が意《ここ》ろなにとあらんと思ふ心をわすれて、善くもあれ悪《あし》くもあれ仏祖の言語行履《ごんごあんり》に随《した》がひゆくなり。

　吾が心に善しと思ひ亦《また》世人のよしと思ふこと、必らずしも善《よ》からず。然《しか》あれば人めもわすれ吾が意《ここ》ろをもすてて、仏教に随がひゆくなり。身もくるしく心も愁《うれ》ふるとも、我が身心《しんじん》をば一向にすてたるものなればと思ふて、苦るしくうれへつべきことなりとも、仏祖先徳の行履ならばなすべきなり。此の事はよきこと仏道にかなひたらめと思ふて、なしたく行じたくとも、もし仏祖の行履に無からん事はなすべからず。是れ必らず法門をもよくこころへたるにてあるなり。

　吾が心にも亦本より習ひ来たる法門の思量をば棄てて、只今見る所ろの祖師の言語行履に次第に心ろを移しもてゆくなり。かくのごとくすれば智慧もすすみ悟りも開くるなり。

　本より学せし処ろの教家文字《きょうけもんじ》の功《こう》もすつべき道理あらば棄てて、今まの義につきて見るべきなり。法門を学する事は本より出離得道のためなり。我が所学《しょがく》多年の功つめり、なんぞた

やすく捨てんと猶《な》を心ろ深く思ふ、即ち此の心を生死繋縛《しょうじけばく》の心と云ふなり。能々《よくよく》思量すべし。（第二巻の四）

「学道の人は人情を棄《すつ》べき」ということ、そうしてその人情を棄てるというのは、仏法に随《したが》ってゆくということであります。それは、そこに自分勝手な評価や判断を持ち込まないということが述べてあります。

右の引用文の終りの方にある「法門を勉強することは、もともと解脱のためである。それゆえ、自分は長い間学問をしてきたのだから、どうしてそれをたやすく捨てることができようかなどと、心に深く思うこと、それこそが生死繋縛《しょうじけばく》の心である。だからよくよく思量すべし」と仰せられる。この「能々《よくよく》思量すべし」、つまりよく考えてごらんなさいよ、というのがいいですね。そこのところはなかなか分からないし、多年積み重ねてきた学問の功など捨てられるものではない。たとえそれが解脱の道理を説いた学問であるからといって、それを抱きかかえていては、遂に出離得《しゅつりとく》道《どう》の時はないのだよと仰せられるのであります。

示して云く、学道の人、世情を捨つべきについて、重々《じゅうじゅう》の用心あるべし。世をすて家をすて身をすて心を捨つるなり。能々《よくよく》思量すべきなり。世を遁《のがれ》て山林に隠居《いんきょ》すれども、吾《わ》が重《じゅう》

代《だい》の家を絶やさず家門親族のことを思ふもあり。亦世《よ》をものがれ家もすてて親族境界《きょうがい》をも遠離《おんり》すれども、我が身を思《おもい》て苦《く》るしからんことをばせじ、病ひ起るべからん事は仏道なりとも行ぜじと思ふも、いまだ身を捨《すて》ざるなり。亦身をも惜《おし》まず難行苦行すれども、心《こころ》仏道に入らずして我が心に差《たが》ふことをば仏道なれどもせじと思ふは、心を捨《すて》ざるなり。（第一巻の二十二）

世を捨て家を捨て家族と離れて住んでも、自分の身体のことを思って、苦しいことなら、たとえそれが仏道であってもしないというのは、まだ身を捨てないということであり、その反対に、身を惜しまず難行苦行しても自分の心に違うことならば、それがたとえ仏道であってもしない、というのは心を捨てないことであって、両方とも間違いだと言われます。さらにまた、

示して云く、行者先づ心をだにも調伏《ちょうぶく》しつれば、身をも世をも捨つることは易《やす》きなり。只言語《ごんご》につけ行儀につけて人目を思ひて、此の事は悪事なれば人あしく思ふべしとてなさず、我れ此の事をせんこそ仏法者と人は見んとて事に触《ふれ》て善きことをせんとするも、猶《な》を世情なり。然《しか》あればとて亦恣《ほし》ひままに我が心に任《まか》せて悪事をするは、一向の悪人なり。所詮悪心を忘れ我が身を忘れて、只一向に仏法の為にすべきなり。向《むか》ひ来《きた》らんごとに随《したがっ》て用心すべきな

り。初心の行者は先づ世情なりとも人情なりとも悪事をば心に制し、善事をば身に行ずるが、便《すなわ》ち身心を捨つるにて有《ある》なり。（第二巻の一）

ここの引用では、人目ばかりを気にして行動するのは世情だし、人目を気にしないからといって、ふしだらで破廉恥《はれんち》な行為をするのは、これはまた一向の悪人でお話にもならない、そう言って用心の難しさを教えてくれます。

夜話に云く、真実内徳なふして人に貴《とお》びらるべからず。此の国の人は真実の内徳をば知らずして、外相《げそう》を以て人を貴とぶほどに……。仏法の中にもそぞろに身をすて世をすつればとて、棄《す》つべからざる事をすつるは非なり。此の土《ど》の仏法者道心者を立《たつ》る人の中にも、身をすつるとて、人はいかにも見よと思ひて、ゆへ無く身をわるくふるまひ、或は亦《また》世を執《しゅう》せぬとて、雨にもぬれながら行きなんどするは、内外《ないげ》ともに無益《むやく》なるを、世間の人はすなわち此《これ》らを、貴き人かな世を執せぬなんどと思へるなり。（第二巻の十）

これは人に尊敬されようとして演技する人のことが述べられておりますし、また第一巻の四では、一日示して云く、人其家《そのいえ》に生れ其道《みち》に入らば、先づ其家業《かぎょう》を修《しゅ》すべしと、知《しる》べきなり。我《わが》道《みち》にあらず己《おの》が分《ぶん》にあらざらんことを知り修するは即ち非なり。今も出家人として便《すなわ》ち仏家《ぶっけ》に入り僧侶とならば須《すべから》く其業《そのぎょう》を習ふべし。其業を習ひ其儀を守ると云《いう》は、我執《がしゅう》をすてて知識の教に随《したが》ふなり。其《その》大意は貪欲《とんよく》無きなり。貪欲なからんと思はば先づ須く吾我《ごが》を離るべきなり。吾我を離るるには、無常を観ずる是れ第一の用心なり。

世人《せじん》多く、我はもとより、人にもよしと云はれ思はれんと思ふなり。然《しか》あれども能《よく》も云はれ思はれざるなり。次第に我執を捨て知識の言《ことば》に随ひゆけば、精進《しょうじん》するなり。理をば心得たるやうに云《いい》て、さはさにあれども我は其事を捨《すて》ゑぬと云て、執し好み修するは、弥《いよい》よ沈淪《ちんりん》するなり。禅僧の能《よ》くなる第一の用心は、只管打坐《しかんたざ》すべきなり。利鈍賢愚を論ぜず、坐禅すれば自然《じねん》によくなるなり。（第一巻の四）

ある日、道元禅師はこんなお話をなすった、「人がその家に生まれ、その道に入ったならば、その家業を修業しなさい」。当然なことであります。家業に専念しないで、よそのことに力が入ったり、道楽がすぎる人が沢山おります。ここではまず家業をつぎ、それを全うしてゆくことを教えられております。道元禅師がここで家業というのは、もちろん仏道のことであります。

「其大意は貪欲《とんよく》無きなり。貪欲なからんと思はば先づ須《すべから》く吾我《ごが》を離るべきなり」。自分というものを中心にしないということであります。「吾我を離るるには、無常を観ずる是れ第一の用心なり」

「さはさにあれども我は其事を捨《すて》ゑぬと云《いい》て、執し好み修するは、弥《いよい》よ沈淪《ちんりん》するなり」。無常ということについて、よく知っている、それはその通りであるけれども、今自分は元気である、達者でいる、だからこのことをすることはできない、というほどの意味でありましょう。そうするといよいよ沈淪する、深みにはまってゆく、ということであります。

僧は仏道に専心すべきことを、そのためにはよく無常を観ずることを基本として只管打坐《しかんたざ》せよと仰せられております。只管打坐とは無条件の坐禅です。何の注文も見込みも、あても見返りも何にもない、ただの坐禅のことです。自分のためには何にもならぬ、全く無内容な坐禅をただする、そうすると利鈍賢愚を問わず、自然によくなってゆくと道元禅師は仰せられます。

中国は唐の時代、慧能《えのう》禅師のもとで道を得たという永嘉玄覚《ようかのげんかく》は、彼の作った有名な詩であります『証道歌《しょうどうか》』の中で、

常に独り行き　常に独り歩す
達者同じく遊ぶ　涅槃の路《みち》

と歌いあげております。修行というのは、たった一人きりの世界を全うすることであります。凭《もた》

れるものがあり、寄りかかるものがあって、それをあてにしていたのでは修行ということにはならない。オレに寄りかかり、オレの足《た》しまえのために何かをしようとするのであれば、それは決して仏道ではありません。

正保《しょうほ》二年（一六四五）五月、熊本に六十二歳の生涯を全うした宮本武蔵は、十三歳のとき初めて新当流の有馬喜兵衛という者と立ち合って勝ち、十六歳のとき但馬《たじま》の国の秋山某《なにがし》という者に勝ち、二十一歳のとき京都に出て数度の試合に勝ち、それから二十八、九歳のころまで諸国を歩いて勝負を決すること六十余度に及んだが、一度も利を失することがなかったと伝えます。

彼は後年、「独行道《どくぎょうどう》」というものを書き、その死の直前には『五輪書《ごりんのしょ》』を書いて、門弟の寺尾《てらお》孫丞《まごのじょう》に贈っております。そこに書かれてあるのは、武蔵が生涯六十余たびにわたる真剣勝負の中で、白刃《はくじん》の下に独行の道をもろに見出した、それはまさに生きるか死ぬかの決死の時に学んだ自己の発見とその道《どう》である、と言ってよいでありましょう。

まことに仏道とは独行の道《みち》であります。そして道《みち》に己れを投げ出して、己れのためには何もせぬこと、道を学ぶということは、畢竟《ひっきょう》これに尽きるのであり、それをおいて別に参学の要とすべきものなどありはしない、というのがこの章の眼目なのであります。

第五回　利鈍の別

どんな世界でも、同じ物は一つもありません。沢山あること、多いことの例に使われる浜の砂のような物でも、その一粒一粒は全部違っていて、同じ物は一つも無いはずであります。でありますから、沢山あるから値打ちが無い、少ないからどうも価値がある、というのは人間の都合によってそうなっただけの話で、本当はつまらない物は一つもありません。

大体、価値という言葉や観念が間違いのもとで、価値というものはもともと物などを取り替えるときの釣り合いの問題がその底にあります。これとこれと、ちょうど釣り合うから取り替えよう、交換しよう、それが価値という言葉の起こりであり実際であるように思います。

だから人によって価値の在り方が違います。ほかの人が見れば何の値打ちも無い一冊の本が、世界に二つと無い大事な記録だとすると、それはもう大変な価値であります。またどこから見てもつまらない一枚の着物や安物の指輪、質屋さんへ持って行っても、お金をとても貸してくれそうにもないようなそんな代物でも、本人にとっては母親の形見であったり、いろいろな思い出のこもった、かけがえのない尊い宝物であるということもあります。

したがって価値ということの起こりには、少なからず主観的な要素があったに違いありません。それがだんだんに普遍化し一般化して価値の概念が広がり、もとの意味が薄れ、それが別の意味内容に変っていったように思うのであります。しかし、どんな物でも同じ物は一つもありません。それぞれ絶対の存在でありますから、価値つまり値段のつけようがない。つけようがないから無価値、つまり価値が無いという。

『法華経』というお経では、飛び切り上等の玉にこれをたとえて無価《むげ》の珍宝《ちんぽう》と言います。無価というのは価値の無い、値の無い、珍宝というのは類の無い宝という意味であります。二つと無い宝物、だから値段がつけられない。それが無価の珍宝という意味になります。それは何かと言えば、自分自身のことですけれども、人はそれに気がつきません。自分を置き去りにして、どこか別なところに本当の宝物があるように思い違いをしております。そうしてそれを探し求める。

しかし人には、いろいろな資質・特性・性格・能力、そういったようなものがありまして、それも一人一人全部別々でありますから、人間のソロバン勘定や、物欲しい打算の側から見ると、その特徴によって様々に人を区別したり色分けをしたり致します。

その一つに、あいつはのろまだとか、彼はすばしっこいとか、あれは物覚えがいいとか、いろいろ言います。物覚えがいいのが良くって、物覚えの悪いのがつまらぬということは、もともとないはずでありますのに、どういうわけなのか物覚えのいいのが優遇されたり致します。こういうのを利鈍《りどん》、つまり利根と鈍根というような言葉で表現を致します。

利根というのは、頭が良くって気がきいている性格や資質の人。鈍根というのはその反対に、どうもどこかのろまで鈍重な人のこと。これも自分が好きでそうなったのではないんだけれども、そこにいろいろと問題が出てまいります。しかし仏道を修行する上で、こういう問題をどのように考えたらいいのか、それを今日の課題と致しました。

今夜、死ぬものと思え

一日示して云く、人の利鈍《りどん》と云ふは志《こころざ》しの到らざる時のことなり。世間の人の馬より落《おつ》る時、いまだ地におちつかざる間に種種の思ひ起る。身をも損じ命《いの》ちをも失《しつ》するほどの大事出《だいじいで》来《く》る時は、誰人《たれひと》も才学念慮《さいがくねんりょ》を廻《めぐら》すなり。其《その》時は利根も鈍根も同《おなじ》くものを思ひ義を案ずるなり。然《しか》あれば今夜死に明日《みょうにち》死ぬべしと思ひ、あさましきことに逢《お》ふたる思ひを作《な》して、切にはげまし志をすすむるに、悟りを得ずと云ふことなきなり。（第二巻の二十）

【意訳】ある日、道元禅師は示して言われた。

人間の生まれつきに、鋭い者もあればのろまな者もあり、その資質の様相は千差万別であるが、仏道修行に限っていえば、人の性《さが》が優れているとかいないとかいうのは、全く問題にならない。問題は、やる気があるか無いかということである。それゆえ、仏道において利根の人というのは、生まれつき頭脳の良い敏捷《びんしょう》な人をいうのではなくて、いつも変らぬ求道の志にみちている人をいうのであり、鈍根というのは、天性のろまで愚かしく鈍《にぶ》い者をいうのではなしに、たとい恵まれた才質を持っていても、やる気のない者をいうのである。

世間の人が馬から落ちるとき、馬の背中を離れた自分の体が、まだ地面に着いてしまわない、ほんのわずかの間に、いろいろな思いが沢山に湧きおこり、心の中をよぎって行くものである。このように大怪我をしたり、いのちを失ってしまうほどの大事件が起こったときには、どんな人でも例外なしに、習いおぼえたことや身についた思いなどが、瞬時に全身を駈けめぐるのである。そのときは、生まれつきの性の優れているかいないかなどという差違は一挙に失せて、同じようにものを思い、様々に意味合いを考えあわせ、思案をめぐらすのである。

そういうわけであるから、自分のいのちは今夜限りであると考え、また、明日中には必ず死んでしまうに違いないと思い決め、ないし、むごたらしく惨《みじ》めな非常事態に出逢った心持ちになり、逼迫《ひっぱく》し、さし迫った状況を常に思いなして、切実に心をはげまし、志気《しいき》を奮いお

こしてゆくならば、悟りを得ないということはない。

先ほども少し申し上げましたように、ごく普通には、鋭く聡《さと》い人のことを利根の人といい、その反対に鈍《にぶ》くのろまな人のことを鈍根といいます。しかし道元禅師はそういう分け方をしないで、利鈍というのは志の至ると至らないときのことであると、そう仰せられます。利根鈍根ということについて、こんな定義のようなものを下されたのは、おそらく道元禅師だけだと思います。

道元禅師はこのことについて、人が馬から落ちるとき、まだ身体が地面に落ち着かない間に、いろいろなことを思い浮かべると言っておられます。これはひょっとしたら、道元禅師ご自身の体験から言っていることかも知れません。この話は私の貧しい経験から言っても、まことにその通りだと思うことがあります。

それは昭和十八年の夏のことでありました。そのころ立川にあった陸軍の航空研究所に集められた私どもは、そこで実に様々な適性検査を受けることになりました。その検査の一つに加速度体勢と、そう名づけられるテストがございました。どういうテストかと申しますと、検査を受ける人間を幅一m、高さ三m位のちょうど盥《たらい》を縦にしたような形の密室の中に閉じ込めて、これを円形のドームの中で次第に早く回転させてゆくのであります。正面に直径三cm位の黒い丸が二つ描かれておりまして、それを見つめるように言われました。発進の合図があって機械が回り出しますと、たちまち身体が後ろの方に倒れ、ものすごい速さで急上昇して行くような感じが致しました。それから長い長い旅を続けてふと気がつくと、それは賽《さい》の河原《かわら》でありました。鬼が出て来て、せっかく積み上げた石の山をかな棒でつつき崩してしまいます。積んでも積んでもつつき崩します。それどころか彼らは、そのかな棒で私の頭を叩くのです。その痛みは本当の痛みでした。私は機械が回転し始め、自分の身体が上昇し始めたところまで覚えておりましたけれども、そのあと気を失って操縦席に逆さ吊りになっており、周りにめぐらされた鉄のパイプに頭をひどく打ちつけていたのであります。その間の時間はほんの二秒たらずのことでありました。私の見た途方もなく、永い旅の夢はほんの瞬間の出来事だったようであります。なぜそんなことを幻想したのか、理由はよく分かりませんけれども、ずっと子供のころ読んだり、見たり聞かされたりしたことが、そのまま心のどこかに刷り込まれておって、それが再生されて来たとしか思われません。

そんな経験がありますので、ここにある、人が馬から落ちるときに、まだ地面に着かない間にいろいろな思いが起こるというのは、作り事や想像ではなくて、本当のことだと思っております。もし道元禅師が直接ご経験なすっていなかったら、「いまだ地におちつかざる間に種種の思ひ起るという」というように、きっとお書きになったに違いないと思います。いずれに致しましても、ここのところは本当のことです。それから次に、

「身をも損じ命《いのち》ちをも失するほどの大事出来《だいじいでく》る時は、誰人《たれひと》も才学念慮を廻《めぐら》すなり」とありますけれども、このときのめぐらされる才学念慮は、決してのんびりゆっくりしたものではありません。ほとんど一瞬の間に、実に沢山のことを判断し処理するはずであります。信じられないくらいの速さで思いめぐらすに違いありません。そういうときには利根も鈍根もその区別はない、と道元禅師は決めつけるように仰せられております。

そういうわけでありますから、仏道を修行する者は、いつでも死に直面しているという事実を切実に思い、常に緊迫した状況の中に身を置き、思いを定めて気を抜くな、そのように道元禅師は仰せられております。

これについて道元禅師は、今夜死ぬものと思え、明日はきっと死んでいると思え、なんとも惨《みじ》めでむごたらしい事件に遭遇し、不慮の死を遂げることを思えと仰せられ、そういう思いをなして志を切に励まし進めれば、悟りを得ないということはないと仰せになっております。「今夜死に明日死ぬべし」というのは、本当は私どもの生きている実際なのでありますけれども、人はそれを直接には感じません。この文だけを抜き出して読んでみますと、道元禅師はむりやりに自分の死について想念させ、不自然な思いにかりたてて、悟りを急がせているような錯覚に陥ることになります。

しかし、それはやはり私どもの錯覚であり、思い違いであります。たった今も申し上げましたように、道元禅師が仰せられているのは、自分が生きている本当の在り姿は無常ということであり、それに生命を次の瞬間につなぐ保証や力はどこにも誰にもない、そういうことであります。でありますから、人を本当にそのことに気づかせ、余計なことや何の意味もない、ろくでもないことにうつつを抜かしていてはダメだ、そんな暇など本当はどこにもないんだよ、ということを教えてくれるのであります。それは他人事《ひとごと》ではなしに、まことに愚かしい私自身を助けようという道元禅師の親切であり、大悲であるように思っております。

私はしばしば、あと一時間だけしか自分の命が無かったら、自分はいったい何を考え何をするだろうということを思っています。あと三十分だけしか無かったとしたら、ということを考えています。あと五分しか無かったとしたらと思いつめています。――この思いは、実は大戦末期の若い人たちが一様に抱いた思いです。特に、必ず死ぬと決められたある任務を与えられ、そのためにのみ訓練された者にとって、それはかなり深刻な、そして真剣な思いでありました。

しかし、そのことは道元禅師が仰せられるような意味での「道に生きる」こととは違っていたかも知れません。しかしながら、私どもが経験した一時代の悲壮な現象としてのみ限定されることではなくって、実際にはいつの時代にもあった人間の、いわば宿命的な悲劇であったように思われてなりません。

たとい戦《いくさ》でなくっとも、人間の死はいつだって私どもの真下にあります。それは人間の生きる事実なのであります。そういうわけで、年をとるとか病気とかは、死ぬということの直接の必須の条件ではありません。人はいつでも、どこでも、どんな時でも死んでしまうものであります。だから、そのことをよく思って切に励まし、志を進めて道を求め、これに生きることが大事になります。

そのときは、根の利鈍は取るに足りません。それどころか、己れが才を頼むような者は、かえって鈍なる者にも劣ると道元禅師は仰せられます、そのところを本文を読んでみましょう。

周梨槃特の悟り

中々世智弁聡《せちべんそう》なるよりも鈍根なるやうにて切《せつ》なる志しを発《ほっ》する人、速《すみや》かに悟りを得《う》るなり。如来在世の周梨槃特《しゅりはんどく》のごときは、一偈《いちげ》を読誦《どくじゅ》することも難《かた》かりしかども根性《こんじょう》切《せつ》なるによりて一夏《いちげ》①に証《しょう》を取りき。只今《ただいま》ばかり我が命は存するなり。死なざる先きに悟《さとり》を得んと切に思ふて仏法を学せんに、一人《いちにん》も得ざるはあるべからざるなり。（前同）

【意釈】小ざかしく世故《せこ》にたけ、要領のよい世渡り上手な人間よりは、生まれつき愚かに見えるような者でも、ひたぶるに道を求める志を持っている人の方が、はやく悟りを得ることができるのである。釈尊が世にいましたとき、その弟子の周梨槃特《しゅりはんどく》のような人は、ごく短かい詩ですら、これを記憶し、声に出して読むことができないほど愚鈍な人であったけれども、道を求むる心根が、ひたむきであり切実であったから、わずか一度の雨安居《うあんご》、つまり九十日ほどの間に、道を得、悟りを開くことができた。

それゆえ、自分のいのちは今だけのものであり、次の瞬間への保証は何ひとつないという自己存在の事実を、よく心得、死なぬ前に悟りを得ようと、真剣に思って仏法を学んだならば、悟りを開き道を得ない者は、一人としていないはずである。

周梨槃特《しゅりはんどく》という人は仏弟子の中でも、とびっきりもの覚えの悪い人だったようであります。お釈迦さまは周梨槃特に、「三業《さんごう》に悪をつくらず、諸々《もろもろ》の有情《うじょう》をいためず、正念《しょうねん》に空《くう》を観ずれば、無益《むやく》の苦しみはまぬがるべし」、そういう言葉を教えられましたけれども、周梨槃特には、これがどうしても覚えられません。「悪いことを思ったり言ったりせずに、生きる物を損《そこ》なわないで、どんなことにでも執われなければ、つまらない苦しみなどどこかに行ってしまうよ」というほどの意味の詩でありますけれども、周梨槃特には、なんとしてもこれが覚えられないのであります。

ある日のこと、祇園精舎の門の辺りで悄然《しょうぜん》として立っている周梨槃特に、お釈迦さまは箒《ほうき》を一本与えられました。そうして「塵《ちり》を払い垢《あか》を除《のぞ》かん」という言葉を教えられました。周梨槃特は一所懸命にそれだけを唱え、それだけを思索致しました。そうして彼は一夏《いちげ》の内に自分の心の汚《けが》れをぬぐい、塵を払うことができました。それは彼の純真な、ひたむきな心がそうさせたのであります。要領のよい器用な人にはとうてい真似のできないことであります。

世智弁聡《せちべんそう》というのは、世故《せこ》にたけ小才《こさい》がきいて、要領よく、そつなく世渡りをする人のことであります。こういう人は、小賢しく巧みに問題を処理してしまい、真正面にぶつかって本気で取り組むというような気質に欠けるところがあるようなので、仏道に出遇《であ》うことが難しいとされております。小才のきく器用な人間は、やはり深く物事を考え、真剣に取り組むことが不得手なのでありましょう。

周梨槃特は悲しいほどに愚かでありました。しかし彼は、その自分の愚かさを知っておりました。あるとき、お釈迦さまは自分の愚かさに嘆く周梨槃特に向かって、「自分が愚かであるということを知らんのが本当の愚かということである。自分の愚かさを知る者は真の愚かな者ではない」、そう言って慰め力づけました。

真実に盲《めしい》ている自分の愚かさに気づくのは、やはり人間の英知なのでありましょう。自分の才や能力、そういったものを誇り、学問教養に高ぶる人は道《みち》に遠い人と言うほかはありません。限りなく謙虚に、どこまでもつつましく、ひたすらに己れを尽くして道を求めるとき、たった一片の詩すら覚えることのできなかった周梨槃特が、わずか九十日ばかりの間に道を得、神通説法第一の阿羅漢《あらかん》となったというお話は、無条件に私たちを力づけ勇気づけてくれます。

余談になりますけれども、ミョウガという植物があります。私は大変好きなのでありますけれども、このミョウガは周梨槃特の墓に生えたものだそうで、これを食べるとよく物忘れをすると昔から言います。それは余分なことでありますが、ここで道元禅師は、道を求むる志の切なることの大切さを教えたのであります。

道元禅師は『正法眼蔵弁道話』の中に、「しるべし仏家《ぶっけ》には教《きょう》の殊劣《しゅれつ》を対論することなく、法の浅深《せんしん》をえらばず、ただし修行の真偽をしるべし。草花山水にひかれて、仏道に流入《るにゅう》することありき、土石沙礫《どせきしゃれき》をにぎりて仏印《ぶっちん》を稟持《ぼんじ》することあり」と述べ、また「仏在世にも、てまりにより て四果を証し、袈裟をかけて大道をあきらめし、ともに愚暗のやから、癡狂《ちおう》の畜類なり。ただし正信《しょうしん》のたすくるところ、まどひをはなるるみちあり。また癡老《ちろう》の比丘黙坐《びくもくざ》せしをみて、設斎《せっさい》の信女《しんにょ》さとりをひらきし、これ智によらず、文《もん》によらず、ことばをまたず、かたりをまたず、ただしこれ正信にたすけられたり」と述べられております。

「仏家には教の殊劣を対論することなく、法の浅深をえらばず、ただし修行の真偽を知るべし」というのは、教えが優れているか劣っているかは問題ではないし、法が浅いか深いかなどということは取るに足らない。仏法の大事はそういうことではなくって、ただ、「ただし」とあるのは「ただ」という意味であります。ただ修行が本物であるか、偽物であるかが問題だというのであります。

宗教の問題は修行が命中しているか、外れているかのどちらかです。零点か満点かのいずれかであります。六十五点の修行というのはありません、八十点の修行というのもおかしい言い方であります。命中しているか外れているか、修行の真偽というのは、そういうことであります。そのあとにいろいろと「弁道話」を引用したのは、先に周梨槃特のお話を申し上げましたので、それと同じような人たちの例を引いて、機根の利鈍が道を決定するのではなしに、ひたむきな真心と純真なうけがい、つまり正信《しょうしん》が道を決定《けつじょう》し、悟りに導くということを申し上げたかったからであります。

――今というまに、今ぞ去りゆく

仏道は法を重くするのであって、人間や、人間の智恵・才覚を重くすることではありません。標準は道にあり、法の側にあるのであって、己れの方にはないのであります。また己れの利鈍が道にあずかるのではなしに、己れの尽くし方が道に直接するか否かということであります。このことについて、やはり私たちは他人事《ひとごと》ではなしに、よく思量し、心得ておく必要があるように思います。それでないと誤りを犯していても気がつかないことになります。次の引用は、まことに物判りがよく、辻棲《つじつま》があっているようでありますが、それゆえに道を誤った例の一つであります。

示して云く、学道の人は後日《ごじつ》をまちて行道《ぎょうどう》せんと思ふことなかれ。ただ今日今時《こんにちこんじ》をすごさずして日日時時《にちにちじじ》を勤むべきなり。

爰《ここ》にある在家人《ざいけにん》、長病《ながわずらい》せしが、去年の春のころ予《よ》にあひちぎりて云く、当時《いま》の病ひ療治せば必定《ひつじょう》妻子を捨て寺の辺《ほとり》に庵室をかまへむすんで、一月両度《ひとつきりょうど》の布薩《ふさつ》にあひ、日日行道《にちにちぎょうどう》し法門談義を見聞《けんもん》して、随分に戒行《かいぎょう》を守りて生涯を送らんと云ひき。その後種々に療治せしに依《より》て少き減気あり。しかれども亦再発ありて日月空《じつげつむなし》くすごしき。今年正月より俄《にわか》に大事《だいじ》になりて、苦痛次第にせむるほどに、日来支度《ひごろしたく》する庵室の道具をはこびて作るほどのひまもなき故に、先づ人の庵室をかりて住せしが、わづかに一両月の中に死し去りぬ。前夜に菩薩戒《ぼさつかい》をうけ三宝《さんぼう》に帰《き》して臨終よくして終りぬれば、在家にて妻子に恩愛《おんあい》を惜《おし》み狂乱《おうらん》して死せんよりは尋常ならねども、去年思ひよりたりし時に在家を離《はなれ》て寺にちかづき僧になれて行道《ぎょうどう》しておはりたらば、すぐれたらましと存ずるにつけても、仏道修行は後日を待《まつ》まじき事と覚るなり。

身の病者なれば病ひを治《じ》して後より修行せんと思《おもう》は無道心《むどうしん》のいたす処なり。四大和合の身は誰か病無からん。古人《こじん》必ずしも金骨《きんこつ》にあらず。只志《こころざし》しだいに至りぬれば他事を忘れて行ずるなり。（第六巻の八）

子供のときに私はある人から、こんな歌を習いました。

今今と　今というまに　今ぞなく
　今というまに　今ぞ去りゆく

道元禅師は、右の文で「学道の人は後日《ごじつ》を待って行道《ぎょうどう》しようと思ってはいけない、ただ今日今《こんにちこん》時《じ》を過ごさないで、道を求め、修行せよ」、そう仰せられております。なぜならば仏道は人間の一大事であるからであります。でありますから、「たとえ病気であっても、病に甘え病に逃げこんで、病気が治ってから修行しよう、そんな言い方は無道心、つまり道を求める、本当に修行しようという心のない人の申し条である」、そう手厳しく説いております。

だからといって、「治るべき病をわざとほったらかして置いて、そうして治さないというのも間違いである。仏道のためには命を惜しんではならない、そのことはもちろんであるけれども、〈また惜しまざることなかれ〉惜しまなくってはいけない」（病も治《じ》しつべきを、わざと死せんと思ひて治せざるも外道《げどう》の見なり。仏道の為には命を惜むことなかれ。亦《また》惜まざることなかれ。――第六巻の八の末）。何が大事であるかということをよく心得て、それを標準とし、それを基準として、自分をはこび、自分を処置するということが大事なのでありましょう。たとえ病気になっても、病気を治すのを先として、そうして治ってから修行しようというのは、これは間違いである。

病気が治ってから修行しようと、そう思いながら遂に病気が治らないで死んでしまった例もある。でありますから「仏道修行は後日を待《まつ》まじき事と覚《おぼゆ》るなり」、そのように道元禅師は仰せられ、たとえ病気でありましょうとも、病気を治してから修行しようと思うのは、道を求むる心の無い人のするところである、そのように仰せられております。昔の人もみな丈夫であったのではない、だけれども、志を奮いおこして、そうして修行したから道に至り得た。今の人も自分の身だけをかえりみないで、今この時の過ぎない間に、真実に生きてゆくべきであると、そのように道元禅師は仰せになるのであります。

無常ということをよく心得て道を求め、修行するのに時を移してはならない——自分が自分にする行きとどいたような配慮や用心や段取りが、いかに虚《むな》しいか——ということが具体的に述べられていて身につまされる思いが致します。

次の文もまた性《さが》の貧しい愚かな私には、まことに痛い教えであります。

志が切であるか否か

亦俗の云く、我れ金を売れども人の買ふなしと。仏祖《ぶっそ》の道《どう》も亦かくのごとし。道《どう》を惜《おし》むにはあらず、常に与ふれども人の得ざるなり。道《どう》を得ることは根《こん》の利鈍にはよらず。人人《にんにん》皆法を悟るべきなり。精進と懈怠《けだい》とによりて得道の遅速あり。進怠の不同は志《こころざ》しの至ると至らざるとなり。志しの至らざることは無常を思はざる故なり。念念に死去《しきょ》す、畢竟《ひっきょう》じて且《しばら》くも留まらず。暫《しばら》く存ぜる間《あい》だ、時光《じこう》を空《むなし》くすごすことなかれ。

古語に云ふ、倉にすむ鼠《ねず》み食に飢へ、田を耕す牛草に飽《あ》かずと。云心《いう》は、食《じき》の中にありながら食にうえ、草の中に住しながら草に乏《とぼ》し。人もかくのごとし。仏道の中に有りながら道《どう》にかなはざるものなり。名利希求《みょうりけぐ》の心止まざれば、一生《いっしょう》安楽ならざるなり。（第六巻の九の後半）

仏道はいわば公開された秘密であります。隠されているものなどは何ひとつありはしないのに、それに出遇《であ》えず気づかないのは、人が自分の心に蓋《ふた》をしているからだ、その蓋を取るのは根《こん》の利鈍ではない、志の至ると至らざることである、とここには説かれております。

「道《どう》を惜むにはあらず、常に与ふれども人の得ざるなり」という言葉をよく読みますと、道元禅師から「筆海の真龍なりぬべし」、筆の海、文学の大海原に住む本当の龍だというほどの意味でありますけれども、「筆海の真龍なりぬべし」と讃えられた南宋の哲人・蘇東坡《そとうば》（一〇三六―一一〇一）が元豊《げんぽう》七年（一〇八四）、数え五十九歳のとき名勝廬山《ろさん》に遊んで、谷川の水が夜通し音をたてて流れているのを聞いて道を得ました。そのときに作った詩が有名な、

渓声《けいせい》は是《こ》れ広長舌《こうちょうぜつ》　山色豈清浄身《さんしょくあにしょうじょうしん》に非《あら》ざらんや
夜来《やらい》八万四千の偈《げ》　佗日如何《たじついかん》が人に挙似《こじ》せん

という詩であります。谷川の声は仏の説法の声だ、山の姿は清浄なる神の御姿《みすがた》にほかならない。昨日は一晩中、真実を述べる仏の歌声を聞いていたが、いつの日か、そのことをどのように人に示したものか、というほどの意味であります。

蘇東坡はこれを東林寺の常総禅師（一〇二五―一〇九一）に示したところ、常総禅師は蘇東坡の道を得たことを証明致しました。この蘇東坡の詩を元にして道元禅師は、

峰の色　渓《たに》の響《ひびき》もみなながら　我が釈迦牟尼の声と姿と

と歌われ、また「而今《にこん》の山水は古仏《こぶつ》の道現成《どうげんじょう》なり」と仰せられました。今ここに見る自然は仏の御姿だというほどの意味であります。近世の優れた農政家・二宮尊徳《にのみやそんとく》（一七八七―一八五六）、この二宮尊徳翁は若いころ『観音経』によって道を得たといいます。そうして、

音もなく　香《か》もなくつねに天地《あめつち》は　かかざる経を繰り返しつつ

と詠まれました。道元禅師が仰せられる「仏道の中に有りながら道にかなはざるもの」というのは、名利《みょうり》を求むる心があるからなのでありましょう。名利を求むる心というのは、自分を置き去りにして物欲しそうに脇見をすることであります。志の至らないということは、無常を思わないことだ。

「念念に死去す、畢竟じて且くも留まらず」というのは、人のことではなしに自分のことであります。その自分を取り外してしまえば、一生安楽ではない。それだから念念に死去しつつある自分を今ここに取り外さないように至心《しいしん》に努め、切に励む、そのとき性の利鈍の別は己れの思惑のいかんにかかわらず、自ずから消え去ってゆくのではないでありましょうか。

そこにあるのは自己の本来の栄光の中を無心に歩む、影の無い人間の姿ばかりなのであります。影が無いということは、光とその光によって照らされる物の二つが無いということであります。照らす物があり照らされる物があると、必ずそこに影ができます。照らす物があるとき、照らされる物にはどうしても照らされない部分がついてまわります。道元禅師はこんなふうに仰せられます。

光明《こうみょう》というのは太陽や、月の光や、宝石や、火の放つ輝きのような物でもない。照らすということを、照らす物と照らされる物との関係において理解するのも、本当のことではない。精神の光、魂の輝きといったことも光明の真義ではない。それでは何が光明かといえば、自分が今ここにこのようにある、このように生かされているというそのこと、それが光明ということの実際なのだと仰せられます。そうして、また「光明とは人人《にんにん》なり」と言われ、また「生死去来《しょうじこらい》は光明の去来なり」と仰せられました。

生死去来というのは、要約していえば迷いつつある自分ということ。生きることに喘《あえ》ぎうめき、のたうちまわっている己れということ。わけも分からずに闇雲《やみくも》に幸せという名の何かを求めて、人生という名で呼ばれる荒野をさすらっている、そのこと。それが生死去来という言葉で呼ばれる中味であります。人間のそんな在り方も、光明の金波銀波である。そのように言うのが「生死去来は光明の去来なり」という言葉であるに違いありません。

そうしてみますと、利根の者も鈍根の者も、それは光明のそれぞれの様相でしかない。大事なことは、自らを光明の事実として生きるか、それともこれを他に求めてさまようかのどちらか、であります。

小賢しい人間は自分に落ち着けず、器用に走り回って自分の都合の良いように生きてゆこうと致します。しかし鈍根の者は、そういうことはとうていできませんから、じっくりと生《せい》の大地を確実に歩んで行きます。

すばしこい兎は身のこなしも軽く頭の回転も早いから、人間の大事を目標にしながら、その敏捷さに寄りかかって途中で居眠りをしたりしてしまう。しかし亀さんの方は、一歩一歩は鈍《のろ》いけれども真剣に歩み続けますから、すばしっこい兎さんよりは先に目標に到達してしまう。ここで道元禅師は利鈍の別について天性の性格を問題にしてはおりません。志の切であるか否かが、利鈍の別れ道だと仰せられます。

ここでは利根というのは道に達した者のことであります。どんなにすばやい利根の者でも、道に達しなければ鈍根であるということになります。それに致しましても、利鈍の別は切なる志のあるか無いかによるという道元禅師のこのお言葉に、どれほど学人が激励されたことでありましょうか。千古の名言であると言うことができるように思います。

〔註〕

① 雨期に入ると遊行《ゆぎょう》ができず、また、雨に誘われて出て来た虫類等を踏み殺す恐れなどがあるところから、釈尊在世のころ、雨期に一堂に会し、一所に居止して修行した「安居《あんご》」のこと。通常、夏期の三ヶ月が当てられたので「夏安居《げあんご》」といい、四月十六日より七月十五日までの三ヶ月とする。

第六回　教導の実

今日は、教導《きょうどう》の実ということについてお話し申し上げます。

教導とは人さまを教え導くことであります。人を教え、そして導くということは、人間にとって実に大きな、そうしてまことに困難なことのように思われます。

ずっと昔、もう五十年近くも前のことになりましょうか。私はある人から教育ということについて、教育の教とは人が鞭《むち》を持って子供を教えている姿を表わしたものであり、教育の育とは母親が子供に乳房を含ませている姿を表現したものである。だから教育には、いわば父親の持つ厳しい面と、母親の持つやさしい面との二つがどうしても必要である。この男性原理と女性原理とも呼ぶべき二つの面がほどよく調和され、あるいは交互に、あるいはその人間の状況に、まさにふさわしく接しられ発揮されて働くところに、人が真《まこと》に人として成長してゆくのである。そういうような意味のことを教えられました。

どういうわけなのか、この方のお話のこの部分だけが私には強く印象されておりまして、その話を聞きながら心の隅の方で、この人の言うことは本当のことであるに違いない、いや、きっと本当なんだろう。しかし、それは両親の揃っている人について言えることで、両親がいなかったり、その片方だけであったりすることを余儀なくされた人には当てはまらないのではないか、さしずめこの自分などは、まさにその基になる条件が初めから欠落しているから、とても人にはなれないし、またなれそうにないなと、ひどく淋しい、どこかひがんだ気持で、この話を聞いていたような気が致します。

道理としては確かにその通りで、一点の非のうちどころが仮になかったと致しましても、人の魂に響いてくるものがなかったということだけは確かであったように思います。

道元禅師はこういうことを、どのようにお考えになり、どのように実践されたのでありましょうか。そんなことを今日は勉強してみたいと思います。

――唐太宗の思いやり

有る夜示して云く、唐の太宗《たいそう》即位の後《のち》、故殿《こでん》に栖《す》み給へり。破損せる故《ゆ》へに湿気あがり、風霧《ふうむ》冷《ひやや》かにして玉体おかされつべし。臣下等造作《ぞうさく》すべき由《よし》を奏しければ、帝《みかど》の言《いわ》く、時《と》き農節なり。民定めて愁ひあるべし。秋を待《まち》て造るべし。湿気に侵さるは地にうけられず、風雨に侵さるは天に合《かな》はざるなり。天地に背《そむ》かば身あるべからず、民を煩《わずら》はさずんば自《おのずか》ら天地に合《かな》ふべし。天地に合はば身を侵すべからずと云ふて、終《つい》に新宮《しんぐう》を作らず、故殿に栖み給へり。俗すら猶《なお》かくの如く民を思ふこと自身に超へたり。況《いわん》や仏子《ぶっし》は如来の家風《かふう》を受《うけ》て、一切衆生を一子の如くに憐むべし。我に属する侍者《じしゃ》、所従なればとて呵嘖《かしゃく》し煩《わずら》はすべからず。いかに況や同学等侶、耆年宿老《ぎねんしゅくろうら》等をば恭敬《くぎょう》すること、如来の如くすべしと、戒文分明《かいもんぶんみょう》なり。然《しか》あれば今の学人《がくにん》も、人には色にいでて知られずとも、心の内に上下親疎《しんそ》を分《わか》たず、人の為によからんと思ふべきなり。大小の事につけて人を煩《わずら》はして人の心を破《やぶ》ること有るべからざるなり。（第三巻の六）

【意釈】道元禅師はある夜、示して仰せになった。

唐の太宗《たいそう》は、第二代の皇帝として即位されたあとも、依然として老朽した旧い建物にお住いになっていた。古くなって方々がこわれていたので湿気があがり、おまけに、冷たい風や霧が遠慮なしに入り込んで、大事な天子の体をおかし、健康に害を与えそうであった。

そこで臣下の者たちが、新しく宮殿を建築するよう言上したところ、太宗は、「今はちょうど農繁期で、農民たちの最も多忙なときである。そんなときに宮殿を新築するなどということをしては、人民が迷惑し困るに決まっている。それだから、秋になって収穫の終ったあとまで待って、造るのがよいであろう。天子の位にある者が、湿気におかされるというのは、地に受け入れられないからであり、風や雨におかされるのは、天の心にかなわないからである。天地の心に背《そむ》いたならば、天子としてのこの身は、その存在の理由と根拠を失ってしまう。天子は、天の心・地の心を、国や人の上に具体化し実践してゆくのがその任であり、生命であるから、人民に迷惑を与え、困らせるようなことをしなければ、自ずから天地の心にかない、天子としての道を全うすることができる。天地の心にかないさえすれば、この身はおかされることはないであろう」と仰せになって、とうとう新しい宮殿を造営せず、そのまま古びた建物にお住いになられた。

質素枯淡な生活を本領とする出家者でない人ですら、なおこのように多くの人々のことを思い、自分のことを少しも問題とはしていない。いわんや仏弟子たちは、慈悲にみちたる如来の家風をうけ、それを相続しているのであるから、ありとあらゆる人々や生きものを、たった一人の自分の子供のように、いたわり慈《いつく》しむべきである。それゆえ、たとい自分のために様々な用事を果たしてくれるお付きの者や小者だからといって、荒々しく叱りつけたり、迷惑をかけて苦しめたりするようなことがあってはならない。まして、同じく道を学び修行している仲間や同輩、あるいは先輩や友人、ないし目上の僧といった方々を敬い尊敬し大切にすること、あたかも仏さまに対すると同じようにせよと、戒律の文にもはっきり書かれている。

　そういうわけであるから、今の仏道修行者も、表情や態度などによって、ことさら人に気づかれ知られなくとも、心の中に、その立場や身分による上下、あるいは親しいか否かというような区別をせず、ただひとえに、人のためによかれかしとばかり思うべきである。大きいことにせよ、小さなことにせよ、どんなことであれ他の人の手や心を困惑させ、傷つけ苦しめるようなことがあってはならず、してはいけない。


　権力の中枢にあった貴顕《きけん》の家に出生し、周囲よりその卓抜秀逸の才を見込まれ、帝王学としての素養を身につけるべく教育せられた道元禅師は、お小さいときから随分いろいろな書物をお読みになっていらっしゃいます。そういう、いわば身についた教養が道元禅師のお話の中には随所に出てまいります。

　司馬遷《しばせん》の『史記《しき》』の中にある、中国は戦国時代、趙《ちょう》の国が隣の大国秦《しん》の国王に趙の国王の持っている天下に名だたる宝である「和氏《かし》の璧《たま》」と、十五の町とを取り替えようという無理難題を押し付けられ、その使者になった趙の国の将軍藺相如《りんしょうじょ》が、秦の国王と対等に渡り合って、とうとうその玉を秦に騙《だま》し取られないで、その任を全うして趙の国に帰ったという話。

　もちろんご承知のことでございましょうが、「完璧」という言葉が生まれる元になったこの有名な話や、人間の信義と節操を守って首陽山にかくれ、薇《ぜんまい》を採って露命をつないでいたけれども、やがて餓死してしまった伯夷《はくい》と叔斉《しゅくせい》の話。また不明な王、権力に奢《おご》る人たちを憤《いきどお》り、「挙世《きょせ》混濁《こんだく》して我《われ》独り清めり、衆人皆酔へり我独り醒《さ》めたり、これを以て放《はな》たる」、世の中はすっかり濁《にご》ってしまったけれども、自分独りだけは濁っていない、人々はみんな酔いしれてしまったけれども、私独りだけは醒めている、だから追放されてしまったのだ。そう語り、「懐沙《かいさ》の賦《ふ》」、つまり石を抱く歌を作ると、懐に石を抱いて汨羅《べきら》の渕《ふち》に身を投じて死んでしまった憂国の詩人、楚の国の屈《くつ》原《げん》のことなど、道元禅師は門人たちにお話しになっていらっしゃいます（50〜51頁参照）。

そういう引用の例を拝見致しますと、道元禅師の教養の深さはもちろんでありますけれども、禅師の気質といったようなものが推測できるような気が致します。

ここでは『貞観政要《じょうがんせいよう》』に出てくる唐の太宗李世民《たいそうりせいみん》の話が素材になっております。

李世民というのは西暦六一八年、隋《ずい》の皇帝恭帝《きょうてい》の後をうけて唐を建国した高祖李渕《りえん》という人の次男で、非常に才能に恵まれ、また武力にも勝れておりまして、唐建国の実質上の立役者であります。彼は三人兄弟の真中で、兄を建成、弟を元吉といいましたけれども、彼の名声を嫉《ねた》んだ二人から殺されようとしたのを予《あらかじ》め察知して、先んじて彼らを除き、父から位を譲られて第二代目の唐の天子となった人であります。彼は優れた人間を登用し、その助言や忠告によく耳を傾けて大変よい政治をしたので、よく国が治まりました。彼の治世は貞観元年（六二七）から貞観二十四年（六五〇）までのわずかな期間でしかありませんでしたけれども、その治世を讃えて、後に呉競《ごきょう》という方がその様子を記録した本を出しました。これが『貞観政要』といわれるもので、全部で十巻あります。

ところで、ある晩、道元禅師はこんなお話をなさった。唐の天子になった李世民は、即位のあともずっと古ぼけた建物に住んでいた。かなり老朽していて、壁が落ちていたり、床が抜けていたりしていたようであります。やたらに湿気があがって、住むのには決して快適ではない。「風霧冷かにして玉体おかされつべし」とありますから、隙間風《すきまかぜ》なども遠慮なしに入って来たように思われます。でありますから建てつけも悪いに決まっています。相当なぼろ宮殿であります。そこで臣下の者たちが何よりも天子の身を案じて、新しい建物を建てましょう、と進言致しました。そうすると李世民は、「いや今は農繁期であるから、今新築工事などを始めてしまったら、農民には甚《はなは》だ迷惑千万なことになる。であるから秋の取り入れがすんで農民たちが暇になり、気持や時間にゆとりのできたときにしよう」、そう言った。

これはものの分かった人の申し条であります。権力の座に着くと、権力というものに人間の目が潰《つぶ》されてしまう。それまでよく分かっていた人が分からない人になってしまう、見えない人になってしまう。これは権力呆《ぼ》けであります。権力というのは、なにも国家権力や国王の椅子についてばかり言うのではございません。人を指揮掌握する立場や指導命令する立場も、される側から見ればやはり一つの権力であります。

でありますから、その力を使う使い方に問題があるように思います。李世民は唐建国の功労者でありますから、振るおうと思えばどんな権力でも行使できたはずであります。それができる立場にあり、それを為し得る力を持っております。だけれどもそれをしない。それを道元禅師が称讃を致します。

天子という者はもと、天の命を受けて国を主宰し、君子として政治を行なう者のことをいいます。つまり天の神もしくは天という名で呼ばれる神の子という意味であります。だから天の心にかなっていなければ国が乱れ人は治まらない、そういう考え方が基本にあります。天地の道に背く、自然の道理に背くのは道ではありませんし、天子の取るべき態度でもなすべきことでもない。そういう考え方が底の方にあります。それが次の「湿気に侵さるは地にうけられず、風雨に侵さるは天に合《かな》はざるなり。天地に背《そむ》かば身あるべからず、民を煩《わずら》はさずんば自《おのずか》ら天地に合ふべし。天地に合はば身を侵すべからず」、そういう表現によく表われております。湿気におかされるのは、地にうけられず、風雨におかされるのは天にかなわないからだという。

そう言うのは李世民自身の謙虚さであります。今の言葉に言い換えれば、この建物に湿気があがり隙間風が吹き込んで雨が漏るのは、すべて自分の不徳の致すところだというほどの意味になりましょう。不徳の致すところなどという言葉は、権力の座に着いて奢《おご》っている人の場合にも言葉としては使いますけれども、このところをよく読んでみますというと、やはりここには李世民という人の謙虚さ、慎ましさというものが滲《にじ》み出ているように思われます。これは李世民の反省の部分です。

その次の「天地に背かば」という上のところに、「しかし」という言葉を補ってみますというと、このところの文章の意味がはっきり致します。この決して快適ではない住みにくい建物の状態は自分の不徳の致すところであるけれども、しかし天命に背き天地の理にはずれるならば、天子としてこの身も立場もない。それゆえ、民を煩わさないということが天命にかない、天の御心を行なうことであるから、天子であるこの身をおかすことはできないというのが次に続く文章の意味であります。結局、李世民は臣下たちの進言を入れず道理を述べて、新しい宮殿を造ることを致しませんでした。そうして、おそらくは雨漏りのしたであリましょう老朽した建物に住み続けました。

道元禅師はこの李世民の態度に感銘しております。その道元禅師の心の奥には、故殿に住んだ、古い建物に住んだということへの称讃があるように思います。天子でありながら貧しい在り方を選んだ李世民に、道元禅師は心のどこかで拍手をおくっている、そんな思いが致します。そこで道元禅師は、俗すら賢なるはなおそのように、自分のことよりは人のことを思い慈しんでいる、であるから、僧たる者は人のために己れを尽くすべき如来の家風を受けているのだから、なおさらそのことに励み努めなければならない、そう仰せられております。

愚かなる吾れは仏にならずとも
衆生を渡す僧の身ならん

というのは道元禅師の御歌《おんうた》であります。自分は一生船頭さんで終ろう。苦しみ悩んでいる人たちを、そういった人間苦、世間苦の焔《ほのほ》の燃え盛っているこちらの岸から、一人残らず、そういった悩みの焔の消え果てた寂かな涼しい向こうの岸に運ぶ船乗りを、一生喜びをもって全うしてゆこう、そう道元禅師は歌うのであります。それは仏の大慈大悲《だいずだいひ》であります。菩薩のもてる誓願なのであります。しかしそれを具体的にはどのように実現してゆくのか、その一つのありようを道元禅師は次のように示してくれます。

戒律を説いたものの中に、たとえ自分の身の回りのことを、いろいろとやってくれる人たちだからといって、言葉厳しく叱ってはいけない。文の中の「呵嘖《かしゃく》し煩《わずら》はす」の「煩はす」というのは、直接には心を煩わすということで、いやな思いをさせるというほどの意味になります。そればかりではありません。同輩、先輩はもとより大長老たちを仏さまのように敬えということを彼は教えている。それだから顔色や言語・態度に出して、ことさらにしなくっても、いつも心の中に人のことを思い、たとえ少しばかりでありましても、人のために良きことと願い祈る気持があれば、どんなことがあっても人の心を傷つけることがないであろう、そうお示しになっていられます。これは、そのようにあらまほしき僧としての、人間としての願いであり祈りであります。

実際には真心を尽くしても尽くしても、どうしても通じぬ相手もあり、どんなに人のことを思って事をなしても、やればやるほど傷つけられ、遠ざかっていって、どうにもならんことがいっぱいあります。自分が誠意だと思ったり真心と思ってすることが、本当は真心なんかではなくって、自分の独りよがりの真心に似たものであるかも知れませんし、また自分が尽くしていると思っても、本当は尽くしているというそのことがせせり出て、邪魔になってしまう。そうして結果としては尽くしているどころか、その反対に尽くしているという自己主張をして、人の迷惑になっていることがあるかも知れません。そういうわけで、なかなか一通りではありません。

私もいろいろな目にあってまいりましたが、子供のころ、至誠天に通ずというけれども、これは人間の真心、つまり至誠などというものはなかなか人には通じない、いやほとんど通じない、だからせめて天だけが見ていてくれる、神さまだけがこの切ない人間の真心が分かってくれる、そういう思いを抱いたことがあります。人間の波長が合わなければ、心の気脈が通じなければ、真心といったって通じるものではないように思います。

であありますから、これが一つ行き違ってしまいますというと、人間は何をどのようにしてもダメなんであります。決して通じ合えないことだって無いわけではありません。だからといって、それを放っておいていい道理はもちろんございません。どうしたらいいんでしょうね。人から悪口を言われ罵《ののし》られ、疑いや不信の目で見られ軽蔑されるといったようなこと、貧しい私だけではなしに、お釈迦さまにもそういったことがあったと伝えます。

お釈迦さまはその晩年に、自分の国がご自分の目の前でコーサラの国に亡ぼされていってしまうという、筆舌につくし難い悲しみにもお遇《あ》いになったと、そう伝えます。大変ご苦労なすっており、仏さまのご一生も決して平坦であったのではございません。どんな目に遇われ、そして、どうなさったか。そのことについて次の本文を読んでいただくことに致しましょう。

——なぜ仏に仇なす人がいるのか

如来在世に外道《げどう》多く如来を謗《そし》り悪《にく》みき。仏弟子問て云く、如来はもとより柔和《にゅうわ》を本《もと》とし慈悲を心とす、一切衆生ひとしく恭敬《くぎょう》すべし、何が故にか此《かく》の如く随《したが》はざる衆生あるや。仏の言《のたまわ》く、吾れ昔し衆《しゅ》を領ぜし時、多く呵嘖羯磨《かしゃくこんま》を以て弟子をいましめき、是れに依《よっ》て今かくの如しと、律の中《な》かに見へたり。然《しか》あれば即ち設《たと》ひ住持《じゅうじ》長老として衆を領じたりとも、弟子の非をただしいさめん時、呵嘖の詞《こと》ばを用ひるべからず。ただ柔和の詞ばを以て誡《いまし》め勧むとも随ふべくんば随ふべきなり。況や学人《がくにん》親族兄弟《ひんでい》等の為にあらき言《こと》ばを以て人を悪《あし》く呵嘖することは、一向にやむべきなり。

能々意《よくよくこころ》を用ふべし。（前同）

【意釈】お釈迦さまが世におわしましたときにも、外道《げどう》の者たちが、お釈迦さまを憎み嫌って、いわれなく誹謗《ひぼう》したり、そのお体を傷つけようとしたり、陥《おとしい》れんと企《くわだ》てたりした事件が沢山あった。それで、あるとき、仏弟子の一人がお釈迦さまに向かって、「あなたは、もともと柔和であることを根本とし、慈悲をそのお心としています。それゆえ、すべての人々が、例外なしに、つつしみ敬い、お慕い申し上げるべきはずでございますのに、どうして、このように随《したが》わない人々がいるのでございましょうか」と質問をした。するとお釈迦さまは、「私が過去の世で、多くの人々を率いていたとき、大声を出して弟子を叱りつけたり、その過誤を改めさせようと、荒々しく振る舞って訓戒したりした。その報いによって今このような誹謗や困厄《こんやく》を受けているのだ」と仰せになったことが、律の中に書かれている。

お釈迦さまが、そのように仰せになっているのであるから、たとい住持《じゅうじ》長老となって、多くの修行僧を統率する立場にあったとしても、弟子のあやまちを正し、訓戒し、教え導こうとするとき、叱りつけるような荒々しい言葉を使ってはいけない。ただ、やさしくおだやかな、やわらかい言葉で戒め、すすめるがよい。ことさらに厳しい言葉をもって叱責《しっせき》せず、おだやかに言いきかせても、随うべきときには素直に随ってくるものである。いわんや仏道を学ぶ者は、血縁にある人々や、同じく仏法を修行しつつある仲間たちのために、粗暴な言葉をもって人を悪しざまに叱りつけたり、罵倒したりするようなことは、完全に慎み禁止しなければならない。十二分に心をつかい、くれぐれも気を配るべきである。

お釈迦さまの従兄弟《いとこ》であった提婆達多《だいばだった》という人、この方は大変立派な方で、戒律などもむしろお釈迦さまの教団よりは厳しいくらい、人々の信仰も篤《あつ》かったと言われておりますけれども、仏教の中に伝えられる伝承では、お釈迦さまの仇役《かたきやく》として登場してまいります。お釈迦さまを嫉《ねた》み憎んでお釈迦さまに毒を飲ませようと企んだり、象にお酒を飲ませて暴れさせ、お釈迦さまを踏み殺させようとしたり、あるいはまた、お釈迦さまのお通りになる道の上から大きな石を転がり落として殺そうとしたり、いろいろ妨害を致します。

それからまた、お釈迦さまは、美しい女性が外道に唆《そそのか》されてお腹の上に木の丸い盆をくりつけ、いかにも妊娠した女性のように振る舞いながら、大勢の人の前でこのお腹の子をどうしてくれるのかと罵《ののし》り迫られたり、お釈迦さまを陥れようとした女性を殺害した罪を擦《なす》りつけられようとしたり、なかなか深刻なやり切れない事件にいくつも出遇《であ》っておられるようであります。

そこである日、弟子の一人がお釈迦さまに質問をして言いました。「如来は、やさしさや思いやりがその根本であり、心であり、それゆえにこそ人々から慕われているのに、どうして仏に仇《あだ》なす人々がいるのですか」

そうするとお釈迦さまは、「それは、昔、自分が多くの人々を従えていたとき、無慈悲に人を罵り叱りつけた、そういった報いなんだよ。だから自分がたとえその立場にあっても、荒き言葉をもって無闇に人を罵り叱りつけてはいけない。やさしい言葉をつかい普通にものを言っても、随《したが》うべき者はちゃんと随って来るものである。荒き言葉をつかい罵り叱っても、随わない者は随わない。それどころか荒々しいことをすれば、ちゃんとその報いは自分自身の上に返ってくるんだよ」と、戒の文句にある。お釈迦さまですらそうなんだから、このことをよくよく考えて無礼な無慈悲な仕打ちはしてはいけない、と道元禅師は戒めておられます。

これをお説きになる道元禅師の背景には、二つのことがあるように思われます。その一つは、人は皆どこかで深く繫《つな》がりあっているもんだという考えであります。

ほろほろと鳴く山鳥の声きけば
　父かとぞ思う母かとぞ思う

という昔の人の歌があります。命のあるものは必ずどこかでつながっているという考え方は、古くからあるインドの生命観であると言ってよいでありましょう。その上にインドの人は、過去現在未来という三世にわたって連続する生命の流れと、もう一つは生命の循環、つまり、ぐるぐる回りということを考え、そこに人間の倫理的な、道徳的な、ないしは宗教的な様々な問題を組み合わせ、からませ合うことによって、現在の苦しみから永遠に脱出することを工夫し、それを実践してまいりました。

そういう考えが仏教の中にも深く影響を与えておるようであります。道元禅師は、「孤舟《こしゅう》共に渡るすら、なお夙因《しゅくいん》あり、九夏同居《きゅうげどうご》豈曩分《あにのうぶん》なからんや」（『永平寺衆寮箴規《しゅりょうしんぎ》』）と仰せられております。たった一艘の小さな渡し舟にわずかな時間乗り合わせただけでも、きっと遠い遠い前の世から深い縁《えにし》に結ばれていたに違いない。それだから安居《あんご》といって九十日の間、一緒に修行するのにはよほど深い関わりがあったと言うほかないではないか。それほどの意味であります。

その二つ目は、今申し上げた、命のいわば広がりをもった結びつきということを基礎に置き、これと深く関わり合いながら、それだからこそ己れを慎んでものを思い、言葉をつかい行動せよ、ということであります。ものを思うというのは、本文にあった「心の内に上下親疎《しんそ》を分《わか》たず、人の為によからんと思ふべきなり」というのが相当致します。言葉をつかうというのは「呵嘖《かしゃく》の詞《こと》ばを用ひるべからず」と言い、「あらき言《こと》ばを以て人を悪《あし》く呵嘖することは、一向にやむべきなり」というところであり、行動せよというのは、とどのつまり人々を如来のように敬って己れを尽くせというところでありましょう。それをしないと、天に向かって唾をするように必ずその報いが自分に返ってくると。これは命を時間的な繋《つな》がりの上で考えて、自分の身を慎むことを教えたのでありましょう。

日本には昔から「袖《そで》すり合うも他生の縁」という、いい言葉があります。旅をしているとき、何かのはずみで、ほんのちょっとだけ袖が触れ合った。きっとそれはいつかの生で、何か関わり合いのあった人なのだ、というほどの意味であります。袖というのは必ずしも着物の袖である必要はございません。言葉を交わすということ、落とした物を拾ってあげるといったようなこと。そういう極めてささやかな、なんでもない出来事の中に深い繋がりを思う。これはすてきなことではないのか。

――他人を叱る心得

道元禅師は荒き言葉で人を叱ってはいけないと言い、たとえ同輩でも如来のように敬い、心の中に目上や目下、親密な関係や、そうでないといった区別をしないで、人のよろしきように常に思い行なえと仰せられているのに、次の話（第二巻の二五）は、その反対のように思われます。簡単にそのことをご紹介してみましょう。

あるとき道元禅師は、こんなお話をなすった。

自分が中国の天童禅院にいたとき、坐禅の時間がずいぶん長いので、その間に修行僧たちが多く眠っていたことがある。そうすると如浄《にょじょう》禅師（一一六三―一二二八）は回って行って眠っている坊さんを、あるいは拳《こぶし》をもって打ち、あるいは履《くつ》を脱いで打ち、辱《はずかし》めて眠りを覚ました、そう述べております。それでもなお目の覚めない坊さんたちが沢山いるときには、「いたずらに眠っていて、いったいどうするのだ（徒《いたず》らに眠りて何の用ぞ）。どうして出家して修行道場に入って来たのか。世間の人は上は帝王から下は庶民のはしに至るまで、それぞれの家業に精進をして誰もたやすく生きている者はいない。しかしそれを逃れて修行道場に入り、空しく時間を費やして、そうして、いったい何をしようというのか（空《むなし》く時光を過《すご》して、畢竟《ひっきょう》じて何の用ぞ）。生死事大無常迅速《しょうじじだいむじょうじんそく》、つまり時は時間は自分を待ってくれない。人はいついかなる時に死んでしまうかも知れず、どんな病にかかるかも分からない。だから生きているその間に真実を行じなければならない。それを眠ってしまっているのは何と愚かなことか」、そう言って坊さんたちを励まして坐禅を勧めた。それを道元禅師はまのあたりに見ておりました。でありますから今の人たちもその風を学ばなければいけない。そう道元禅師は述べておられます。

ここで私が申し上げたいのは、如浄禅師が眠《ね》ている僧を、あるいは拳をもって打ち、あるいは履をぬいで打ち、辱めて進んだというところであります。

それから如浄禅師がお若いころ、いろいろな修行道場で修行したけれども、ある指導者はこういう話をした。「以前は眠っている坊さんを、拳もかけるほどに殴りつけたけれども、今は年寄りになって力が弱くなってしまったから強く打つことができない。そこでいい坊さんもこのごろはできてこない」。それからまた、「方々のお寺の指導者たちも坐禅をゆるく勧めてしまうので仏法が衰えてゆく。そういうわけであるから、自分はいよいよ力をこめて打つのである」という話をなさったということを如浄禅師はお話しになった。

そうかと思いますと、

夜話《やわ》に云く、悪口《あっく》を以て僧を呵嘖《かしゃく》し毀呰《きし》すること莫《なか》れ。設《たと》ひ悪人《あくにん》不当なりとも左右《さう》なく悪《に》くみ毀《そし》ることなかれ。先づいかにわるしと云《い》うとも、四人已上集会《いじょうしゅうえ》しぬればこれ僧体にて国の重宝《じゅうほう》なり。最も帰敬《ききょう》すべきものなり。若《もしく》は住持長老《じゅうじちょうろう》にてもあれ、若は師匠知識にてもあれ、弟子不当ならば慈悲心老婆心にて教訓誘引すべし。其時設《たと》ひ打《うつ》べきをば打ち、呵嘖すべきをば呵嘖すとも、毀呰謗言《きしぼうごん》の心を発《おこ》すべからず。先師《せんじ》天童浄《てんどうじょう》和尚住持《じゅうじ》のとき、僧堂にて衆僧《しゅそう》坐禅の時、眠りを誡《いま》しむるに、履《くつ》を以て打ち謗言呵嘖《ぼうごんかしゃく》せしかども、衆僧皆打たるるを喜び讃嘆しき。

有時《あるとき》亦上堂の次《つい》でに云く、我れ既に老後、今は衆を辞し庵《あん》に住して老を扶《たす》けて居るべけれども、衆《しゅ》の知識として各《おのおの》の迷《まよい》を破り道《どう》を授《たす》けんがために住持人《じゅうじにん》たり。是に依《より》て或は呵嘖の詞《こと》ばを出《いだ》し、竹篦打擲《しっぺいちょうちゃく》等のことを行ず。是頗《これすこぶ》る怖《おそ》れあり。然《しか》あれども、仏に代《かわっ》て化儀《けぎ》を揚《あぐ》る式なり。諸兄弟《しょひんでい》慈悲を以て是を許し給へと言《いえ》ば、衆僧皆流涕《るてい》しき。此《かく》の如きの心を以てこそ衆をも接し化《け》をも宣《のぶ》べけれ。

住持長老なればとて、乱《みだり》に衆を領じ我が物に思ふて呵嘖するは非なり。況《いわん》や其人《にん》にあらずして人の短処を云ひ他の非を謗《そし》るは非なり。能能《よくよく》用心すべきなり。他の非を見て悪《あ》ししと思ふて慈悲を以て化《け》せんと思はば、腹立《はらたつ》まじきやうに方便して、傍《かたわ》ら事《ごと》を云ふやうにてこしらふべきなり。（第一巻の七）

ある晩こんなお話をなすった。

「悪口《あっく》を以て僧を呵嘖《かしゃく》し毀呰《きし》すること莫《なか》れ」、口ぎたなく坊さんを叱りつけ罵《ののし》ってはいけない。そういうことであります。「設《たと》ひ悪人不当なりとも左右《さう》なく」、左右なくというのは、わけもなしに憎み毀《そし》ってはいけない。それからまた、住持長老で仮にありましても、人から尊敬され、人々を導く立場にある人でありましても、弟子たちに誤りがあったならば、慈悲心・老婆心をもって親切に教え導くべきである。たとえそのとき打つべき者を打ち、叱るべき者を叱ったと致しましても、毀呰謗言《きしぼうごん》の心をおこしてはいけない。

毀呰謗言というのは、罵《ののし》り誹《そし》り、傷つける、荒き心という意味であります。思いやりのないことであります。いたわりのない心であります。それをおこしてはいけない。如浄禅師が天童山に住持していられたとき、僧堂で眠っている僧たちを殴りつけ罵り叱ったけれども、そうされた坊さんたちは「皆打たるるを喜び讃歎」した。

またあるとき、如浄禅師は説法されて、「叱りつけたり、あるいは殴りつけたりする、これは大変畏《おそ》れ多いことである。しかしながら仏に代ってそうするのであるから、どうか皆さんよ、慈悲をもって、そのことを赦してくれ」と、そういうふうにお話しになった。そのことを坊さんたちは皆涙を流してお聞きになっていた。そういうことが述べられております。

「他の非を見て悪しゝと思ふて慈悲を以て」指導しようと思うならば、その次が肝心でありますが、「腹立《はらたつ》まじきやうに方便して、傍《かたわ》ら事」、つまり、よそ事を言うようにして、そうして「こしらふべき」である、そういうふうに道元禅師は仰せられております。

これはどういうことでありましょうか。叱る側に己れが立つと、すれ違ってしまう。道のためにということが口実になり、理由になり、自分の手柄になると本質がすれ違ってしまうことになります。親が子供に向かって、「お前のために」と言うと、きっと子供の気持はそれてしまうに違いありません。親がその苦労を何かの代償として表に出しますと、問題の質が変ってしまうのであります。如浄禅師が修行僧を叱って、叱られた修行僧が感激の涙を流した。それは如浄禅師が道のために己れを尽くしきっていたからに違いありません。

人が自分の手柄にしようと致しますと、道が消えて人間の汚れだけが浮き上がってまいります。どんなに善いことを言っても汚れは汚れでありますから、そこに当然反発があります。だから己れを尽くせと言う。道に本当に虚心になったとき、そのとき初めて人の魂を揺り動かす何ものかがここに生まれて来るに違いありません。それは言葉や方法の上手下手ではなくって、それを生きた言葉といい、真実語というのではないでありましょうか。

教え導くというのは決して技術や方法ではない。それだけが大切であるというならば、子を持つ世間の父親や母親の大部分は、その子を教え導き育む者としては、その資格を失ってしまうに違いありません。教え導くということには、どうしてもそこに己れの功勲、つまりいさおし、手柄、そういったものを勘定に入れない、無私の呼びかけと、手塩にかけるということが大切なことのように思われます。

方法や技術ももちろん大事であるには違いありませんけれども、それを内に包み込みながら、それに寄りかからないで、その目指すところのものを遂に成満《じょうまん》するのは、やはり全人格的なぬくみであり、自分への代償を決して求めない、全く一方的な命の投入であると言うほかはないように思います。

第七回　無心の姿

――学人、第一の用心

今日は仏道を学ぶ者として、心得ておかねばならぬ「無心」ということの、ありようについて学んでいきたいと思います。

亦示して云く、学人《がくにん》の第一の用心は先づ我見《がけん》を離るべし。我見を離るると云ふは、此の身《み》を執《しゅう》すべからず。設《たと》ひ古人の語話《ごわ》を究《きわ》め常坐鉄石《じょうざてっせき》の如くなりとも、此の身に著《じゃく》して離れずんば、万劫千生《まんごうせんしょう》にも仏祖の道《どう》を得《う》べからず。いかに況《いわん》や、権実《ごんじつ》①の教法、顕密《けんみつ》②の正教《しょうぎょう》を悟り得たりと云《い》うとも、身を執するこころを離れずんば徒《いたず》らに他の宝を数へて自《みずか》ら半銭の分《ぶん》なし。只請《こ》ふらくは学人静坐《じょうざ》して、道理を以て此の身の始終《しじゅう》を尋ぬべし。身体髪膚《はっぷ》は父母《ぶも》の二《に》滴《てき》、一息《いっそく》とどまりぬれば山野に離散して終《つい》に泥土《でいど》となる。何を持《もっ》てか身と執せん。況や法を以て見れば、十八界の聚散《じゅさん》、いづれの法をか決定《けつじょう》して我が身とせん。教内教外《きょうないきょうげ》別なりとも、我が身の始終不可得《しじゅうふかとく》なることを行道《ぎょうどう》の用心とすること、是れ同じし。先づ此の道理に達すれば寔《まこと》の仏道顕然《けんねん》なるものなり。（第四巻の三）

【意釈】 また道元禅師は示して言われた。

仏道を学ぶ者が最も心掛けねばならぬのは、何よりもまず「我見《がけん》」を離れることである。「我見」を離れるというのは、自分の、この身に執着してはならないということである。たとえ、昔の人の語録や、宗教的な大転換を果たして悟りを得たときの状況、ないしその機縁となった言葉や出来事などの記録について、十二分に知悉《ちしつ》し、常に坐禅し続けて動かざること、あたかも巨大なる鉄石のようであったとしても、この身に執われ、くっついて離れ得ないようであるならば、生《しょう》を変え身を変えてどれほど時を費やしたとしても、遂に真実の道を我がものにすることはできぬであろう。

学問としての仏教を捨て、ひたすら仏祖の道を修行し続けて、真実の世界に眼を開いた人ですら、この身に執われているばかりに、遂に道を得ることができないというのであるから、ましてや沢山ある仏法の様々な教学や法門などを研究し、頭で理解し論理で分かったとしても、肝心な自己を置き忘れて、この身に執われる心をそのままにしておいたのでは、ちょうど、他人の所有する宝物や金銭を数えるのに似て、自分のためには、わずか半銭の取り分もないのと同じである。なんと虚しく、たわけたことか。

ただ願わくは、真実を求め、これに随《したが》って生きようとする人は、静かに坐り、道理をもって、今ここに生かされている自分というものの、始めと終りについて、よくよく考えてみらるるがよい。この体のすべては、もともと父母の精の、わずかに二滴《にてき》の結合の縁によったものであるにすぎず、今ここでしている自分の呼吸も、とどのつまり一回限りのものでしかなく、いったん止まってしまったならば、やがてこの身は自然の山野の中に散り果て、遂に土にかえって行くばかりである。これが自分だ、これこそ我が体だと言って、取りつくべきものは、元来、何ひとつありはしないのに、何を素材とし何を根拠として、これが我が身だと執われ主張するのか。

まして、固定的な実体というものを認めない仏法の道理をもって、自己存在の実際というものを見届けてみると、自分や、その人生のすべて、ないし己れの所有に属しているとばかり思い込んでいたあらゆる事象が、互いに因り縁《よ よ》うて、仮に現われている陽炎《かげろう》の如きものであるにすぎず、たえず集まり散って、しばらくも留《とど》まることはないという。されば、その中のどの在り方、どの様相をとって、これが自分であると決めつけ得るのか。

一般の仏教も禅家《ぜんけ》の教えも、それが仏法である限りにおいては、自分の存在というものの全体が、遂に、つかみきれるものではないということを、修行の心得とし眼目としている点では、全く同じである。それゆえ、何よりもまず、この道理にめざめ、その中味を誤りなく理解することができれば、本当の仏道というものが、はっきりしてくる。

道元禅師はあるとき門下の人々に向かって、仏道を学ぶ者のいちばん大事なことは、我見《がけん》を離れるということであり、我見を離れるというのは、自分の身に執われてはならぬことだ、と仰せになりました。

我見というのは、いわば自己主張であります。それは自分が生きていることの自ずからなる主張であり、また己れが生きてゆくための生命的な主張なのであります。今、生命的などという不自然でキザな言葉をつかってしまいましたけれども、人は生きている限り、どこまでも自己中心的であります。生きるということは、根元的に、己れを中心とし軸としてのみ、いのちが働くということであります。私の側から言えば、私の身体や心を今ここにあらしむべく働く、すべてのハタラキを、私のいのちと感じています。我がいのちとは、私のためにのみ働くハタラキのことであり、そのハタラキにつけた名前であります。

そのハタラキがどこから来るか、人は知りません。どうしてそのように働くのか、そんなことを考えてみたこともありません。人にとっては、そんなことを考え思い悩んでいるよりは、生きている者として今日一日を支え、明日に期待や望みをつなぐ方が大切なのであります。生物的ないし物理的な死の直前においてすら、人はしばしば食べることを思い、また、それを実行致します。あるいはまた、生との永遠の訣別のために、人は食べたり飲んだりすることによって、つまり飲食《おんじき》、普通に読めば飲食《いんしょく》でありますが、これをすることによって訣別の儀礼とし、生と死の仕切りにしたり致します。

食べるという行為は、己れを保持するための基本的作業であり、我がためにのみ為《な》すことであります。それは感覚的にみたされることであり、情緒的に満足されることでなければなりません。そういった生物的条件や期待をはずすことのできない、人間としての私というものが、まずあって、そこから個人や社会に関わる様々な活動が始まります。したがって何をするにも人間は、この元の自分というものをいつでも背負《せお》い込んでおります。

このことは、人間が何かをするとき、必ず多くの条件の中から自分にとって都合のよいものだけを選び出してかきよせるという、いのちの癖を基本的に持っているということであります。それを『随聞記』の本文では我見といったに違いありません。これについて私は先ほど自己主張なども申しましたが、「見《けん》」というのは思いのことです。自分の勝手な見込みや独断のことであります。ある意味で、それは自分の身についた、はからわざるいのちの癖なのであります。

放って置けば人は必ずそのように働く。またはそのようにしか働かないハタラキ。それをここでは我見といったのでありましょう。だから、我見を離れるというのは、この身に執われてはならぬというのでありますが、この身に執《しゅう》するなと言っても、それは私どもにとって、とてもできそうにありません。この身に執われない生き方など、人にはとうていできることではありません。しかし道元禅師は、どれほど修行し学問をしても、この身に執われている限り、その修行はすべて虚しいと仰せられます。

本文にある「古人」は、昔の人という意味でありますけれども、「古」つまり古いという字には真実という意味がありますから、真実に生きた人、仏道を誤りなく伝承した祖師といった響きを、この字から合わせて読み取るとよいと思います。古人は真実に生きた先人たち、まことの仏法を伝承した祖師たちということ。その人たちの語話《ごわ》。語《ご》というのは言葉であり、話《わ》というのは話《はなし》ということです。語というのは、文字通り真実を得たときの、または、そのきっかけとなった言葉であり、話というのは、仏祖の道《どう》を伝えた先人たちが真実に目覚めたときの経緯《いきさつ》や状況についての話であります。

それは大体、八世紀の末ごろから、短い話にまとめられ記録されて伝承されるようになったといわれます。でありますから語話というのは、いわば真実の仏法に目覚め、これを伝えた人たちの宗教経験と、その言葉や行為による表現を記録したものであり、それを収録し、その宗教的伝承の系列ごとに集大成したものが世に行なわれるようになりました。これを話《わ》といったり話頭《わとう》と呼んだり致します。宋の時代になりますと、これを修行の標準とし、手本とし、模範とし、規範とし、準縄《じゅんじょう》とする風潮が生まれ、それがやがて当然のことのように修行者の間に定着してまいりました。

そうして、この話《わ》を規則の則という字を使って単に則とも、また本則ともいうようになりました。則というのは「のり」のことであります。仏道修行の「のり」だというのであります。本則の本は根本の本という字、元になるとか基本とかいう意味で、「最も基本となる仏道修行の、のり」ということであります。それは先人たちの示してくれた仏道修行の生きた模範であり、見本であり、道のために生涯を尽くした人の生きたあかしでありました。

学人はそれに導かれ、自らを激励したのであります。それゆえ常坐鉄石といいます。常に鉄石の如く坐禅して動かないということで、修行に真剣に精励することをいいます。だけれども、いかに常坐鉄石の如くでありましょうとも、自分というものに取りついていたのでは、それは空振りだというのであります。

劫《こう》というのは、サンスクリット語でカルパといいます。これにも実に沢山の説明や譬《たと》えがありますので、今はその一つ二つを簡単にご紹介申し上げることに致しましょう。

劫の中で有名なのが磐石劫《ばんじゃくごう》というのであります。磐石というのは大きな石のことです。どのくらい大きいかといいますと、これが縦横高さ、ともに四十里《り》ある。この四十里四方の大きな石に三年に一度、天人が空から舞い降りてまいりまして、あの霞のような軽くて薄い羽衣の袖で、それもたった一遍だけ極めて軽く柔かく、そっと、ふわっと撫《な》でて、そうして帰って行く。ごわごわしたものでゴシゴシとこするのではありません。そうしてその四十里四方の石が全部すり減って、完全になくなってしまったのが一劫《いちごう》。四十里四方の石のときは、これは一小劫、つまり小さい劫で、大劫《だいごう》は八百里四方×高さの石だということであります。そのほかに芥子劫《けしごう》でありますとか、増減劫でありますとか、沢山ございます。

昔のインドの人というのは実に壮大無比のことをいろいろと考え、それをまた、いかにも見てきたことのように説明しております。万劫《ばんごう》というのは、そんな大きな石が一万個もすり減ってしまう時間のこと、千生《せんしょう》というのは千遍も生まれかわり死にかわるということ。これは、いつまでたってもという意味であります。

自分に執われていては、死に物狂いでどんなに一所懸命に坐禅し続けてみても、決して仏道を得ることができない、そう言うのであります。ここには、見当違いだという意味があります。それは仏道修行というものが、我がためにするものではないということでもあります。

坐禅に打ち込んでさえそうなんだからという響きが、次の「いかに況《いわん》や」という言葉にはあります。実践的な修行である坐禅を、ひたむきにしてすらそうなのでありますから、まして仏道の学問を学び、それによって本当の教えが分かったといいましても、自分というものが勘定の中に入っていたのでは、ちょうど人のお金を数えるようなもので、一万円札を何千億枚数えてみましても、くたびれるだけで、自分の足し前には何にもならない。それと全く同じだから、仏道修行の人はまず己れに取りつくなと仰せられます。

それなら、どうしてこの身に取りつくことが止《や》められるか、自分が自分を離れるためにはどうしたらよいのか。このことについて道元禅師が仰せられたのが、次の文章であります。

自己の正体

「只請《こ》ふらくは学人静坐《がくにんじょうざ》して、道理を以て此の身の始終《しじゅう》を尋ぬべし。身体髪膚《はっぷ》は父母《ぶも》の二《に》滴《てき》、一息《いっそく》とどまりぬれば山野に離散して終《つい》に泥土《でいど》となる」。道元禅師は、この身の執着を離れるためには、この身の始めと終りをよく考えてみよと仰せられます。自分は、いったいどこから来てどこへ行くのか。これは自分というものについての極めて大事な宗教的な問いかけでありますけれども、ここでは、まず道理をもってこのことを考えてみる。そうすると自分のこの身体というもの、私という存在は、父と母とによって生まれたものである。そうして、死んでしまえば遂《つい》には土に帰ってしまうものでありますから、これがオレのもの、いやこれがオレだ、というものは何ひとつありません。

このことを法の上から見てみますと、この自分がオレのものだとばかり思い込んでいたその主体はもとより、自分に所属し、また自分の持ちものとしてのみ描いていた自分の世界やその人生のすべてが、全部、全く実体のないものであることがはっきり致します。そこではこれがオレだというものなど何ひとつありは致しません。

本文にある「十八界」というのは、人間存在の様相とその世界を、分析統合した称呼で、通常、五《ご》蘊《うん》・十二處《しょ》・十八界といい、図示すると次のようになります。

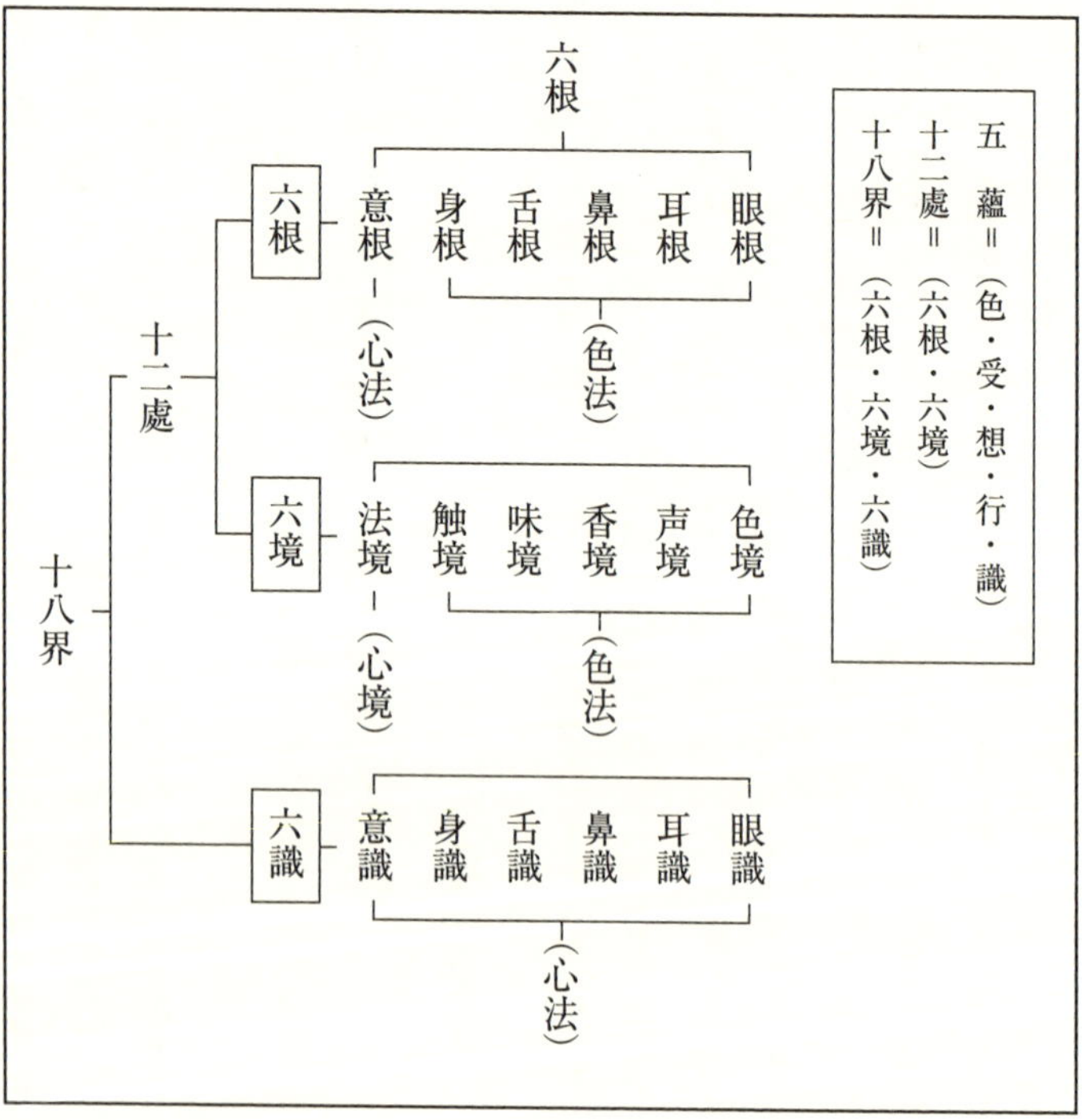

まず五蘊《ごうん》というのは色受想行識《しきじゅそうぎょうしき》。初めに色《しき》というのは、いろいろこまかい説明もありますけれども、ここではこの身体のことだというように理解していただいてよろしいでありましょう。受想行識というのは、いわば精神作用であります。心の働きを、働き具合やその働きの性格を、そういう呼び名で呼ぶことによって区別し、整理したのでありましょう。

そこで極めて大まかに、色《しき》、つまり色という字で表わしたのが身体のこと。受想行識は心のことというようにいって、この二つで身心《しんじん》つまり身体と心ということ、私の存在ということをいうわけであります。しかし身心としての私は、ただそれだけでここにあるわけではなしに、いろいろな関わり合いの上で、人間として働くものとしてあります。その働きの窓口となる素材が六根であります。

図の一番上の欄をご覧下さい。眼耳鼻舌身意と並んでいて、その下に根《こん》という字がついております。これがいわば認識の根本となる身体の器官と心の窓であります。五蘊のところでは身体は色という字で表現されておりましたが、ここではこれが五つ（眼《げん》根、耳《に》根、鼻《び》根、舌《ぜつ》根、身《しん》根）に展開され、五蘊では四つに分けられていたものが（受想行識）、ここでは意《い》根という一つのものにまとめられております。それでこの感覚器官、つまり認識の対象になるものは何かといえば、それが第二段に示されている六境であります。

境というのは対象という意味であります。眼根に対しては色境、ここでは眼に見えるところの物、形のある物、存在というほどの意味になります。物もいろいろに分けられますし、その分類の中には無表色《むひょうじき》、つまり表には現われない形とでも申しましょうか。これはいわば心の中のもの、というほどの意味で、たとえば私は鈴木格禅であって、田中太郎ではありません。でありますから田中太郎という名前を呼ばれましても返事もしなければ振り向きも致しません。ところが鈴木格禅という名前を呼ばれますと、返事をしたり振り向いたり致します。それは私の中に、外からは形としては見えませんけれども、私というものの中に他のものと区別する働きが生まれるからであります。そうしてそれを無表色といいます。

仏教が無表色というものを説く最大の眼目は、戒であります。これを自らの内に相続させて、寝ても覚めてもどんな時でもこれを見失わしめない根拠として、無表色というものを説いたように思います。

自分の身体の中のどこを探しても、無表色と名づけられるものとしての塊《かたまり》などありは致しませんけれども、仏さまから受けた戒法が無表色となって、積極的に、あるいは消極的に働き続ける。それはたとえば、会社員が「わが社の製品は」などと言うとき、それは自分が入社した会社の製品を言うのでありまして、ほかの会社の物を指して言うのではありません。この「わが社」ということは、ほかからは決して見えませんけれども、いつでも、どこでも私の中にあるわけであります。これを無表色といいます。色にはそういう意味のものもありますけれども、ここでは眼の対象となるものでありますから、普通にいう物という理解でよろしいかと思います。

耳には声。これに、いい声、悪い声、生物の出す声、無生物の出す音などいろいろあります。それから香り。これもいい香り、いやな臭い、その他。それから味わい。これは苦いとか、鹹《しおから》い塩とか、唐辛子のような辛さ、それから酸っぱいとか、甘いとか、これを五つの味わい、つまり五味《ごみ》といいます。食物の味は舌で感じたり捉えたり致します。それから皮膚による感触。さらには心による認識作用。これが六根六境であります。

しかし、それだけでは認識を成り立たせるための素材が揃っただけで、まだそこに認識ということが成立は致しません。そこでこの感覚器官とその対象となるものを関係づける働きが必要となります。その働きを識《しき》という言葉で表現します。図の一番下にある六識というのがそれであります。眼識から意識まで全部で六つの働きが、それぞれ相手を関係づけます。

実を言いますと、そういう説明はおかしいのでありまして、本当は物を見ている実際の状況がまずあって、それを逆に整理して感覚器官と対象とに分け、さらに、それだけでは十分ではありませんから、そこにそれぞれを縁づける、つまり関係を結ぶ働きとしての識というものを考えて、それを論理的に整合し、体系的に説明したものだと思われます。

でありますから、理論が先にあって実際があとから行なわれるのではなしに、実際がまずあって、それからあと理屈がつき、理論が生まれてくる。ですから、理論というのは実際の説明でしかありません。しかしながら、それは時に未知の世界を説明するパイロットの役目を果たし、人類の文化に多大の貢献を致しますが、時にはまた、それが権威をもって事実に優先し、大切なものを破壊してしまうこともあります。

ずいぶん長い説明になってしまいましたが、十八界の聚散《じゅさん》。聚は集まること、散は散ること。つまりこの身は、いろいろな条件がより合って出来上がった、かりそめの存在でしかないということであります。言ってみれば合成品にすぎないのでありますから、オレというものは、もともとありはしない。それが自分の正体でありますのに、私どもはこの合成品にしっかりと騙《だま》されてしまいます。自分がもと、自分というものも何もない合成品でしかないということを、禅と名づけられた仏教でも、仏教という限りにおきましては必ず説きますし、それこそが修行の眼目であるということにおいては、例外なしに共通しております。

それが本文の「教内教外《きょうないきょうげ》別なりとも、我が身の始終不可得なることを行道《ぎょうどう》の用心とすること、是れ同じし」ということの意味であります。でありますから、そこに通達すれば、まやかしや誤魔化しではない本当の仏道というものがはっきりする、と道元禅師はお説きになります。

ここでいう「顕然《けんねん》」という言葉の意味は、仏道というものの宗教的な性格がはっきりする、というように理解してよろしいかと思います。その理解が己れの修行の羅針盤となる。そうしてそこからまた仏道に生き、そこに一生を尽くしきった先人たちの久修練行《くしゅれんぎょう》の跡形を振り返り、そこからまた自分を激励してゆく。それがこの段における説示の含みなのでありましょう。

さて、我見を離れるということの大筋は、なるほど、そうであるには違いありませんけれども、大筋が理解できただけでは実際の在り方が分かりません。この身を執しないことの道理については頷《うなず》き得たと致しましても、日常生活の間にあって、どのように己れの身を処してよいか、なかなか戸惑うものであります。そこで道元禅師は、その一つの在り方として、次のようなことをお示しになります。

――我が身に執しない在り方

示して云く、帝道の故実《こじつ》の諺《ことわざ》に云く、虚襟《きょきん》に非ざれば忠言をいれずと。云《いう》心は己見《こけん》を存《そん》ぜずして忠臣の言《こと》ばに随《したがい》て道理にまかせて帝道を行はるるなり。衲子《のっす》の学道の用心故実も亦かくのごとくなるべし。わづかも己見を存ぜば、師の言《こと》ばに入《いら》ざるなり。師の言ば耳に入ざれば、師の法を得ざるなり。只法門の異見を忘るるのみにあらず、世事及び飢寒等を忘れて一向に身心《しんじん》を清めて聞く時、親《したし》く聞得《ききう》るなり。

かくのごとく聞く時は、道理も不審も明らめらるるなり。真実の得道と云は、従来の身心を放下《ほうげ》して只直下《じきげ》に他に随ひゆけば、即《すなわち》まことの道人《どうにん》となるなり。是れ第一の故実なり。

（第六巻の十七）

【意釈】道元禅師が示して言われた。

皇帝の道、天子のとるべき在り方を説いた諺《ことわざ》の中に、「心を虚しくしていなければ、臣下の忠告や助言を聞き容《い》れることができない」とある。その言葉の意味するところは、自分の考えを少しも挿しはさまず、国を思い皇帝に誠を尽くしてくれる臣下の助言に随《したが》い、その言葉や、天地の自ずからなる道理に一身をまかせて、帝王の道を踏み、これを実現してゆくのである。

禅僧が仏道を修行する心づかいや態度もまた、そのようでなければならない。たとえわずかでも自分の考えをかたくなに持っていると、導き手の言葉が素直には耳に入って来ない。導き手の言葉が耳に入って来なければ、導く人の教えや真実を身につけることはできない。それはただ、沢山にあるところの、仏法における様々な立場や説き方の相違、あるいは教えについての異なった考え方といったことを忘れるだけではなしに、世間のこと、およびそれに関わる自分の問題、ないし、この身に直接するところの飢えや寒さなども、すべて忘れきり捨てきって、余計なものに一切煩《まど》わされず、ひたすらに師の教えを聞くとき、その教えの真実を直かに聞きとり学ぶことができるのである。

そのように教えを聞くときは、仏法の道理も疑問も、すべてが自ずから、自分のうちに明らかとなってくるのである。それゆえ、本当に道を得るということは、今までの自分というもののすべてを捨てきって、無条件に、ひたむきに導き手に随って行きさえすれば、手間も暇もかけずに、それがそっくりそのまま、真実に生きる人となるのである。これが、学道の人における第一の、在り方の「決まり」なのである。

本文の一行目にある「虚襟《きょきん》に非ざれば忠言をいれず」という諺《ことわざ》が、どの書物に出ているかよく分かりません。「帝道の故実の諺に云く」とありますから、あるいは『貞観政要《じょうがんせいよう》』の中に出てくる諺であるかも知れません。この言葉の真意は、「云《いう》心は」としてそこに道元禅師が仰せになっておられます。

権力の座につき権勢に誇る者は、得てして我儘《わがまま》であり、他人の不都合などおかまいなしに、力を誇示したがる癖があります。他人のことなどかまわないで事ができるのを権勢といい、権力というのでありましょう。もしそれを非難すれば、悔しかったら権力の座についてみろと言わんばかりであります。権勢は利欲《りよく》のために滅《ほろ》びます。自分の都合のために権力を振るうとき、それは滅びへの地獄となります。その座にある者が勝手であればあるほど、その権力の葬送の調べは高くなってゆくばかりであります。

帝王は地上の最高の権力者です。その帝王も、己れを虚しうして忠臣の言葉を入れ、道理にまかせて道を行なうとき、帝王の道が全《まっと》うされるといいます。この「まかせて」がいいですね。道理に己れを差しばさまない、道理を権力や小賢しい人間の浅知恵で汚したり、遮《さえぎ》ったりしない。これが仮に人の手に握られ、その薄汚い人間の手によって使われるということになりますというと、振りまわす方はいいけれども、振りまわされる方はたまったものではありません。日本の歴史の上で悪名の高い〈生類《しょうるい》憐れみの令〉などということも、その一つにあげてよいかと思われます。道理そのものは少しも間違ってはおりません。むしろ動物愛護の崇高な理念なのでありましょう。しかし、これが権力と結びついて行なわれることになりますというと、とんでもないことになります。

ところで、道を求めこれに専念すべき者たちの用心は、何はさて置いても、自分の考えを先立ててはいけないと道元禅師は仰せられます。「わづかも己見《こけん》を存《そん》ぜば、師の言《こと》ば耳に入《いら》ざるなり、師の言《こと》ば耳に入《いら》ざれば、師の法を得ざるなり」というのは、そのことであります。

親の言うことを素直に聞いていたころの子供たちを、親は恋しく思うことがあります。通りすがりに、ほんの少しだけ大きい子供を見たり致しますと、家の子も早くあのようにならないかなあなどと、どこかで思いながら、その一方では、いつまでもこのままでいて欲しいみたいな、親の中にはそんな気持がどこかにあるはずであります。それが、だんだん大きくなってまいりますと、なかなか親の言うことを聞かなくなります。親の方が人生経験は当然豊かでありますから、そういったものを土台や素材にして、子供にものを言ったり、忠告したり致しますと、子供は子供なりの意見や考え方を盾にとって、この両者の主張や言い分は噛み合わなくなります。両者に己見があるからです。親子の間でも夫婦の間でも喧嘩や気まずさがあるのは、己見の対立であります。

たとい神の言葉であったと致しましても、これを不用意に人間が振りまわしますと、必ず問題が起きます。それは神の言葉が私につかまえられ、私において正義となったとき、もはや、それは神の名を借りた私という人間の主張、つまり己見になってしまうからであります。

言うことを聞くというとき、聞くということが成就されるのは、そこに己れが消えているからであります。己れが消えていないときには、聞くということは成り立ちません。己れがあり、己れの考えがそこに立ちはだかってあるとき、人の言葉は決して耳には入りません。

道元禅師がここで仰せられておりますのは、「だけど」とか、「貴方はそう言うけれど」とか、「ああそれ僕知っている」と得意気にものを言いたがる人への戒めであると言ってよろしいでありましょう。鼻にかかるのは教養ばかりではなしに、家柄や、血筋や、地位や、財産や、学問や、美貌や持ち物、いや何でも鼻にかかる材料になります。どんなすてきなものでも、それを持つ人や持ち方によって台なしになったりマイナスに働いたり致します。学問も修行もその例外ではありません。

それゆえ、道を求めこれに生きようとする人は、一向に身心を清めて聞くことが大切になります。そのとき真実を親しく聞くことができる。それゆえ、まことに得道せんと思うならば、今までの教養や学習などといった己れの持ちものから手を放ち、今ここで道に素直になることから始めよ、そうすることによって道は確実にその人のものとなり、その人によって道が現実に生きて働くものとなる。そういうことを道元禅師は仰せられているのでありましょう。

道元禅師は『学道用心集』のいちばん最後の章で、仏道に自分の身と心、つまり己れというもの、ならびにその人生のすべてを投げ込み、己れの生きる方向を決定してゆくのに、二つの在り方がある、その一つは「参師聞法《さんじもんぼう》」であり、その一つは「功夫坐禅《くふう》」であると仰せられております。参師聞法というのは、正師《しょうし》、つまり正しい導き手に参じて法を聞くということであります。功夫坐禅というのは、間違いのない坐禅をたゆみなく実践し修行し、続けてゆくということであります。

法は聞いて聞いて聞きまくる、それが道元禅師の宗風の一つであります。若い指導者が法を説いているとき、何十歳も年上の、しかも学問もあり修行も積み、いやが上にも練り上げた老僧が威儀《いいぎ》を具して一番前に坐り、孫のように若い僧の説法に真剣に耳を傾けている。それはまことにゆかしい道元禅師の門流の家風なのであります。

どんなに年をとっても、どんなに修行に熟していたと致しましても、決して高ぶらない、どこまでも素直に道を学び、謙虚に己れを保ってゆく。そこに、『随聞記』で今読んでいただいたような教えを説いた道元禅師の心意気が、今日まで脈々と生きて伝わっているように思われてなりません。なぜそうあらねばならぬのか。

――従来の身心を放下して

「行者《ぎょうじゃ》、自身の為に仏法を修《しゅ》すと念《おも》ふべからず、名利《みょうり》の為に仏法を修すべからず、果報を得んが為に仏法を修すべからず、霊験《れいげん》を得んが為に仏法を修すべからず、ただ、仏法の為に仏法を修す。すなわち是れ道なり」

と『学道用心集』（第四）にありますように、仏道修行は自分のためにするのでも、名聞利養《みょうもんりよう》のために、また何か見返りを期待してするのでもない。ただ無条件に仏法のために仏法を修行することであり、それを道というのだということによって、仏道修行の方向がはっきりと決められているからなのであります。

「ただ宗師《しゅうし》に参問するの時、師説を聞いて己見《こけん》に同ずること勿《なか》れ。もし己見に同ずれば師の法を得ざるなり。参師聞法の時、身心を浄うし、眼耳を静かにして、唯、師法を聴受して更に余念を交《まじ》へざれ。身心一如《しんじんいちにょ》にして水を器にうつすが如くせよ。若《も》し能《よ》くかくの如くならば、まさに師の法を得ん。

いま愚魯《ぐろ》の輩《やから》、あるいは文籍《もんじゃく》を記し、あるいは先聞《せんもん》をつつみ、もって師の説に同うす。この時、唯、己見古語のみあって、師の言と未だ契《かな》わず。あるいは一類あり。己見を先として経巻をひらき、一両語を記持して、もって仏法と為す。後に明師宗匠《めいししゅうしょう》に参じて法を聞くの時、もし己見に同ずれば是《ぜ》となし、もし旧意に合わざれば非とす。邪を捨つるの方《みち》を知らず、あに正《しょう》に帰するの道に登らんや。たとい塵沙劫《じんじゃごう》なるもなお迷者たらん。もっとも哀れむべし。これを悲しまざらんや」(『学道用心集』第六)

この『学道用心集』の引用にありますように、どんな大事なことでも、自分が中心になり、それまでに習い覚えたことが標準になっていたのでは、師の教えをはじき出してしまい、道に至ることはできない道理でありますし、それからまた、

祖席《そせき》に禅話をこころへる故実《こじつ》は、我が本より知り思ふ心、次第次第に知識の詞《こと》ばに随ひて改めもて行《ゆ》くなり。仮令《たとい》仏と云《いう》は、我が本より知《しり》たりつるやうは、相好光明《そうごうこうみょう》具足し説法利《り》生《しょう》の徳ありし釈迦弥陀等を仏と知《しり》たりとも、知識若《も》し仏と云《いう》は蝦蟆蚯蚓《がまみみず》ぞと云はば、蝦蟆蚯蚓を是ぞ仏と信じて日比《ひごろ》の知解《ちげ》を捨つべきなり。(『随聞記』第一巻の十三)

と、ありますように、たとい自分が深く信じ込んでいることでも、ひとえに導き手の教えに随っ

て、それを改めてゆく懸命の努力が必要であり大事なのでありましょう。

たとい、いかに知解《ちげ》を誇り修行の歳月の長さを自慢致しましても、それは畢竟《ひっきょう》、迷妄の暗に閉され、そこさまよう愚かなる私の虚しい誇りであるにすぎません。己れというものに貼りつく人間の、この愚かなる栄光をその根底から捨て去ったとき、人は真《まこと》の自己として現実に甦《よみがえ》ることができます。それはどこまでも私なきことに己れを努め、己れを尽くすことであります。無私の姿こそ、その直下《じきげ》に仏道を成就し得る、たった一つの道であり姿であるということができるのではないでありましょうか。

仏教には様々な法門があり、それぞれ整然とした理論をもって、人間の目覚めと救いのための道理を説き明かしております。先にあげた第六巻の十七の本文にあります「法門の異見」というのは、いわばそういった学説や論調の相違のことでありますけれども、ここではさらに、禅という仏教の立場から、己れを全うするということを強調するため、それらの全体を「異見」としてまとめているようにも理解できます。教学、つまり自分が今まで身につけてきた学問としての仏教を忘れるだけではなしに、世間のこと、および生活のことなど、それらのすべてを忘れて、ひとむきになって道を聞くとき、仏法の道理や疑問も自ずから解けてくるであろう、そのように道元禅師は仰せられます。

「世事及び飢寒等を忘れて一向に身心を清めて聞く時、親《したし》く聞得《ききう》るなり」、世事の次に来る飢寒というのは、暮らし向きの意味でありましょう。要するに道元禅師は、今までの教養も生活も全部忘れ果てて道に向かえと言うのであります。それを、従来の身心を放下して、無条件に今ここで、導き手の教えに随ってゆけば、たちまち真《まこと》の道人《どうにん》となる、というのであります。「従来の身心を放下して只直下《じきげ》に他に随ひゆけば、即《すなわち》まことの道人となるなり」の只《ただ》というのは無条件ということであり、文句なしにということであり、自分の都合などおかまいなしに、ということであるという意味に読んでみました。

文の終りの方にある「他に随ひゆけば」の他というのは、指導者のことであります。無条件に、たとえどんな困難がありましょうとも、自分の都合を俎板《まないた》の上に載せないで、ひたすら師の教えに随ってゆく、そうすることによって、そこに自ずから道が開けるというのであります。

わずかに一両語を覚え、知解《ちげ》に誇り、これを頼りにして仏法を理解し「道《みち》」に参入しようとするのは、人間の思い上がりです。知解や観念の傲慢さから脱出し、知覚や分別の虚しさを思い知らされて、仏のかたに身を投じ仏のかたより行なわれるものとなったとき、「道」は自己において直下《じきげ》に現成《げんじょう》するのです。仏道は思量や慧解《えげ》の分際にあるのではない。仏道はどこまでも「行」によって証入すべき、人間の大事なのであります。この大事実現のために、学道の人は徹底的に善知識に随順してゆかなければなりません。

道元禅師におけるこういう意味の説示を拝読しておりますと、道元禅師のもとに集うて法を聞き道を学んだ人々の様子が、眼に見えるように浮かんでまいります。こんなところに、道に対する道元禅師の熱誠と人間に対する親切さを学ぶことができるように思うのであります。

※

もと「神」の御手《みて》によってあらしめられた我が身の全部を、無条件に「神」の御手に返すこと。それが「真実を学ぶ」という言葉によって表現された宗教的内容であり、その態度であると言ってよいであろう。「神は土の塵《ちり》で人をつくり、命の息をその鼻に吹き入れられた」という『創世記』の記述は、自分が、もと自分の持ち物ではないという存在の事実を、象徴的に物語るものとして興味深い。

人は、己れの意志において在るのではない。人は自分の力によって、今を生きているのではない。私の現在における一息の呼吸は、私の呼吸ではなく神の呼吸である。私の息《いき》は、もと神の息であった。それが、私の存在の原姿であり、生きるということのもとの姿である。しかしながら、人が現実に生きるとき、必ず神に背《そむ》けるものとなる。神に背くことなしに、人は、人間として生きてゆくことができない。人は托胎《たくたい》と同時に、神に背ける者としての営みを始めるのである。神の呼吸をしながら、神に全く背けるものとしてしか、人は今を生きることができない。これは絶対の矛盾である。人は、その存在の根底において、すでに、完全に自己矛盾的である。

「道を求める」「真実を覓《もと》める」というが、「求める」という営みが、「私」において為されるとき、それは同時に、「道」に背き、「真実」に遠去かることになる。しかもなお「道」ないし「真実」は、「求める」ということなしにこれを得、これに到達することはできない。ここにもまた、絶対に矛盾する構造の一つがある。「求めれば転《うた》た違《たが》い、求めざれば得ず」という事実に、学人はいったいどのように対応したらよいのか。

学人の果たすべき第一の用心は、何よりもまず「我見」を離れ、「従来の身心《しんじん》を放下《ほうげ》」することだと道元禅師は教える。我見を離れるということが、学道の基本的在り方であり、その第一の条件である。我見を離れるとは、この身に執着しないことだという。宗教という文化現象の根底にあるのは、きわめて大雑把に言って、「除災招福」ということではないのか。あらゆる災難を除き、良きことは、すべて我らの上にあれかしと希《ねが》い祈るところに、宗教が人心を支える根源の力となって、ひろく機能するのではないのか、つづめて言えば、我が身に万事よかれかしと祈るところに、宗教への期待があると言ってよい。そのような期待を抱く人間の意識や態度が、低級であるか高級であるかを論議するより以前に、地上に生きる人の大部分が、「除災招福」のためのゆえにのみ、宗教に期待し、これに祈り、これを支えている事実については、率直に認めなければならぬであろう。

だが道元禅師は、そういう人間心情の在り方を切り捨てる。「此の身を執すべからず」ということは、我が身のために修行するのではないというに等しい。仏道は、わがためにするのではない。とすれば、人はいったい何のために仏法を学び仏道を修行するのか。

「行者、自身の為に仏法を修すと念《おも》うべからず、名利《みょうり》の為に仏法を修すべからず、果報を得んが為に仏法を修すべからず、霊験《れいげん》を得んが為に仏法を修すべからず、ただ、仏法の為に仏法を修す。すなわち是れ道なり」（『学道用心集』第四）

〔註〕
① 権実《ごんじつ》。権教と実教。権教は実教に到るまでの権《かり》の教え、方便としての教法であるとする仏教の整理の仕方。法華経と涅槃経に最高の宗教的価値をおき、それが仏教の究極であるという価値判断に立って組織された天台の教学を実教とし、それ以外の仏教を権教と位置づけた教学上における分類の一種。
② 顕密《けんみつ》。顕教と密教。密教は、日本では空海によって完成された教学の名称。大日如来《だいにちにょらい》が南天の鉄塔の中において、自眷族《じけんぞく》の金剛薩埵《こんごうさった》に、自受法楽《じじゅほうらく》の法門を相承《そうじょう》したというのが、密教教学の根本。教主大日如来が自眷族の金剛薩埵に、自内証《じないしょう》の法門を伝達するのであるから、この法は、教主が、種々に言語をあやつり、文字や論理を駆使して、他の者に伝達しようとする教学の在り方（顕教）よりは、格段に親密であり優れているという宗教的価値判断に基づく理由から、密教を諸仏教の最高位におく仏教分類の一型態。

第八回　無限の行

今日は無限の行と題するお話です。

無限というのは、その字の通り、限りが無いということでありのます。限りが無いということは、仕切りが無いということであり、行き着く処が無いということでもあります。もうここで行き止まりということが無い。もうこれでおしまいということが無い。仏道とは、無限を行ずることであります。

無限を行ずるということの実際は、手応《てごた》えが無いと言ってもよいでありましょう。手応えが無いから張り合いが無い。手応えも張り合いも何にも無いけれども、ひとすじに、ひたむきに誤りなく行じて、行じっぱなしにする。行じっぱなし、というのは見返りを当てにしないことであります。ただするということであります。

これは凡夫《ぼんぷ》には気に入らないことでありますし、また人間受けのするものではありません。一所懸命につとめても何にもならない、そんなバカなことがあるか。何か自分もしくは自分たちのためになるものがあればこそ、人はそのことに力を尽くすのに、何にもならんなんて、そんなアホなと思う、きっとそう思うに違いありません。

だから道元禅師の仰せられる仏道というものがなかなか分かりにくいし、またそのお説きになった坐禅というものも、どこかで自分たちの都合のよいように誤解されたり練り曲げられたりされやすいように思われてなりません。

お若いころの道元禅師も、いわば私どもと同じように仏道というものをお考えになっておられたようであります。大いに仏教を学び猛烈に修行して真実を明らめ多くの人々を救う、それが仏者としての目的であり生き方である。そのようにのみ道元禅師は思い込んでおられたようであります。そういった若き日の道元禅師の、いわば教科書を丸のみにしたような優等生的な考え方や一途なその固まりが、次第に突き崩されてゆく、そういうご自分の体験を、道元禅師は実に率直にお述べになっていらっしゃる。

このことは、道元禅師の宗教の骨組みを知る上にも、また偉大な仏者としての道元禅師の人格を学ぶ上にも、あるいはまたその求道の、すなわち宗教的求めの心の軌跡、つまり魂の遍歴やその転換の様相を学んでゆく上にも大変大切な、そうして実に貴重な述懐であり、その記録であるように思われます。そこで今日は、その一つの例を素材として選んでみました。

畢竟じて何の用ぞ

一日示して云く、吾《わ》れ在宋《ざいそう》の時禅院にして古人の語録を見し時、ある西川《せいせん》の僧道者《どうじゃ》にてありしが、我に問《と》て云く、語録を見てなにの用《よう》ぞ。答《こたえ》て云く、古人の行李《あんり》を知《しら》ん。僧の云く、何の用ぞ。云く郷里にかへりて人を化《け》せん。僧の云く、なにの用ぞ。云く利生《りしょう》のためなり。僧の云く、畢竟《ひっきょう》じて何の用ぞと。（第二巻の九）

【意訳】ある日、道元禅師は示して仰せになった。

私が宋に渡って参禅弁道していたときのこと、ある禅寺で古人の語録を読んでいると、四《し》川《せん》省西部の辺の出身だという弁道に志の篤《あつ》い実直な一人の僧が、私に質問をして言った、

「語録などを読んで、いったいどうしようとするのですか」

私は言った、

「道に生きた先人たちの修行・生活の在り方を学びたいのです」

すると、その僧は言った、

「ホホゥ、で、それが何の役に立ちますかな」

私が、

「日本に帰って、多くの人々を教化《きょうけ》し、仏道に導こうと思っているのです」

と、答えると、その僧は言う、

「それで、どうしようとするのですか」

私は答えて言った、

「人々の悩みをすくい、まことの平安を得せしめるためです」

僧は言った、

「とどのつまり、どうしようとするのですか」

伝の如くならば、道元禅師は貞応《じょうおう》二年（一二二三）二月二十二日、数え二十四歳の御時《おんとき》、師の明全《みょうぜん》、およびそのお弟子さんではないかともいわれております建仁寺の僧廓然《かくねん》、および亮照《りょうしょう》といった方々と共に京都を出発し、三月下旬に博多を出航して、四月初め宋の国の明州《みんしゅう》の港に到着されました。

道元禅師は港に着いてからすぐ上陸したのではなく、およそ三ヶ月ぐらいこの船の中に住まわれ、七月になって初めて天童山景徳寺《てんどうざんけいとくじ》の門をくぐられたといわれます。道元禅師が日本に帰って来られたのは安貞《あんてい》元年（一二二七）の八月でありますから、約五ヶ年の留学であります。この五ヶ年の間に道元禅師は沢山のお寺を訪ねておられますから、本文第一行目の「吾れ在宋の時禅院にして」というのが、どのお寺を指しているのかよく分かりませんし、その年齢についても時期についてもはっきり致しません。

次に「古人の語録」というのは、仏道修行に明け暮れ、道を明らめ、真実の世界に生きた先人たちの言葉を記録したもののことでありますけれども、それを読んでいたとき、四川省の西部の方からこの寺に修行に来ていたという大変真面目な一人の僧が、道元禅師に質問をして言った。それを私なりに少し言葉を補ってみますと、こんなことになりましょうか。

「最前から貴方のご様子を見ていると、実にどうも大変熱心に語録を読んでおられるようじゃが、語録など読んで、いったいどうなさるおつもりですかな」

道元禅師は軽く会釈をすると、わずかに微笑みながら慎ましく答えて言った、

「ハイ。道に生きた先人たちの修行の仕振《しぶ》りを学び、私もそれにあやかって道を得、真実を明らめたいからであります」

そういう道元禅師の答えに、

「ホホゥ、それはまた殊勝な」

と言いながら、僧は重ねて問いかける、

「で、それが何の役に立ちますかな」

道元禅師はすかさず答える、

「もちろん、日本へ帰って、迷える多くの人々を教え導き、仏道に引き入れんがためでありま す」

当然ではありませんか、という思い入れがここにはある。自らの迷いを転じて悟りを得るとともに、迷える多くの衆生を苦しみに満ちた暗黒のこちらの岸から、苦悩の尽きた光明の向こう岸に渡してあげる。それが僧たる者の務めだ。それを転迷開悟《てんめいかいご》・離苦得楽《りくとくらく》、つまり迷いを転じて悟りを開き、苦を離れて楽を得といい、上求菩提《じょうぐぼだい》・下化衆生《げけしゅじょう》、上に向かっては真実を求め下を向いては人々を教化することだともいう。それは決まったことではないか、そういう思いが道元禅師にはある。

「して、それが何の役に立つというのですかな」、たたみかけるように問いかける僧の言葉はどこか冷ややかである。道元禅師の顔から微笑が消えた。この和尚はいったい私に何が言いたいのだ。弘法利生《ぐほうりしょう》、つまり仏法を弘め迷える衆生を済度する、そのほかに何があるというのか。そう思われたに違いない道元禅師の応声《いらえ》は鋭く短い。

「利生のためです」

語気が少し強くなっている。当然のことでしょうという言葉が言外に響いている。しかしそれには取り合わず、その僧は道元禅師の顔を真っ直ぐに見つめたまま言った、

「結局それが、いったい何の役に立つのか」

このとき道元禅師は、これに答える言葉を持っておりません。「畢竟《ひっきょう》じて何の用ぞ」という西《せい》川《せん》の僧の問いは、それまで抱いていた道元禅師の仏道修行の方向を、完全に否定し去ったのであります。

これは無頼《ぶらい》の僧によるひとときの戯れの言葉ではない。道元禅師自ら「道者《どうじゃ》にてありしが」と仰せられている。おそらくは普段は決して目立つことのない僧だったに違いありません。黙々と至心《しいしん》に道《みち》を行じていた篤実《とくじつ》な人だったに違いありません。

このときも理路整然と弁舌爽やかに物語ってはいない。おそらく『随聞記』にある通りか、もしくは、ほとんどこれに近い二人の応酬だったのではないでありましょうか。それだけに、この寡黙《かもく》の僧の言葉が重く、正しく、真実の的をついているかのように思われる。自分が真剣に、道に生きた先人たちの修行の様子や、その宗教経験の内容について学ぼうとしているのに、それを横から口出しして、その求めの在り方を否定されてしまったことに、道元禅師は少なからず抵抗を感じられたでありましょうし、内心は決して穏やかであったとは思われません。そうしてその僧の言葉を聞いて道元禅師は、たちまちその言葉の真意を了解したとも思われません。先にも申し上げました通り、このとき道元禅師は反論すべき言葉を見失っております。答うべき言葉がないのであります、言葉に詰まっている。

「畢竟、何の用ぞ」という言葉をもって篤実なこの僧は、いわば常識的な仏道修行というものについての考え方を叩き切ってしまった。暗黙のうちに了解されているはずの正当な、もしくは伝統的な仏道修行の方向とその態度を、根底から否定し去ってしまったと言ってよいでありましょう。

西川の僧の発した「畢竟じて何の用ぞ」という一言《ひとこと》は、道元禅師に少なからぬ衝撃を与えたと思います。そうしておそらく道元禅師は、この言葉を問題として、かなりの時間、内面的な格闘を続けたに違いありません。ずっと後になって道元禅師はこのように仰せられております。

予後《のち》にこの理《ことわり》を案ずるに、語録公案等を見て古人の行履《あんり》をも知り、あるひは迷者《めいじゃ》のために説き聴かしめん、皆な是れ自行化他《じぎょうけた》のために畢竟じて無用なり。只管打坐《しかんたざ》して大事をあきらめなば、後には一字を知らずとも、他に開示せんに用ひつくすべからず。故に彼《か》の僧、畢竟じてなにの用ぞとは云ひける。是れ真実の道理なりと思ひて、其の後《のち》語録等を見ることをやめて、一向に打坐して大事《だいじ》を明らめ得たり。（前同）

【意訳】 私は、あとになってから、この僧の言った言葉を思い、その中に含まれているはずの道理について、よく考えてみたが、先人たちの説法の記録や、開悟の状況およびその機縁となった物語や言葉の集録を読んで、古人の修行の様子やその跡形を知り、あるいは悩み苦しんでいる人たちのために、そこに説かれている事柄や仏法の内容等について、これを説き聞かせようとすることなどは、みなこれ余計なことで、自分の修行のためにも他の者の利益《りやく》のためにも、とどのつまり、何の意味もなく何の役にも立たぬことである。

肝心なことは、脇見《わきみ》をやめて、真に自己を明らめることである。それゆえ、ひたすらに坐禅を行じ、人間にとっての究極の一事を明らめたならば、その後は、たとい一言だにをも知らなくとも、他の人のために法を説き道を示すのに、使いきることができないほどである。そのことをよく知っていたからこそ、かの西川《せいせん》の僧は私に向かって、「とどのつまり、どうするのか」と言ったのだ。これは真実の道理だと思って、それから後は語録などを読むことをやめ、ひとむきに坐禅に専念して、自己自身に関わる究極の問題について、これを明らかにし得ることができたのである。

予というのはもちろん道元禅師のことです。道元禅師は後になって、この僧の言った言葉の道理をよく考えてみると、なるほど古人の語録や公案、公案というのはここでは悟りを開くきっかけになった状況や、そのときの言葉を記録したもので、学仏道の基準あるいは模範、ないしは悟りを得る手がかりとなる問題のことをいいますけれども、そういったものを読んで昔の人たちの修行の跡形や生活の仕振《しぶ》りを知ったり、あるいはまた、それを迷っている者のために説いて聴かせてやろうとするようなことなどは、結局のところいらんことだし、何の意味もない余計なことだ、ということがよく分かったというのであります。

ここで道元禅師の言おうとしていることは何か。ここの文章によってこれを要約してみますと、古人の語録や公案を読んでいろいろなことを知り、それを迷っている人たちのために説き聴かせようとすることは、もちろん誤りではない。だが、その学習は要するに説法のための種の仕込みでしかないのではないか。法要を説くための材料の仕込みでしかないとすれば、その行為や学習は皆これ自行化他《じぎょうけた》のために「畢竟《ひっきょう》じて無用である」と言うほかはありません。

自行とは自分の修行、化他とは他の者を教化するということ、他の人を広大無辺なる仏法の恩《おん》沢《たく》に浴さしめるべく導き誘《いざな》うこと。その自行化他のために何の役にも立ちはしないというのであります。習い覚えたことは道のためには何の意味もないし、役にも立たんということであります。

またここで見逃してならんのは、自分が優位に立って、迷える人々を導いてやるぞ、救ってやるぞ、助けてやるぞという、どこか人を見下げたような思い上がった態度や気分が見え隠れしているように思われることであります。

人間を済度できるのは仏・菩薩のみであって、人間に人間の真の済度はできぬように思われてなりません。人間が済度されるのは仏・菩薩の誓願によって、済度さるべき当人自らにおいて成就さるべきものであり、人はその一分の手助けのためにのみ己れを尽くしてゆくしかしようのない者であるにすぎない。そのように私は思っております。

本文の「語録公案等を見て古人の行履《あんり》をも知り、あるひは迷者のために説き聴かしめん、皆な是れ自行化他のために畢竟じて無用なり」という言葉の奥には、そういうことを内容とする道元禅師の気づきが隠されているように私には思えてならないのであります。

只管打坐して大事を明らむ

それならば、いったいどうしたらよいか、これについて「只管打坐《しかんたざ》して大事《だいじ》をあきらめなば、後には一字を知らずとも、他に開示せんに用ひつくすべからず」と道元禅師は仰せられます。大事を明らめ得てからの道元禅師の仏法の開演は、禅定《ぜんじょう》に対するそれまでの観念や理解をその根底から否定的に乗り越えてしまいます。

そのことについては、このすぐあとで補足的にお話し申し上げることに致しまして、ここではまだその段階に至る前における、ある時期の出来事のように思いますし、道元禅師もそのおつもりで正直にお話しになっておられるように理解できますので、文の通りに読んでみますと、一所懸命に坐禅して大事を明らめたならば、つまり悟りを開いたならばということでありますが、坐禅して悟りを開いたら、その後はたとえ一字を知らなくとも他の人に対して仏法を縦横無尽に開示して、説き尽くすということがない。それだから彼の西川《せいせん》の僧は「畢竟《ひっきょう》じて何の用ぞ」と言ったに違いない。それは実《まこと》に道理にかなった申し条だと思って、それから後は古人の語録や公案などを見ることをやめ、一所懸命に坐禅してとうとう悟りを開くことができた。――これが文字に添って読んだだけの読み方であります。ここは一応それでよろしいのでありますけれども、ちなみに、もう少し突っ込んだ意味で補足しておきたいと思います。

「只管打坐」とは無条件にただ坐禅すること、「大事を明らめる」とは自己存在の事実がはっきりすること。本文の文を文字通りに読みますと、只管打坐ということが大事を明らめるための手段や方法のような印象を受けます。たった今申し上げたように、ここは道元禅師がまだ自己を明らめていない段階でのいわば追憶談でありますから、その限りにおいて、確かにここは手段や方法としての坐禅の意味に読んでもよろしいわけでありますし、そう読まなければ文の大意が通じませんけれども、しかしそれがそのまま、懐奘《えじょう》らに向かって語っているときの道元禅師の坐禅に対する宗教的理解や内容ではありません。

したがって、もしその立場に立つとすれば、つまり帰国後数年を過ごしているこのときの道元禅師の立場からは、ここはそのように読んではいけないし、そういう意味に解してはならんでありましょう。なぜなら、これより前にすでに道元禅師は、坐禅が先ほど申し上げたような性格のものではないということを中外に向かって高らかに宣揚し、またそれについて著述をしておりま す。

順を追ってその一端を述べてみますと、安貞《あんてい》元年（一二二七）帰国後間もなく道元禅師は『普勧坐禅儀《ふかんざぜんぎ》』を書かれ、寛喜《かんぎ》三年（一二三一）には『正法眼蔵弁道話』を、翌々年の天福元年（一二三三）には『正法眼蔵摩訶般若波羅蜜』を、同じ年の七月十五日、先に書いた『普勧坐禅儀』を修定《しゅうてい》浄書せられ、八月には『正法眼蔵現成公案《げんじょうこうあん》』の巻を書かれ、懐奘が参随《さんずい》したとせられる年、つまり文暦《ぶんりゃく》元年（一二三四）三月には『学道用心集』が完成しております。

懐奘の参入は、『学道用心集』が書かれたずっと後のことであります。今ご紹介申し上げた『普勧坐禅儀』はもとより、『正法眼蔵』の各巻や『学道用心集』は、いずれも悟りをあてにし目的とする方法や手段としての坐禅を説いてはおりません。瞑想や専注は禅定《ぜんじょう》のいわば生命であり、禅定の発生以来、インド・中国・日本を通して一貫して歴史に伝えられ、仏教という宗教の根底を流れ、これを支える重大な二本の柱であるとのみ伝承されてまいりましたけれども、道元禅師は自己存在の事実を禅定そのものにおいてあらわにし、そこに宗教的真価を置くことによって、仏法の革新と新声明を表白せんとしたのでありますから、道元禅師の唱道せられました坐禅には手段や方法の要素が全く払拭《ふっしょく》せられており、修行による代償を要求するような、いわば一切の取引関係はないのであります。それゆえ只管打坐することが大事を明らめることである、そうなります。本文の「只管打坐して大事をあきらめなば」とは、そのような意味の言葉として受け取るべきはずのものであります。

「大事を明らめる」ということは、自己という存在の一番大切なところをはっきりするということであります。それは畢竟、自分が自分の持ちものではないということをはっきりすることに尽きる、と言ってよいでありましょう。

人はとどのつまり、自分のため、オレの都合のよいことだけにしか努力を致しませんけれども、そうすればするほど、まことの己れから遠ざかって行ってしまうほかはないのであり、だからといって何もしないで寝ておれば、それは欲望の塊《かたまり》でしかない生物的な自分、煩悩の化け物のような動物的己れが、そこにうずくまっているだけのことであります。

宗教でも仏法でも、人は己れの都合のよいようにしか利用しない癖があります。だから、大事を明らめるということは、自分の都合のためには何にもならんことをするということで、これが只管打坐ということの中味であると言ってよいと思います。今日のお話の題に掲げた「無限の行」というのは、実はこのことを言ったのであります。

さて、「只管打坐して大事をあきらめ」たならば、つまり自己という生命的存在の実際がはっきりしたら、たとえ一字を知らなくっとも他に向かってこのことを無限に展開することができる。

本文にあるこの開示という言葉には、単に言語、つまり言葉による表現だけではなしに、人間の生活に関わる一切の事柄が表現の意味をもっている、という含みがあるように思われてなりません。つまり言語・態度・動作・しぐさなど、あらゆる生活表現がすべて余すところなく、欠くるところのない仏法開示の言葉となり、記号となり表現となるということであります。このことに限界はありませんから「用ひつくすべからず」、習い覚えたことではなくって、実物が実物するわけでありますから、まさに無限の開示ということになります。それだから、かの西川の僧は「畢竟じて何の用ぞ」と言ったのだ。この「云ひける」という言葉を「言ったに違いない」というように読んでもよろしいかと思います。

かの僧の言ったことは、真実語だったと道元禅師は気づく。それから後は古人の語録や公案などを読むことをやめて、ひとむきに坐禅して、一生参学の大事を明らめることができた。後年の道元禅師の立場から言えば、大事を明らめるとは一向に打坐することであるということになります。

この段を繰り返し読んで気づかされることの一つは、道元禅師が実に謙虚に人の言葉に耳を傾けているということであります。文字通り真実の道を学ぶために己れを空しうしているということであります。前回の「無心の姿」というところで「虚襟《きょきん》に非ざれば忠言をいれず」とか、自分が今までに学習した知識や修行や勝手な見込みや思い込みを、かたくなに背負い込み握りしめて、己見己語《こけんこご》で自分の心に蓋《ふた》をして人の教えを受けると、どんな教えも、導きも、道理も、全部ハジキ出してしまって、道のためには障害となるばかりで、空しいばかりだということを勉強致しましたが、道元禅師が実に虚襟にして仏法を参究されている様子が、まるで見えるように思います。

その二つ目は、人間には出逢いということがいかに大切かということであります。

西川の僧との出逢い

出逢いということは願って果たせることでもなければ、企《たくら》んでできることでもない。それは人為、つまり人間の力やはからいの外の出来事である、と言うほかはないかもしれませんけれども、だからといって願いや祈りや志がなければ、出逢いということは決してあり得ないように思われます。

そういった出逢いの例の幾つかを、ご紹介申し上げることに致しましょう。道元禅師はしばしば何人かの優れた――しかしその多くは名もなき僧たちでありますけれども――そういう人たちに巡り合うことによって、次第に自己を深め、遂には宗教的大転換を果たしていきます。

先にも申し上げましたように、貞応二年、師の坊・明全《みょうぜん》らと共に都をたった道元禅師は、三月下旬、日本を出発し、四月初めに明州《みんしゅう》の港に着きました。港に着いて一ヶ月ほどたった五月四日の日、阿育王山《あいくおうざん》の台所の責任者が日本の椎茸《しいたけ》を船に買いにやってまいりました。「明日は端午《たんご》の節句なので一山《いっさん》の修行僧たちに麺《めん》を供養したいのだけれども、麺汁《めんじる》の味付けにする椎茸が底をついてしまったから、それを買いに来た」ということでありました。

椎茸の買い付けを終ったらすぐ帰るということの僧を、道元禅師は引き止めますけれども、彼は

「明日の供養は自分の責任であるから」と言って承知致しません。道元禅師が「あなた一人くらい、おいでにならなくっても、代りの方がおられましょうに」と言いますと、彼は「年老いてからの修行です。どうして他の者に譲ることができましょうか」、そう答え、そうしてまた「寺を出るとき、今夜宿泊することを断わってこなかったから」と言葉をついだ。

道元禅師は重ねて、「あなたはご高齢です。どうして坐禅弁道したり古人の語録などを読んで勉強しないで、面倒な台所仕事に精をお出しになるのですか、そのお仕事には何かよいことでもおありになるのですか」、そのように訊《き》きますというと、その僧は大いに笑って言った、「外国から来たよき人よ、あなたはまだ本当の修行がどういうものであるかをご存知ない。学問というものがどういうものであるかということについても、全くご存知ないようですな」。驚いた道元禅師は、「文字とはいったい何ですか、修行とはいったいどういうことですか」と質問するけれども、その老僧は、「日もようやく西に傾いた。急いで帰らなくちゃ」と言って帰って行った。

その年の七月、天童山に修行中の道元禅師を、その老僧が尋ねてまいります。間もなく阿育王《あいくおう》山《ざん》を下り、そうして郷里に帰るというこの老僧は、道元禅師に別れを告げると同時に、船中での約束を果たすべく尋ねて来たのでありました。道元禅師は喜んで質問を致します。

「いかなるかこれ文字」

老人は答えました、

「一、二、三、四、五」

道元禅師は重ねて質問を致しました、

「いかなるかこれ弁道」

老人は答えて言いました、

「遍界《へんがい》かつて蔵《かく》さず」

ずっと後になって道元禅師は、自分が文字を知り弁道ということの本領を知り得たのは、彼の老人の大恩である、そう述懐をしております。

また、これは道元禅師が天童山に修行していたころの話であります。ある日、お昼ご飯が終って東《ひんがし》の廊下を歩いておりますと、仏さまをお祀りしてある建物の前で、一人の老人が椎茸を乾していました。そこで道元禅師がその方に近づいて、お幾つでございましょうか、そう質問致しますと僧は答えて言った、

「六十八歳でございますじゃ」

道元禅師は言った、

「どうしてお若い方をお使いにならないのですか」

するとその僧は答えて言った、

「他はこれ吾《われ》にあらず」（他の人は自分ではございませんですのじゃ）

道元禅師は重ねて言いました、

「その通りでありましょう。しかしこんなに暑い最中にしなくたって、もう少し涼しくなってからおやりになったら、いかがでございましょうか」

そんな道元禅師の言葉に、彼は答えて言った、

「さらにいずれの時をか待たん」(今しないで、いつするのか)

そう言う老いた僧の言葉に、道元禅師は深い感銘を受けました。


道元禅師はよき人と巡り合っております。そうしてその度ごとに真新しく自己の道に目覚めてゆく。ある意味で道元禅師は、人に逢うごとに従来の自分を容赦なく切り捨てていきます。それは、有限な世界から無限の世界へ已れをはこんでゆく、内的転換の時であったということができましょう。

どんなに優れた教えでも、それが自分の持ちものとなったとき、その教えは已れを覆《おお》う蓋《ふた》となってしまいます。人は好むと否とにかかわらず事件の中を生きています。生きるということは、何かとの絶え間ない出逢いであります。限りない未知との遭遇であると言ってもよいでありましょう。

峰の色　渓《たに》の響《ひびき》もみなながら

我が釈迦牟尼の声と姿と

という道元禅師の御歌《おんうた》が示しているのは、あらゆるものはすべて真実の姿であり、真理の声だというのであります。山も川もまことを表わしぬいており、そのことを不断に語り続けているのに、これを聞くことのできないのは人の性《さが》の貧しさであり、己《おの》が心の愚かしさであります。

人が生きるということは、瞬間瞬間の出逢いであり、瞬時瞬時の別れであります。私が今吐き出す息は、たった一度きりの絶対の息であります。同じ息を私も人も動物も、繰り返してすることは決してできません。このようにして私どもは、無限の千変万化の中を生き続けていきます。寄せては返す波がその都度、岩に激突して飛沫を上げるように、繰り返しに似た様相を持ちながら、いつも真新《まったら》し、であります。そうしてまた、人としてなすべきこと、果たすべき責任の、いかに険しく多いことか。そうしてまた、なんと果てしなく続いていくことか。しかしそれが私どもの生きている現実の風光なのであります。しかし、その険しい山波の一歩が無限を行ずる一歩なのであります。

仏法に決まった形があるのでは、決してありません。生きつつある私の目の前に、千変万化して止むことを知らぬあらゆることの一つ一つを法として生きる、それを仏法といい、そこに仏道がある。道元禅師はそれを「頭頭汝《ずず》がために玄門を開く」と仰せられております。頭頭というのは現象や存在の一つ一つが、どれもこれもということ。あらゆる出来事、事柄の一つ一つが君のために、あなたのために真実の門を、まことの道を開いている、と仰せられるのであります。

真実は常に私をつつみ私に語りかけている。それに気づき頷《うなず》き得るのは、われを手放しにするということをおいてほかにはない。人間が賢くなっただけ仏さまがすぼむ。人間が偉くなっただけ仏さまが小さく薄くなっていってしまう。私どもは一切を任せきってゆくほかはありません。どんなことでも私の手柄はなりません。私の手柄になったら仏の潰《つい》えです。

貧しさもおかげです。貧しいままお念仏です。おろかな、そのまま只管打坐です。

道元禅師が西川の僧の言葉によって気づいたその事実は、自己存在の根底につきまとって決して離れることのない枠《わく》、それは「我《が》」という名前で呼ばれるハタラキであります。

仏道におきましては、「われ」というものを中心とし軸とするとき、どのようなこともすべて無意味になります。道というのは、「われ」以前の事実であります。しかしながら私が生きている限り、この「われ」をなくすことはできません。

生きるということは、「われ」においてあるということであります。でありますから、已れを手放しにするということなしに、無限の道《みち》を行ずることはできません。西川の僧が道元禅師に教えられたのは、そういうことであったのではないでありましょうか。

第九回　孝養の真

ここに孝養《こうよう》という字で示したのは、孝行《こうこう》とか孝順とかいったような言葉や文字によって表現されるものと同じ内容であります。

人間の文化や歴史を生み出し、それを、かたちづくっている要素については、実に多くの見方や立場、ないしそれに伴う論点があって、必ずしも一定致しませんけれども、その中には、横に広がりを持つものと、縦につながりを置くものとの、二つの大きな領域があるように思います。人は様々な関わり合いの中で、今ここに生かされ、また生きているわけでありますけれども、個人としての私もまた文字通り、横に果てしなく広がる関わりの世界と同時に、縦に限りなくつらなっている関わり合いの世界があります。その縦につらなる人間の関わり合いの一つの在り方が、今日のテーマに選んだ「孝養」ということであります。

昔はよく、あの人は孝行息子だとか、あの家の娘は学校へもやってもらえなかったのに、兄弟の面倒をよく見、親に孝養を尽くした人だなどということを見たり聞いたり致しました。ここでは孝養という言葉は特別なものではなくって、ほとんど日常的な身近な言葉であり、人の子が親に対してとるべき態度や生活の、基本的な在り方であり標準であったように思います。それに致しましても、孝行とか孝養とかいう言葉を身近に聞かなくなってから、ずいぶん久しいような気がしてなりません。孝行という言葉はもう死んでしまったのでありましょうか。

孝養とは親によく仕え親を安堵《あんど》させることであり、また先祖の志を継いで家を興してゆくことであります。中国ではずっと古くに『孝経《こうきょう》』という書物が編纂され、人間の踏み行なうべき大切な徳目の一つとして強調されてまいりました。

『孝経』が我が国に伝わって来たのは、『論語』ほど古くはないそうでありますけれども、それが盛んに行なわれたことは『論語』に勝るとも劣ることはないといわれております。西暦七〇一年、文武天皇によって定められた大宝律令によれば、官吏登用のための試験の必須課目として、『論語』と『孝経』だけは全学生に課せられたといい、また孝謙天皇は天平宝字《てんぴょうほうじ》元年（七五七）、「宜しく天下に令して家毎に孝経一本を蔵《ぞう》せしむべし」と詔《みことのり》したといいます。中国では特に親に孝養を尽くした二十四人の人の物語を編み、これを『二十四孝』と呼んで尊重致しました。

三国呉《ご》の時代（二二二—二八〇）、江夏《こうか》の人・孟宗《もうそう》は性《さが》すこぶる諄《じゅん》でありました。彼の母親は竹の子が大の好物でした。老いた母は竹の子が食べたいと言いましたが、時は冬のさなかです。

竹の子のあろうわけはありません。しかしながら孟宗は、母の願いをなんとか充たし、喜んでもらいたいと思い、竹叢《たけむら》に入ると、降り積もった雪を掻き分け掻き分け、懸命に竹の子を探し求めました。そういった孟宗の切なる孝心に感じた天は、時ならぬに竹の子を生じさせ、それによって孟宗は母を喜ばせることができた。それからこの竹を「孟宗竹」というようになったという話。あるいはまた、楚の国の人・老莱子《ろうらいし》は齢《よわい》七十になっても、なお幼い童子の服を身に纏《まと》い、戯《たわむ》れの舞を舞ったり泣いたりして見せ、その父母をして老いを感ぜしめなかったという話など、二十四人の孝子の伝を孝養の至極として、人々は幼い者に読み聞かせ語り伝えてまいりました。

日本にもこれになぞらえて『本朝二十四孝』が成立し、また江戸時代の戯作者井原西鶴《いはらさいかく》は『二十不孝』を書いて、逆の立場から孝行の在り方やその徳を説いたといいます。

仏教の歴史の上でも、かなり古い時代に中国で『父母恩重経《ぶもおんじゅうきょう》』というお経が成立し、盛んに行なわれました。父母の恩の重きことを述べ、これに報いる道の尊きことを説いたお経であります。

これとはまた別に、『父母恩難報経』というお経も、二世紀のころに安世高《あんせいこう》という人によって訳出されております。この経の題を表の字づらからだけ読みますと、父母の恩に報いることの難しさを説いた経ということになります。その報いることの困難な父母の恩に本当に報いるためには、どのようにしたらよいか、それを説いたのがこのお経であります。父母の恩に本当に報いるとは、どういうことなのでありましょうか。今日は道元禅師によって示されたその一つの例を学ぶことに致します。

――母を捨てて出家すべきか

亦ある僧云く、某甲《それがし》老母現在せり。我れは即ち一子《いっし》なり。ひとへに某甲が扶持《ふち》に依りて度《と》世《せい》す。恩愛《おんない》もことに深し。孝順の志しも深し。是れに依《よっ》ていささか世に随ひ人に随ふて、他の恩力《おんりき》を以て母の衣糧《えりょう》にあつ。我れ若《も》し遁世籠居《とんせいろうきょ》せば母は一日の活命《かつみょう》も存《そん》じ難し。是れに依て世間にありて一向仏道に入らざらんことも難事《なんじ》なり。若し猶《なお》も捨てて道《どう》に入るべき道理あらばその旨いかなるべきぞ。（第三巻の十四）

【意訳】また、ある僧が語った。

私には年老いた母がいます。私は、その母のたった一人の子供です。母は私の仕送りによって、暮らしを立てています。私のことを慈しみ思う母の情は、とりわけ深く濃やかです。私もまた、できるだけ孝養を尽くしたいと、いつも切に願っています。そのために私は、ほんの少しばかり世俗のことにも従い、人にも使われていますが、そういった人々のお蔭をもって、母の着る物や食べる物を得ています。それゆえ、私がもし、世を捨て世俗との交わりを絶って、山に入り修行に専念するようなことを致しますと、母はたちまち飢えて、おそらくは一日も生きてゆけないように思います。

そのような事情がありますので、世間に身をおいて過ごしているのですが、それだからといって、ひとむきに仏道修行の世界に入って行かないのも、また心落ち着かず、難しいことでございます。もし、それでもなお、母を捨てて仏法の世界に入って行く方が、世俗に身を置いて母を養うより勝れているという道理がありますなら、それはいったい、どのようなことなのでございましょうか。

道元禅師に自分の苦境を切々と訴える、この僧の姿を懐奘《えじょう》禅師は間近に見ており、そしてその話を直接聞いていたと私は思う。生活に疲れ果てているみすぼらしいこの僧の、苦悩に淀んだその瞳は、しかしながらひたむきに道を求め、母を愛する悲しい人間の眼《まなこ》であったに違いありません。ひとすじに道に生きようとすれば母を捨てねばならぬ。老いさらばえて自分だけを頼りに生きている母をいとおしめば、道に生きることはできない。仮に母を捨てれば母はたちまち飢えて死ぬであろうと、この僧は言う。たとえ一両日はわずかに飢えをしのぎ得たとしても、子を失った母は悲しみの余りにその長生を早めるかも知れません。

孝順の志篤《あつ》いこの僧にとって、たつき（生計）するすべを持たぬ老いた母を一人残して、山に入ることなどとうてい、できるわけのものではありません。切ない求道と恩愛のしがらみの中に立ちつくし、その矛盾の板ばさみにあって、この僧は戸惑い悩み、そして喘《あえ》いでいる。いったいどうしたらいいのか。もし『孝経』が説き、『二十四孝』が物語る如きことを文字通り受け取るとするならば、この僧は世を捨てて道を求めるということなどしないで、戸惑うことなく老母を養い、安堵《あんど》させることを最優先すべきでありましょう。

『二十四孝』の中には、後漢の時代、河南の郭巨《かっこ》という人は家が貧しくって老いたる母を養うことができないので、口減らしのために遂に三歳になる我が子を土に埋めようとして穴を二尺ほど掘ったところ、天がその孝心に感じて一布《いっぷ》の黄金を得せしめたとあります。

親を養うため、口減らしのために我が子を弑《しい》せんとする人の心に比ぶれば、遁世《とんせい》を思い留まることくらい、いかにもたやすいことではないか、一応はそのように思うでありましょうし、そのように思うことを怪《け》しからんと言って責めることは、おそらくできないでありましょう。孝養とは何よりもまず、父や母の心を安堵させ喜ばせることなのでありますから。しかし、それがまことの孝行であり、孝養はそこに尽きるものなのでありましょうか。どうもそうではないようであります。しばらく道元禅師の仰せに耳を傾けてみましょう。

示して云く、此《この》こと難事《なんじ》なり。他人のはからひに非ず。ただ自ら能々思惟《よくよくしゆい》して誠に仏道に志し有らば、いかなる支度《したく》方便をも案じて母儀《ぼぎ》の安堵活命《あんどかつみよう》をも支度して仏道に入らば、両方倶《とも》によき事なり。切に思ふことは必ずとぐるなり。強き敵、深き色、重き宝《たか》らなれども、切に思ふ心ふかければ、必ず方便も出来《いでく》る様あるべし。是れ天地善神《ぜんじん》の冥加《みようが》もありて必ず成ずるなり。（前同）

【意釈】道元禅師は示して言われた。

このことは、たいへん難しい問題である。他人が考え、はからって指図すべきことでも、処理し得る問題でもない。ただ、自分自身で十二分によく考えて、本当に仏法を学び、仏道に入ろうとする意志があるならば、どのようにしてでも、そのための準備や手段を考え、また、母君が心安らかに生活してゆけるよう配慮もし、用意も整えて、その上で出家するなら、母も子も両方ともによいことである。

切実に思うことは、きっと遂げられるものである。どんなに力の強い相手でも、どんなにすてきな女性でも、また、どんなに貴重な品物でも、敵に打ち勝ち、それを得たいと思い希《ねが》う心が切実であるならば、きっと、そのために有効にして必要な手だてや手段も生まれ出て来ようというものだ。ここには、天にも地にもおわします善き神々の、目には見えない助勢も加わって、必ず成し遂げられるに決まっている。

貧しい僧の苦悩にみちた真剣な問いに、道元禅師はお答えになる。今読んでいただいたところを繰り返して読んでみますと、道元禅師もかなり注意深く言葉を選んでいられるように思われます。そうしてまた、上から下に向かって、もの知り顔に、どこかおしつけがましく高慢げにものを言っている様子や風情なぞは、どこにもありません。結論と話の見通しをはっきりお持ちになっていながら、道元禅師はこの僧と同じ心の視線、同じ魂の地平でものを言っているように思われてなりません。それは道元禅師ご自身のもつ心の暖かさなのでありましょう。

道元禅師は仰せられる、「このこと難事なり」。それはずいぶん難しいことですね、というお言葉の前に、ウーンという溜息まじりの思案の思い入れがあったかも知れません。この難事という言葉から、二つの意味合いを導き出すことができるように思います。その一つは僧の提出した問題自身のもつ難事であります。母と道との、一方を立てれば一方が空しくならざるを得ないが、ことはこの僧の中に全く同じ比重でその選択を迫っている。本音は両方ともに全うしたい。しかしそう思う一方で、どちらかを選びとって生きる去就《きょしゅう》をはっきりしたい。そういう矛盾を孕《はら》んだ意味での難事ということ。

もう一つは、その問題の選択と決定は、とどのつまり本人自身においてなさるべきことであって、他者の介入を本質的に許さない一面をもっていると同時に、他人の指示や命令によって決定し得べき性格のものではないということ。この二つが難事という言葉のもつ中味であろうかと思います。「他人のはからひに非ず」というのは、他人が選択し決定すべき問題ではない、ということであります。

普通に読めば、極めて当然な当たり前のこととして簡単に通り過ぎていってしまうところですし、また、それで一向にかまわないのかも知れませんけれども、私はこれを仰せられた道元禅師の心のうちには、ご自身の宗教経験に基づく、もっと深い思い入れがあったのではないかと思うのであります。

それは、第八回目の無限の行というところでもお話し申し上げましたが、真夏の暑い日の昼下がり、仏殿の前で椎茸《しいたけ》を乾していた六十八歳になる天童山《てんどうざん》の老典座《てんぞ》の「他はこれ吾《われ》にあらず」という言葉による若き日の道元禅師の気づき、その気づきが、より深く熟して、ここの「他人のはからひに非ず」という言葉の根底に息づき横たわっているのではないか、そのように思われてなりません。

もしそうであるとするならば、それはこの僧の決意の促しに重大な影響をもつものであると言ってよいでありましょう。親と子がどんなに愛し合っていても、慈しみ合っていても、所詮は代理のきかない、たった一人の歩み、自己存在とはそういうものであり、生きるとは、それを底に置いた関わり合いの世界であります。それに気づき、それに思い知らされるのでなければ、どれを選び取り、どのように決めましょうとも、その僧は道を誤ることになる。されば「他人のはからひに非ず」という短い言葉によって示されたその内容には、無限の深さがあり、重大な響きがあるように思うのであります。

ある意味で道元禅師は、この一途な悲しい僧を冷たく突き離したのであります。しかし突き離すということがなければ、この僧の起死回生の道はありません。人が決して交わり得ることのない個々《ここ》壁立万仭《へきりゅうばんじん》の、絶対の断絶の一面に気づき、その事実に思い知らされることなしに、人は真に誠の道を学ぶことはできないはずであります。

そのように思いめぐらしますと、道元禅師のこの冷たい突き離しは、かえって限りなく大きく暖かい、仏の慈悲の行使であると言ってよいのではないでしょうか。それは、抱くよりはもっと難しい、仏者《ぶっしゃ》の大いなる慈しみの一つの様相であり、在り方であると言ってよいでありましょう。そうした上で道元禅師は仰せられます。

ただ自らよくよく考え思いめぐらして、本当に仏道を学び、その世界に身を投ずる志があるならば、たとえどんな手段や方法ででもあれ、様々に工夫し努力して、母親が安心して生きてゆけるように準備を整え支度をする、その上で仏道に入ったならば、双方ともに満足させられることになろう、と。

「切に思うことは必ずとぐるなり」以下の道元禅師のお言葉は実に暖かく、そうして、いかにも人間的であるように思われます。切実に思うことはきっと成就するんだよ、と道元禅師は言葉をやわらげて僧をやさしく励まします。

たといどんなに強い敵であっても、いかにすてきな美人でありましょうとも、またどれほど優れた宝物でありましても、これに打ち勝ち、その思いを遂げ、またこれを手に入れようとする切実な思いさえ深ければ、きっとその思いを満たし、その願望を成就せしめるにふさわしい知恵才覚が働き、方法が生まれ手段も出て来ようというものだ。また切に思い願うときには、天地におわします神々もきっと陰ながら力添えをし、加勢をしてくれるから成就しないということはないよ、「必ず成ずるなり」と道元禅師は、力強く明るくこの僧を激励するのであります。

そうして道元禅師は、さらに言葉をつぎ、禅の歴史に語りつがれた有名な故事を引いて、なおこの僧の気持を引き立てます。

――慧能禅師の出家

曹渓《そうけい》の六祖《ろくそ》は新州の樵人《しょうじん》にて薪《たきぎ》を売《う》て母を養ひき。一日市《いち》にして客の金剛経《こんぎょうきょう》を誦《じゅ》するを聴《きい》て発心《ほっしん》し、母を辞して黄梅《おうばい》に参ぜし時、銀子《ぎんす》十両を得て母儀《ぼぎ》の衣糧《えりょう》にあてたりと見ゑたり。是れも切に思ひける故に天の与へたりけるかと覚ゆ。能々《よくよく》思惟《しゆい》すべし。是れ最《もっ》とものの道理な

り。（前同）

【意釈】曹渓《そうけい》に一代の禅風を振るった六祖大鑑慧能《ろくそたいかんえのう》禅師は、もと文化果つる嶺南《れいなん》は新州の貧しい杣人《そまびと》で、日々薪《たきぎ》を売って母を養っていた。ある日、町に薪を売りに出ているとき、客が金剛経を誦《よ》んでいるのを聞いて、道を求むる志をおこし、母のもとを去って黄梅山《おうばいさん》に行き、五祖弘忍《ごそこうにん》禅師の膝下《しっか》に身を投じた。そのとき、銀子《ぎんす》十両を工面して、その後における母君の生活の資にあてたということが、書きのこされている。

　このことも、六祖慧能が切実に出家を希《ねが》ったからこそ、天がそれを与えてくれたに違いないと思われる。よくよく考えてみらるるがよい。これは至極もっともな道理なのである。

　日本人なら誰でも知っている達磨さんという人は、南インドにあった香至国《こうしこく》という国の王子さまでしたが、出家して仏法の奥義を究め、三年もかかって南の海を越え中国に渡来して、後に禅と名づけられる仏法を伝えました。それで達磨さんは、中国における禅の第一祖とされます。それから五代目の方が、黄梅県《おうばいけん》にあって禅風を振るった弘忍《こうにん》という方、臨済宗では「ぐにん」とお呼び致しますけれども、その弘忍禅師の法を継いで六祖の位につかれたのが慧能《えのう》（六三八—七一三）という方。広東省にある曹渓山《そうけいざん》という処によって、その宗風を挙揚したので曹渓慧能ともいい、また達磨さんから六代目のお祖師さまであるというところから、六祖慧能ともお呼びし、また単に六祖さまとか慧能禅師とか申します。

一般に知られた伝説によれば、この慧能禅師という方の父親は、元官吏でありましたが、何かの理由によって嶺南つまり広東省に流され、新興県の新州という処で百姓さんになりました。この人は慧能さんが三歳のとき亡くなってしまいました。それからというもの、貧乏のどん底に落ちたこの母と子はずいぶん艱難辛苦《かんなんしんく》を致しますが、やがて慧能さんは樵《きこり》となり薪《たきぎ》を売って老いた母を養い、二人で細々と暮らしておりました。

ある日のこと慧能さんが薪を背に町へ出たとき、一人のお客が『金剛経《こんごうきょう》』を誦《よ》んでいるのが耳に入りました。その経を聴いて慧能さんはひどく感銘致します。一説によりますと、慧能さんが深く心をうたれたのは『金剛経』の中の一節にある「応無所住而生其心《おうむしょじゅうにしょうごしん》」（まさに住する所無《の》うして、その心を生ずべし）という言葉であったといいます。

慧能さんは客人に、その経をどこで習ったかと訊きますと、彼は、黄梅県におられる五祖《ごそ》弘《こう》忍《にん》禅師のところで学んだと言い、弘忍禅師は一千人の門人を擁《よう》し、僧俗を問わず何人にも『金剛経』を読ませて、闇に閉ざされた人の心を切り開き明かりを灯《とも》そうとしていると語ります。その話を聞いて矢も盾もたまらなくなった慧能さんは、道を求めて家を出るべく、昔、縁のあった人を頼りに一人の客より金十両を与えられ、これを老いた母の生活の資に当てると、そのまま母のもとを去って黄梅県に至り、弘忍禅師を尋ね、やがてその法を継いで六祖の位につくことになります。

道元禅師は、相談に来た母と子と二人暮らしの貧しい僧の苦悩の中に、六祖慧能禅師の貧しさや苦悩を重ね合わせて見せ、慧能禅師が十両という大枚の銀子《ぎんす》を手にして、母の衣糧《えりょう》に当てることができたのも、慧能禅師の求道の志の切実なるのと、老いた母を思う心の篤さに感銘して、それはきっと天が与えてくれたに違いないと思う、そこのところをよくよく考えてみるんだね、切に思えば天が助けてくれる、これ「最《もっと》もの道理なり」と僧に語ります。「これ最もの道理なり」というお言葉の中に、道元禅師のいかにも力強い激励と、細やかないたわりの響きが滲み出ているように思われてなりません。そうしてさらに道元禅師は言葉をつぎ、語りおこしてまいります。

母儀《ぼぎ》の一期《いちご》を待《まち》て其の後障碍《しょうげ》なく仏道に入らば次第本意《ほんい》の如くにして神妙なり。しかあれども亦知らず、老少不定《ふじょう》なれば、若《も》し老母は久くとどまりて我は先に去《さ》ること出来《いでき》たらん時に、支度《したく》相違せば、我れは仏道に入らざることをくやみ、老母は是れを許さざる罪に沈《しずみ》て、両人倶《とも》に益なふして互に罪を得ん時いかん。（前同）

【意釈】母君の死期《しご》の到来を待って、亡くなってしまってから、心にわだかまる条件も邪魔

になるような事柄も、すべてなくなった上で出家するのは、事のなりゆきや順序としては、本意がかなえられて、願ってもないほど都合のよいことである。

けれどもまた思いもよらず、死は老年や若者の区別なく、年齢の、いかんにかかわらずに訪れて来るから、もし、老いたる母は生き長らえ、自分が先にこの世を去るようなことがあった場合に、用意の手はずが間違っていたならば、自分は出家して仏道に入れなかったことを後悔し、年老いた母は、我が子を出家させなかった罪に陥って、二人とも何ひとつとして利益《りやく》もなく、お互いに罪を得ることになるであろう。そのようになったとき、どうしたらよいか。

「母儀《ぼぎ》の一期《いちご》を待て其の後障碍《しょうげ》なく仏道に入らば次第本意の如くにして神妙なり」というのは、母親の亡くなるのを待ってそのあと、心おきなく仏道に入るならば、ことの運びが本意の通りに進んで万事まことに都合がよい、というほどの意味であります。母を養わなければならぬのが、この僧にとって仏道に入るための最大の障碍《しょうがい》になっているのでありますから、道元禅師はそのことを率直に申し述べます。

けれども人間一寸先は真っ暗闇で、どんなことが起こるか分かったものではありません。「老少不定《ふじょう》」というのは、死ぬのに年齢順はないということであります。歳の順どころか健康・不健康の順、教養や持ち物の多い少ないの順、家柄の順、身分の順、性別の順、体格の順、そんなものは何もありません。死の事実に何ひとつ順序などはありません。老いて病んでいる人より、若く元気な人の方が早くみまかる例は決して少なくありません。不定とは順序や決まりのないことであります。死に年齢の順序はありません。「老少不定」とはそういうことです。

だから、もし老いたる母の方が長生きをし、自分の方が先に世を去るというようなことになった場合に、真の出家遁世《とんせい》のための準備支度が整っていなかったとすれば、自分は仏道に入り得なかったことを後悔し、老母は出家を阻《はば》んだ罪に沈んで、母も子も二人ともに何の利益《りやく》もないどころか、かえって罪を受けることになってしまう。そのときはいったいどうしたらよいか。

そのように仰せられる道元禅師の胸中には、徹底した無常への思いがあり、その事実への透徹した見極めがあります。そしてまた、出家ということに対する深く強い信仰があり、信心がありきます。出家を妨げ、その志を空しくするような行為は、たとえそれが未必《みひつ》の過誤であり、やむを得ざる成り行きであったと致しましても、重い罪を受けることになるという、この思想は永く仏教の底に沈んで、歴史の中を生き続けてまいりました。

道元禅師はその晩年に、出家についての強烈な思いを縦横の筆に託して『正法眼蔵出家』の巻を書き、同じく『正法眼蔵出家功徳』の巻を撰述されます。そうして「仏化《ぶっけ》はただ出家それ根本なり、未だ出家せざるは仏法にあらず」(『正法眼蔵出家』)と言い、「出家して禁戒《ごんかい》を破《は》すといへども、在家にて戒をやぶらざるにはすぐれたり」（『正法眼蔵出家功徳』）とまで極言されます。在家の人が戒を保つことよりも、出家した者の破戒の方がなお優れている、と言うのであります。出家した者の破戒こそ、なお重い罪に問わるべきはずであると思われますのに、道元禅師はそれとは全く逆のことを仰せられるのであります。これはなんと途方もない申し条ではありませんか。なぜそのように言い得るのか。

なるほど道《どう》は普遍であり、真実は無窮《むきゅう》であります。道《みち》を修め法を学んで真実を明らめ、これに生きることは、在家出家の別なく誰もが関わり得、実現し得るところの万人《ばんにん》にあまねき悠遠《ゆうおん》の大道であります。けれども出家ということは、仏の戒法を受け、仏の御子《みこ》として仏の印証を受けることであります。受戒とは仏への無心の帰投であり、絶対帰依の実際を身をもって証《あか》すことであります。仏の印証を受けるとは、仏さまから当来に必ず成仏する、いつの世にか必ず真実を明らめ真理を証する者となる、という保証のスタンプを捺《お》されることであります。それはまた、仏さまからこの人は世俗と訣別した者であり、必ず仏法を証する者となる、という消印を捺されることであります。

郵便切手に捺される消印が一遍捺されたら、相手に届けられることを保証されると同時に、二度と使えなくなると同じように、受戒の消印も一度捺されたら、仏の世界を証し、これにたどりつくまで生々《しょうじょう》世々《せせ》を尽くして保証されると同時に、二度と愚かな暗闇《くらやみ》の世界にぐるぐるまわりする人間として、外に這い出て行けなくなることを決定づけるのが、この仏の消印なのであります。

それでありますから、出家授戒には、内にも外にも世俗と永遠に訣別するという截断《せつだん》の儀礼があります。截断は思想ではなくして、その行為によってのみ事実となります。そしてその截断の行為的儀礼はまた、人間の永劫《ようごう》なる輪廻の輪を截断し、またこれを暗示する儀礼であり、行為であると言ってよいでありましょう。そのことを道元禅師は次のように仰せられるのであります。

――老母を捨ててまで出家する意味

若《も》し今生《いましょう》を捨てて仏道に入りたらば、老母は設《たと》ひ餓死すとも、一子《いっし》を放《ゆ》るして道《どう》に入らしめたる功徳、豈《あ》に得道《とくどう》の良縁にあらざらんや。尤《もっと》も曠劫多生《こうごうたしょう》にも捨て難き恩愛《おんない》なれども、今《こん》生人身《じょうにんしん》を受《うけ》て仏教にあへる時捨てたらば、真実報恩者の道理なり。なんぞ仏意《ぶっち》にかなはざらんや。一子出家すれば七世の父母《ぶも》得道すと見えたり。何ぞ一世《いっせ》の浮生《ふしょう》の身を思ふて永劫《ようごう》安楽の因を空《むなし》く過《すご》さんやと云《いう》道理もあり。是らを能々《よくよく》自ら計らふべし。（前同）

【意釈】もし今、今生《こんじょう》を捨てて出家し仏道に入ったならば、老いたる母がたとい餓えて死んでしまったとしても、たった一人の我が子の願いを許して、仏道に入らしめたその功徳が、どうして、いつの日か道を得、悟りを開く日のための、まことに優れた結縁でないといえようか。もっとも、生まれかわり死にかわって、途方もなく長い時間の中においても、とうてい捨てることのできなかったほど限りもなく深い親の恩愛であるけれども、今の世に人間として生まれきて、遇《あ》い難き仏法に遇えるとき、その恩愛を捨てたならば、まことに恩に報ゆることができるという道理である。どうして、仏の御心にかなわないということがあろうか。

一人が出家すると、七代までさかのぼった直系の父母のすべてが、みな道を得ることができると経の文にもある。どうして、陽炎《かげろう》のように儚《はかな》く、もろいこの身のことばかりを思いわずらって、永遠なる安らぎの原因となることを、空しく無駄に見すごしてしまうのかという道理もある。そのような事どもについて、自分で十二分に考えてみられるがよい。


「もし今生《しょう》を捨てて」というのは、もし今、母親との貧しい生活に見切りをつけ、それを捨ててという意味であります。母親との生活を捨てるということは、自ら生きるすべを持たぬ老いた母を捨てるということであります。

さっきこの僧は「我れ若《も》し遁世籠居《とんせいろうきょ》せば母は一日の活命《かつみょう》も存《そん》じ難し」と言ったばかりであります。その人に向かって道元禅師は、たとえ老母が餓死してしまっても、一子をゆるして仏道に入らしめた功徳によって、この母はいつの日か得道するに違いない、と言うのであります。「豈《あ》に得道《とくどう》の良縁にあらざらんや」とあるのは、自分が餓死してまでたった一人の伜《せがれ》を仏道に入らしめたという功徳は、たとえようもなく大きく深い、そのことは、この母がいずれかの生《しょう》において道を明らめ真実に生きることができるための、この上もない良いきっかけであり条件ではないか、どうして、そうでないと言うことができようか、と道元禅師はお説きになるのであります。

生まれかわり死にかわって、この身に受けた父母の恩は曠大であり、その情は無辺であります。捨てよといって捨て切れるものではなく、断ち切れといって容易に断ち切れるものでは決してありませんけれども、受け難き人の身を受け、遇《あ》い難き仏法に巡り遇えたこのときに、それらのすべてを捨てて仏道に入り真実の道を学んだら、それこそ量り知れぬ父母の曠恩《こうおん》に本当に報いることになる道理である。そのことがどうして仏の御心に、かなわないことになるであろうか、それこそ仏の御心にかなうことになるのだ、と心を込めて道元禅師は仰せになる。

流転三界中《るてんさんがいちゅう》　人の世に、流れまろびて生くるとき
恩愛不能断《おんないふのうだん》　断つこと難きは、父母の、深きなさけの心なり、
棄恩入無為《きおんにゅうむい》　その恩愛を投げ捨てて、久遠《ぐおん》の道に入りしなば、
真実報恩者《しんじつほうおんしゃ》　まことの恩に報ゆなり

「三界に流転中、恩愛は断つことあたわざるも、恩を棄てて無為に入らば、真実に恩に報ゆる者なり」というこの詩は、世間のいわゆる道徳的な意味での報恩、恩返しという枠《わく》を打ち破り、

その底を幾重にも内に深く乗り超えて説き示された、仏教の宗教的世界の一つの展開であると言ってよいでありましょう。

「一人《いちにん》出家すれば九族天に生ず」と昔から言います。一人が出家してお坊さんになると、その功徳によって、その人につらなる眷属が、次の生には苦しみに満ちた人間やそのような世界ではなしに、苦しみの尽きた天上の世界に生まれかわってゆくことができるというのであります。ここでは「一子出家すれば七世の父母得道す」と言っております。一人が出家すると七世代もの前にさかのぼって、父となり母となった縁に結ばれている者がみな救われるというのであります。

それゆえ、どうしてこの世だけの儚《はかな》き我が身のことだけに関わり、心を煩《わずら》わせて、永遠なる安らぎのもととなるべき出家するというチャンスを空しく見過ごしてしまってよいものか、という道理もある、その辺のことをよくよく考えて、その選択と決断と実行は自分でせられるがよい。

そう述べられて道元禅師は、自らの求めと恩愛のはざまに苦悩したこの僧の、極めて深刻な問いに対する答えとしたのでありました。

ここには、

樹《き》静まらんと欲すれど　　風の止まぬを如何《いか》にせん、
子養わんと願えども　　親いまさぬぞ哀れなる、
逝《ゆ》きにし父の墓石を　　涙ながらに拭《ぬぐ》いつつ、

父よ父よと叫べども　答えまさぬぞはかなけれ、
父死にたまふそのきわに　泣きて念ずる声あらば、
生きませるとき慰めの　言葉かわして微笑めよ、
母息絶えるそのきわに　泣きておろがむ手のあらば、
生きませるとき肩にあて　真心こめてもみまつれ（『父母恩重経』より）

そういう、人間として果たし得る、いや人間として果たさなければならぬ真実の報恩の道理と孝養の真が、高くそして深く切々と述べられているのであります。

この『随聞記』を筆録した懐奘禅師もまた、その師・道元禅師に対して比類なき孝順のまことを尽くし孝養の真《しん》を捧げられた方であります。

まことに、永劫《ようごう》なる流転輪廻の条件を排除し、その要因を截断《せつだん》するのは、人情にそむくことでありますけれども、またそれは、仏者にして初めて成し得、果たし得る真実の孝養であるということができましょう。

※

道元禅師の定めた作法によれば、三宝《さんぼう》に帰依する直前、受戒の者は世俗の一切に訣別する。国王にも氏神にも、そして、幾生にもわたって、断ち難い恩愛の絆《きずな》に深く固く結ばれている父や母にも、訣別の礼拝をする。たといその日から、訣別したはずの父母と一緒に暮らすことがあったとしても、それはもはや、昨日までの親子であるのではない。親は、仏の御子《みこ》となったかつての我が子と暮らし、その御子を育くむのである。

出家受戒には、世俗との永遠の訣別という截断の儀礼がある。それが、出家受戒の根本にある大きな意味の一つである。世俗との訣別なしに、人は僧となることはできない。出家とは、もと「家を出る」ことであり、世間と訣《わか》れることであった。而して《しこう》「帰依」とは、己れの全身心を無条件に投托することであった。「帰依三宝」とは、仏・法・僧の三宝に己れの全部を余すことなく尽くすことの謂《いい》である。己れを尽くすということなしに、「道」も「法」もない。

己れを尽くすということは、観念の領域に属することでも、知解《ちげ》の分際によって処理されることでもない。この身に所作し、行為することにおいてのみ、そのことは、初めて意味を生じ力をもつものとなるのである。仮に、自らの内面において、明確にそのことを意識し印象しなくとも、それを行為することによって、人はまことに仏の印証を得るのである。たわむれに袈裟を身にまとい、酪酔中に出家を口にし頭を剃られても、その行為や所作においてその人は、いずれかの生において、必ず得道することを約定せられるのである。

「行為」は、常に必ず意識に扈従《こじゅう》し隷属するのではない。意識とは相即しない行為によっても、人は無量の影響と限定をうける。そこに宗教のもつ微妙の世界がある。

第十回　古徳の心

――気づかない誤り

仏道を学ぶということは、ある意味で人間を学ぶということであります。仏法とは人間の学びであり、その実践である、そう言ってよいと思います。今日、お話し申し上げる「古徳の心」というのは、道に生きた先人たちが厳しい人間凝視の中で、どのようなことを主軸とし、いかなることを後の人の戒めとしたか、ひとり仏法に限らず、たった一回きりの、そして代理のきかない人間というものの生きる在り方を深く見つめた、己見《こけん》の眼差しの中に、何が人間の道をふさぎ、かつ阻む大きな障害として映ったのか、また、いかなることが人との間に要らざる摩擦を起こす原因になったのか、ということなどについて学んでみたいと思います。

示して云く、学人《がくにん》各《おのおの》知るべし、人人《にんにん》大《おおい》なる非《ひ》あり、憍奢《きょうしゃ》是れ第一の非なり。内外《ないげ》[1]の典《てん》籍《じゃく》に是を等しく戒めたり。外典《げてん》に云く、貧ふして諂《へつ》らはざるはあれども富《とん》で奢《おご》らざるはなしといひて、なを富を制して奢らざらん事を思ふなり。最もこれ大事なり。よくよくこれを思ふべし。（第五巻の二十二）

【意釈】 道元禅師は示して言われた。

仏道を学ぶ人たちは、その一人一人がよく心得ておかねばならぬことがある。人にはそれぞれ大きな欠点がある。その第一の欠点は「奢《おご》り高ぶる」ということである。このことについては、仏教の典籍でも、またそれ以外の書物でも、同じように注意を与えている。儒教の典籍《てんせき》の中に、「貧乏な暮らしをしていても、おべっかを使ったり、媚《こ》びへつらったりして、人の気持にとり入ろうとするようなことを決してしない、清らかな心の持ち主はあるが、お金や物を沢山持って、奢り高ぶらない者はない」ということが書いてある。これは、お金や物を沢山所有することを抑制して、奢りや高ぶりの心がおこって来ないように注意をし、配慮をしているのである。求道者には、いちばん大切なことである。よくこのことに思いをめぐらし、考えてみなければならない。

ある日、道元禅師はこんなお話をなすった。仏道を学ぶ人にとって、その一人一人がよく心得、承知しておかねばならんことがある。それは人間というものが、おそらくは共通に抱いているであろうところの大いなる欠点である。その欠点というのは、憍奢《きょうしゃ》、つまり奢り高ぶりということである。人には多くの誤りがあるけれども、その筆頭は何と言っても奢り高ぶりということである。そのように道元禅師は説き始めます。

本文の「人人《にんにん》大《おお》いなる非あり」という文章を、そのまま直訳し、言葉を置き換えて、人は誰でも大きな欠点がある、ないしはどんな人でも大きな間違いがある、とのみ言ってしまったのでは少し文意の徹底を欠くように思われます。もちろん表面に現われた言葉の意味は、それで少しも間違ってはいないのでありますけれども、単にそれだけでは「人人大なる非あり」という言葉によって表現され、そういう表現に託された道元禅師の真意とは、少しずれるところがありはしないだろうか、そういう印象が私にはあります。

「人人大なる非あり」というのは、人間には誰しもが陥りやすい一つの傾向がある、というほどの意味であるに違いありません。人人という言葉で人間に共通する普遍性を表わす。非というのは欠点ないし誤りという意味でありますけれども、ここでは傾向、もしくはいのちの癖、ないし歪《ひず》みというように解したらいかがでありましょうか。ある条件を与えると必ずそのように働いてしまう、いのちの癖、無意識的な傾き、意識以前の傾斜、それが人間の日常生活の表情として顕《あら》わになったとき、適当を欠くものとして機能するから、これを非という言葉で表現をした。そのように私は、この「人人大なる非あり」という言葉の骨組みを理解しております。人は、大きな石につまずいて転んだりは致しません。人がつまずき転ぶのは小さな石です。目立たないほど小さな石に、人はつまずき、ほんのわずかな段差に、人は転んで大きな怪我をしたり致します。ここで大切なことは、気づかぬということです。

人は日常生活の中においてすら、ほんのささやかな言葉の行き違いや、なにげない素振りの中に、ひどく傷つけられたり、互いに信を失ったり、あるいは決定的な諍《いさか》いを招いたり致します。それゆえ『随聞記』の本文が「人人大なる非あり」と言うとき、その大なる非は、本来私に気づかれるような意味での大いなるということではなしに、もともと私に気づかれない性格のものであると言ってよいと思います。私に気づかれぬような性格のものであるからこそ、「大なる非」と言ったに違いありません。そうしてまた、それゆえに人人が共通にその傾向を持ち、人々が知らぬ間にその中に堕ち込んでしまうからこそ、大なる非と言ったのでありましょう。

まことに人間の持つ根本的な非は、気づかないということであると言ってよいでありましょうか。その気づかないで堕ち込んでしまう第一の非が憍奢、つまり奢り高ぶりということであり、それが人の心を傷つけ、人間の生活を阻《はば》む最たるものであるから、内外《ないげ》の典籍が等しくこれを戒めているというのであります。

時代はずっと下りますが、宝永七年（一七一〇）三月五日から享保元年（一七一六）九月十日まで、およそ七年にわたり、九州は佐賀藩の山本神右衛門常朝《じんうえもんつねとも》、つまり山本常朝《じょうちょう》居士の口述を田代又左衛門陣基《つらもと》が筆録し、『鍋島論語』とも称せられて世に名高い『葉隠《はがくれ》』の中にも、「仕合《しあわ》せよき時分、自慢と奢《おごり》があぶなきなり、その時は、日来《ひごろ》の一倍つつしまねば追い付かざるなり。よき時進む者は、悪しき時草臥《くたぶ》るるものなり」とか、「奉公人の禁物は、何事にて候はんやと尋ね候へば、大酒・自慢・奢《おごり》なるべし。不仕合せの時は気遣《きづか》ひなし。ちと仕合せよき時分、この三箇条あぶなきものなり」とか、あるいは「仕合せよき時分の、第一の用心は、自慢・奢なり。常の一倍用心せではあぶなきなり」などと繰り返し繰り返し戒めております。

昔から「創業は易く、守成《しゅせい》は難《かた》し」ということを言います。つまり何か事を創《はじ》め事業を興すその最初のころは、どんなに貧乏でありましても困難に遭遇致しましても、人がみな心を一つにし力を合わせて懸命に努力致しますから心配はないけれども、事が成就し事業が安定すると緊張がほどけ、団結が緩《ゆる》み、奢りが出てきて遂に衰退と分裂の危機を孕《はら》むようになる。それゆえ、一旦出来上がった状態なり状況なりを維持するのは、創造の心労よりなお困難であるというのであります。またそのような事例の多くを、昔も今も変ることなく私どもの周辺に幾つも見たり聞いたり致します。

それゆえ、「貧ふして諂《へつ》らはざるはあれども富《とん》で奢《おご》らざるはなしといひて、なを富を制して奢らざらん事を思ふなり。最もこれ大事なり。よくよくこれを思ふべし」という道元禅師のお示しは、まことに人心の機微をうがった真実語であると言うほかはありません。

「よくよくこれを思ふべし」という言葉の上に、「これ人の心得、気づかざることにてあらば」とか、「このこと大方の人の、おもむきやすき誤れる道なれば」などという言葉を仮に差しばさんでみますと、その意味や文章の心持ちが一層はっきりしてくるように思われますが、いかがでありましょうか。

富や名声を得、権力を手の中に収めることは、いつの時代にもある種の人間たちの人生目標でありました。それを至上のものとして生きる人々は、あらゆる手練手管《てれんてくだ》、権謀術数《けんぼうじゅっすう》を用いて、他を陥れ自らをその理想とする地位にはこぶべく努力を致しました。そうして、そういう人間の在り方は、洋の東西、時の古今を選ばないようであります。そういった人間の生きる綾模様の一つについて文章を読んでいただきましょう。

——人間の分からぬ人

我が身《み》下賤にして高貴の人におとらじと思ひ、人に勝《すぐ》れんと思ふは、憍慢《きょうまん》のはなはだしきものなり。しかあれど是《ぜ》は戒めやすし。亦世間に自体《じたい》財宝に豊かに福分もある人は、眷属も囲遶《いにょう》し人もゆるす。それを是とし憍《おご》るゆへに、傍《かたわ》らの賤き人はこれを見てうらやみいたむべし。人のいたみを、自体富貴《ふうき》の人、いかやうにかつつしむべきや。かくの如き人は戒めがたく、その身も慎むことならざるなり。（前同）

【意釈】自分は身分も賤しく暮らしも貧しい人間であるが、身分の高い人、良い家の生まれの人には決して負けまい劣るまいと思い、人に勝とう、人より優れようと思うのも、また、奢《おご》り高ぶりの甚《はなは》だしきものである。けれども、これは抑制しやすい方である。

また世間には、豊かな財宝に恵まれ、その上、そのような財宝を集めることのできる力や徳分を持った人もいるが、このような人には、親類縁者や一門の関係者などが周りを取りまき、人もまたそれを許している。それをいいことにして、奢り高ぶるから、側にいる賤しく貧しい人たちは、これを見て、きっと羨ましく思い、我が身のありようを哀しみ不満に思うに違いない。

そのような人たちの心の痛みに対して、富や力もある者は、いったいどのように気を配ったらよいのか。奢れる人には忠告や助言をするのが難しく、仮にそのことを実行したとしても、彼らが身を慎み、控え目な態度をとるようなことなど、とうてい望むべくもない。

通説の如くならば道元禅師は、政治の中枢にあって時代に一世の権力をほしいままにした久我《こが》通親公《みちちかこう》を父として出生《しゅっしょう》せられたと言います。利欲や権勢の亡者たちが、鎬《しのぎ》を削るように往来したでありましょうその実際や出来事について、道元禅師が見聞せぬはずありません。それにまた、都を中心としながらも東国に競い興った武士たちが、政治権力を宮廷より席捲《せっけん》した名残の時が続いており、時代はなお血生臭い戦乱の余弊《よへい》に喘《あえ》いでいた。

「我が身下賤にして高貴の人におとらじと思ひ、人に勝れんと思ふは、憍慢のはなはだしきものなり」という『随聞記』の表現の中には、どこか血の匂いがするように思われてなりません。

家の子郎党がかつて仕えた自らの主人を殺し、同族あいせめぎ、当時の社会構成や機構において、身分賤《いや》しとされた者が権勢の座に就かんとして権謀をこらし、術数を繰《あやつ》り、戦を起こし、人を殺戮する。そこに繰り広げられるのは凄《すさ》まじいばかりの欲望の闘争と、その展開としての修羅場であります。

そういう事実の一例として、やや抽象的に、道元禅師は右のようなことを仰せられたに違いありません。権勢に対する願望の奴隷となり、あくことなき欲望の権化となって人を陥れ卑《いや》しめて、自らを高しとし、尊しとせんと企て計り、かつそれを実際に行なうのは、やはり憍慢の甚《はなは》だしきと言うほかはないでありましょう。

しかしながら、これは戒め易いと道元禅師は仰せられる。その理由は、自分が気づかずにやっていることではなくして企《たくら》んでしていること、計画してやっているからであると私は思うのであります。気づかずにやっていることは、まことに戒め難く軌道修正も困難であるけれども、それに比べれば企んでやっていること、意図的な行為というものはそれに対する対応の在り方や、処置の仕様もあるべく、その戒めや軌道修正はいかほどか容易であるのは理の当然であります。

それからまた、戒めることの難しい一類の人がいる。それはどういう人かと申しますと、生まれながらにして豊かな環境にある人だと道元禅師は仰せられます。

「世間に自体財宝に豊かに福分もある人は、眷属も囲遶《いにょう》し人もゆるす。それを是とし憍《おご》るゆへに、傍《かたわ》らの賤《いや》しき人はこれを見てうらやみいたむべし」とありますが、お金や財産のある人の処には、ちょうど蜜に蟻がたかるように、いろいろな人がより集まってまいります。そのように集まった人たちは、その腹の中ではどのように思いましょうとも、口先ではおそらく、その人の気に障《さわ》るようなことは決して言いますまい。ここでは、たとえ不都合な言いつけや命令であったと致しましても、ご無理ごもっともと聞き入れられ受け入れられて、逆らうということがない。そこに我儘《わがまま》勝手が生まれ、これが増長する。しかし当人はそれが我儘であることに気がつきません。当然のことだと思う。本文に「是《ぜ》として」とあるのは、よいことにしてとか、当然のことのように思ってという意味であります。

生まれながらに富貴の人は、他人《ひと》の心の中に深く細かい襞《ひだ》がいっぱい刻み込まれていることなど全く知らないし、知ろうともしないし、知ってもたぶん余計なことと思うでありましょうし、また嬖があるということを知っても、その中味が分からない。そういう人は他人の思惑や痛みが分からない。気がねをするということも知らない。言葉や概念では、たとえ知っておりましょうとも、それができない。

道元禅師は「世間の人も、他にまじはらず己れが家ばかりにて生長したる人は、心のままにふるまひ己が心を先として、人目をしらず、人の心を兼《かね》ざる人は、必ずしもあしきなり。学道の用心も亦かくのごとし。衆にまじはり師に順じて我見を立せず、心をあらためゆけば、たやすく道者となるなり」(『随聞記』第五の二)とお示しになっておりますけれども、昔も心ののっぺりした、人間音痴とも言うべき人はいたようであります。

つい最近まで、日本という国は全体として大変貧しかったように思います。そういう日本を底辺で支えていた家は、たいてい貧しく、そしてほとんど例外なしに子供が沢山おりました。生めよ殖やせよということが国策であった時代もありました。隙間風《すきまかぜ》の吹き込むような貧しい狭い家に、三人四人は当たり前で、五人も六人も肩を寄せあって生きておりました。

時には取っ組み合いの喧嘩をしたり言い争ったり、悲しいこと嬉しいことなど様々に経験しながら、子供たちはその経験の中から自分と他人との間合いを学び、呼吸を学び、手加減や頃合いを学び、人の痛みや悲しみを学んでいったように思います。外に出れば餓鬼大将がいて痛めつけられたり、締めつけられたりしながら、世間に対する人間としてのほどよい間尺《ましゃく》というものを、幼いながら自然に身につけさせられたりしたように思います。それは縦にも横にも生きて連なる人間の、基本的な学びであったように思われてなりません。

自体富貴の家に生まれ、蝶よ花よとばかり大事に育てられた人には、年齢や教養のいかんにかかわらず、人間の分からぬ人、世間の見えぬ人、人の思惑にひどく鈍感な人、感情音痴の人が多いように思われてなりません。

「人のいたみを、自体富貴の人、いかやうにかつつしむべきや」と道元禅師は仰せられておりますけれども、人の心を兼ねることに気がつかず、そのすべをも持ち合わせない人に、どのように戒め、どのようにその身を慎んでもらったらよろしいのでありましょうか。忠告や助言を受けつけず、遠回しに言った忠言めいた一言に、にわかに顔色を変え狂気の如く振る舞う人もあり、忠告を一生の怨《うら》み事として抱き続ける人だっていないわけではありません。

しかしまた、その一方では次のような人もおります。憍心とはいったい何であり、これを慎むとはどういうことなのでありましょうか。

――― 奢りを慎む

亦心に憍心《きょうしん》はなけれども、ありのままにふるまへば、傍《かたわ》らの賤《いやし》き人はうらやみいたむべきなり。是《これ》をよくつつしむを憍奢をつつしむとは云ふなり。我身の富は果報にまかせて、貧賤

の人見てうらやむをはばからざるを、憍心と云《いう》なり。
外典《げてん》に云く、貧家《ひんか》の前を車に乗《のり》て過《すぐ》ることなかれと。しかあれば我が身朱車《しゅしゃ》にのるべくとも、貧人のまへをばはばかるべしと云々。内典も亦かくの如し。（前同）

【意訳】 また、思い上がる気持などは少しもないのだけれども、勝手気ままに振る舞えば、かたわらにいる貧しい人たちは、それを羨《うらや》み、迷惑に思うであろう。このところに十分配慮して誤らないようにするのを、奢りを抑え、高ぶりを控えるとはいうのである。自分の富んでいることに無責任であり、貧しい人が見て、羨望したり、ねたんだり、不平や不満を抱いたりする心情の在り方に、無神経だったり、これを無視するような粗野の心を、思い上がりの心というのである。

外のある書物に、「貧しい人の家の前を、車に乗って通り過ぎてはいけない」とあり、また、それゆえ、たとえ自分が、朱の漆《うるし》で塗り固めた高級な車に乗るようなことがあっても、貧しい人の前を気がねし、遠慮しなければならない云々《うんぬん》と書いてある。仏法の書物もまた同様である。

世の中には、かなり皮肉な意味合いにおいて無邪気な人がおります。人はいいのだけれども、少しも気のまわらぬ人のことであります。自分の行動や、言語・態度・動作に完全に無反省で、それが人にどういう印象を与え、いかなる影響を及ぼすか、などということについては考えてみたこともない。自分ではそのように気がつかなくっとも、人の思惑に対する感覚が完全に麻痺し、欠落している人のことであります。そういう無邪気な人の何気ない振る舞いや言語・態度・動作、生活の仕振《しぶ》りが、かたわらに仕える人の心を傷つけ、ひがませる。そういうこともあります。そのような心ない生活の仕振りを慎むことが慉奢を慎むことだ、と道元禅師は仰せられます。

ここで大事なことは、自分の中に奢り高ぶる心などありはしないから、その行為は奢り高ぶることにはならんというように思うのは誤りであるということであります。心の中に慉慢の思いがあっても無くっとも、それは直接の理由とはなり得ない。慉奢の心のある無しにかかわらず、自分にかしづき仕える人に慎ましく接せよ、それが慉奢を慎むことであると仰せられるのであります。常に自らの生活を反省し、行ないを慎み謙虚であれ、そのように示していられるように思われます。

先に引用させていただいた山本常朝は若いころ、「残念記」と名づけて、その日その日の誤りを書き付けてみたら、日に二十も三十もあって果てしもないゆえに、とうとう中止してしまったが、今も一日のことを寝床についてから思いおこすと、言い損《そこ》ない、仕損ないの無い日は無いと述べ、「さてもならぬものなり」と述懐しております。

このとき常朝は五十歳を三つ四つ過ぎた年齢であります。人のことを思いやり、人の気を兼ねるという心づかいは、人が人の間に生きてゆく限り、理由のいかんにかかわらず極めて大切な実践の徳目のように思われます。それは己れを卑屈にし、世に媚《こ》び人に諂《へつら》って生きるということとは本質的に違う、我が身の処し方であると言ってよいでありましょう。

思い上がりというのは、人の気持の分からぬ人の言語態度であると重ねて説かれた道元禅師は、貧しい暮らしをしている家の前を車に乗って通り過ぎてはいけない、「しかあれば我が身朱車《しゅしゃ》にのるべくとも、貧人のまへをばはばかるべし」と説いた外典《げてん》の言葉を引用し、人をはばかり、人の気を兼ねることの大事をお示しになります。

この話が何という書物に出ているかよく分かりませんし、また朱車つまり朱塗りの車がどのような性格のものであり、いかなる人の乗る車であるかについても、本当はよく知らないのでありますけれども、ここでは一応、権門にある人、宮廷に仕える身分高き人、高貴な家柄の人、富と権力の所有者、高位高官に位置する人というような意味合いに考えてみました。

日本には昔から「稔《みの》るほど頭の下がる稲穂かな」という、いい教えがありました。たとえ生まれながらにして朱車に乗るべき身分や家柄の人でも、人の心を思い計って己れの行動を慎むよう配慮をし、また言うところの功なり名遂げて豪華な乗り物に乗り得る身分になったと致しましても、貧しく素朴であり純粋であったときの己れを見失わず、常に慎ましく謙虚でなければならぬ、というほどの教えでありましょう。

どんなときにでも、初心を忘れないということにもなりましょうか。いつも、みずみずしい人間としての新鮮な己れを見失わない。権力ぼけ、椅子ぼけ、世間ぼけ、人間ぼけは、常に我が身についてまわります。これは決して他人ごとではありません。世間や人の思惑に暗からず、己れをはっきりして、社会にも己れにも行きづまらないこと、それが道に生きる者の大義であると言ってよいでありましょう。それを「内典も亦かくの如し」という言葉で表現せられたに違いありません。

——人のあやまちに対して

然《しか》あるに今の学人《がくにん》僧侶は、智慧法門を以て人に勝《かつ》べきと思ふなり。必ずしも此を以て憍《おご》ることなかれ。我より劣れる人のうへの非義を云ひ、或は先人傍輩《ほうばいら》等の非義をしりていひ誹謗するは、是れ憍者のはなはだしきなり。古人の云く、智者の辺《ほとり》にしてはまくるとも、愚者の辺にして勝べからずと云云。

我れがよく知《しり》たる事を人の悪《あし》く心得たりとも、他の非を云ふは亦是れ我れが非なり。法門をいふとも先人先輩を誹《そし》らず、亦愚痴矇昧《ぐちもうまい》なる人のうらやみねたみつべきところにては、能々《よくよく》是を思惟《しゆい》すべし。(前同)

【意訳】ところが、今の修行者や僧侶たちは、仏教の教えについて、沢山のことを知っているということをもって、人に勝たなければならぬと思っている。だが、自分が人より多くのことを知っているからといって、決してそのことをもって誇りにし、思い上がってはいけない。自分より劣った人の不都合や間違いを言い、あるいは先輩や同僚たちのあやまちを知って、これを悪しざまに言い、罵《ののし》り非難するのは、思い上がりも甚《はなは》だしいというものである。昔の人は、物事の真実を心得た人の前では負けてもよいが、ものの理をわきまえぬ愚かな人や、その人のいる前で勝ってはいけないなどと言っている。

自分が詳しく良く知っていることを、他人が悪く理解し誤って受け取ったとしても、その人のあやまちを言ってこれを非難すれば、それはまた、同時に自分が間違いを犯すことになる。仏法の教えについて論議し、法論をたたかわせるような場合でも、古人や先輩たちの悪口を言わず、また、ものを知らぬ愚かな人たちの心を傷つけたり、僻《ひが》みや妬《ねた》みや不満の気持をおこさせたりするようなところでは、よくよく考えて発言に注意し、十分に心を配らなければならない。

外典に、たとい権勢をもち富に恵まれ、また身分高き者であったとしても、貧しき者に気がねし心をつかえと教えており、それはまた人間に普遍的な道というものの基礎的条件の一つであると思うのに、道を学ぶことを本命とする僧侶の中にさえ、それに気づかず人間の大事を見失う者がある。

そのころの伝統的仏教教団は宗教的実践を標榜し、行的解脱、実践的目覚めを指標としながら、しかもなお、その実態は学問的な色彩の濃いものであったと言ってよいでありましょう。それは知観的仏教とも名づけられるものであったと言ってよいと思います。知観的というのは解脱のための知的理解、目覚めのための哲学的学習といったものを必ずその底に置き、これに支えられ、これを根拠としながら、あるいはこれと平行しながら観法《かんぼう》を修し行法を実践するという性格を、基本的に持っているところの仏教のことであると言ってよいと思います。

こういうことを基本とし、そういうことによって性格づけられた仏教におきましては、何よりも優先せられるのは、当然のことながら当該仏教に対する知識の広さ、理解の深さということでありましょう。

道元禅師はお若いころ比叡山に学ばれましたが、それればかりではなしに、仏教に対する知識のあるか無しかが、時代に生きる知識人の教養の浅さ深さを計るバロメーターの役割を持っていたり、平凡な僧であるかそうでないかを計る、ある種の基準となっているという風潮であったであろうことは想像に難くありません。そういうことが極めて一般的であった時代の風潮というものを背景として、『随聞記』のこの文を読んでみますと、味わいが一層深くなるように思われます。

「今の学人僧侶は、智慧法門を以て人に勝《かつ》べきと思ふなり」と道元禅師は仰せられますけれども、智慧法門をもって人に勝つべきことが、山門の中では一身の栄達を約束されたり、あるいはその端緒や契機となったり、世俗にあっては名僧よ知識よと人々に尊び仰がれる重要な資格や条件の一つとなる、そういう大方の時代思潮や環境の中にあっては、学得した智慧法門を競うことが何の恥らいもなく、むしろ誇りすら持って堂々と、またしきりに行なわれたに違いありません。

それは個人と個人との間ばかりではなく、宗旨と宗旨との間にも大小となく行なわれたに違いないし、また、現に現代にまで伝えられている宗旨の論争も幾つか残されております。こういった論争の型というものは、決まって自分の方がより正しく、より深く、より如来や開祖の御心《みこころ》に近く、その精神に親しいといった主張であります。

宗教信仰は一種の確信に支えられるものでありますから、そういった主張は正しいようでありますけれども、よくこれを見てみますと、広大無辺の如来の御《み》言葉が、自分という極めて小さく狭い人間の主張にすり替ってしまっている。しかしそれに気がつかないで、それを如来の御心とし神の正義として主張する。仏を阻害し、神を押しのけて己れを主張するのは甚《はなは》だしい憍慢であり、途方もない奢り高ぶりでありますけれども、それをする人はその事実に気がつきません。それどころか自分は如来のために加担し、神の正義に助成しているのだという錯覚を持つことさえあります。

己れを正しいとするときは相手を誤りであるとすることであります。自分を高しと言うときは相手を低しと決めつけるときでありますから、法門の論戦そのものは、初めから本質的に奢り高ぶりの要素や契機をもっていると言ってよいかも知れません。けれども、たとえ法門の論戦に打ち勝ったからといって、自分に打ち負かされた人の誤りや、その足りないところを取り立てて、もてはやし、あるいは先輩や同僚たちの言うところが自分の理解した法門の道理や意見と食い違うからといって、それらの人たちを悪しざまに言うのは、これまた奢り高ぶりの甚だしきものであると言うのであります。

そのころ、時代の一隅で盛んに行なわれた半ば公的な法門の論争ということばかりではなしに、個人と個人との間に、ないしは小さなグループとグループの間に、しきりに行なわれたでありましょう大小様々な法理の論争等には、時に法門を離れた個人攻撃や悪しざまになされる人間評価も少なからずあったに違いありません。たとえそれが、いかなる理由によるものであり、それがどのような形で行なわれましょうとも、そこに往来するのは、憍慢あるいは憍奢という名で呼ばれる、汚れきった人間の思いだけであると言ってよいでありましょう。

また法門を言うときには、論議をその範囲の中にのみ限定して、言葉を決してこれに関わる人間や人格に及ぼしてはいけないし、また物事のありようや、全体の筋道などの分からぬ心の貧しく視野の狭い人は、怨《うら》みや妬《ねた》みを持ちやすく、またきっと、持つに違いないが、そういう人の前やそういう人のいる処では、よくよく発言に注意すべきであると仰せられます。

このことは単に言葉だけではなしに、物腰・態度・動作・目付き・声の色・言葉のつかい方などなど、細かいところまで配慮さるべきであるように思います。軽蔑の眼差しという言葉がありますが、目の色・言葉づかいの綾一つで、人の心は致命的な傷を受けることだってあり得ます。人と人との間は千差万別であり複雑かつ微妙でありますから、一つの決まった形を作り上げ、それを定形とし標準としておくなどということは、とうていできることではありません。人間が生き物であると同様に、事柄や事件もまた生き物であります。「能々是《よくよくこれ》を思惟すべし」という道元禅師のお言葉の中には、そういった思いが込められているように思われてなりません。

さてそのような、大変微妙な人と人との間《ま》の間のとり方、心のつかい方などについて、道元禅師はご自分の体験を門人たちにお話しになります。


予も建仁寺《けんにんじ》に寓《ぐう》せし時、人多く法門等を問ひき。その中には非義も過患《かげん》も有《あり》しかども、此の儀をふかく存じて只ありのままに法の徳を語りて、他の非をいはず無為にしてやみにき。愚者の執見ふかきは、我が先徳の非を云《いう》とて、かならず嗔恚《しんに》を起すなり。智慧ある人の真実なるは、仏法の道理をだにもこころへぬれば、人はいはざれども我が非及び我が先徳の非を

も思ひしりてあらたむるなり。かくのごとき等の事よくよく思ひしるべし。（前同）

【意訳】自分も建仁寺にいたとき、人がしばしば仏法の道理などについて質問をしたことがある。その質問の中には、道理に合わない見当はずれのものや、間違ったものがあったけれども、このことを深く心のうちにおさめて、ただ、ありのままに仏法の正義《しょうぎ》や無上道なるゆえんをお話しして、質問者の誤りや他の法門の欠点などを言わなかったので、何事もなくおだやかに終ったことがある。

愚かで、かたくなに自分の考えばかりに取りついている者は、自分の師匠や先輩たちの誤りを口にしたと言って、必ず腹を立て怒るものである。物事の道理をよくわきまえた、まことしき人は、仏法の本当のすじ道さえ飲み込み諒解することができれば、人から指摘されなくとも、自分の間違い、および師匠や先人たちの誤りについても、なるほどと思いあたって、改めてゆくものである。このようなことについても、十二分に心得ておくべきである。

宋から帰朝して新しい仏教を伝えたという道元禅師のところに、多くの人々が出入りして、物珍しげにいろいろのことを質問した。その質問の中には、ずいぶん的外れのものもあれば、間違ったものもあったけれども、自分は「此の儀をふかく存じて只ありのままに法の徳を語りて、他の非をいは」なかったので、事なくして通り過ぎてきたと道元禅師は述懐されております。

ここで「此の儀」というのは「智者の辺《ほとり》にしてはまくるとも、愚者の辺にして勝べからず」ということであり、われがよく知りたることを誤解され、誤って受け取られても、その人の非を言わず、また法門のみを述べて人事《にんじ》に言及せず、愚痴曚昧《ぐちもうまい》なる人の怨《うら》みや妬《ねた》みを受けぬよう細心の配慮をし、心をつかったからだと仰せられております。

「仏法の徳のみを語って他の非を言わず」というのは、自分の学得した法門の立場や、その宗教的世界の実際や、宗教儀礼のありようなどについて問われるままにこれを説明致しましたけれども、それを正義とし唯一絶対として他の宗旨をおとしめるようなことや、また他の仏法についての批判がましいことを一切言わなかった、ということなのでありましょう。

人が人に対して生きてゆくとき、もしそこに見失ってはならぬ大事なものがあるとすれば、それはいったい何であり、それをどのようにしたらよいかという問いに、そしてまた、道を求め真実に生きようと願う者が、その道に行き暮れて暗黒の中をさまようとき、その原因が直接的にも間接的にも自らの内にあることを、この章は気づかせ思い知らせてくれるように思います。

自らの内に深く潜《ひそ》む気づかれざる誤り、それが、意識すると否とにかかわらず、奢り高ぶりとなって表現されるという道元禅師の教えは、まさに「古徳の心」であり、それはまた、人情の機微を鮮やかにえぐり鋭く突いた、優れた教えとして、限りなく珍重してゆくべきでありましょう。

※

まことの「謙虚さ」は、己れというものへの限りなき反省と、自己存在の事実についての誤りなき「気づき」を、その母胎とする。このことがなければ、「謙虚さ」は、単に他に対する儀礼の一様態であるにすぎない。固定的に儀礼化した謙虚さは、「謙譲」の姿態をもって、自己の醜悪さを隠蔽《いんぺい》するところの、一種の演技に堕ちる危険はないか。そうでなければ、心なき木偶《でく》の機械的な動作と、遠く択ぶところはないとも言い得る。謙虚さの底には、人間的な痛みの共感がある。つつましさの奥には、人間の「さが」の本質的な虚構に直接する魂の共鳴《ともな》りがある。いたわりや思いやりがそれを喪失したとき、その行為はかえって傲慢な人間の残滓《ざんし》となって、人の心を傷つけ汚濁《おだく》するに違いない。

仏道を学ぶということは、人間を学ぶということである。どれほど仏教についての学問を究め、仏法の道理に精通したとしても、人間それ自身に鈍感な人には、遂に仏法は諒解できぬであろう。どれほど念仏を称《とな》え禅定《ぜんじょう》を修行したとしても、人間音痴の人においては、仏道は畢竟《ひっきょう》無縁であると言うことができる。

道元禅師と同時代に生きた清冽な仏者・明恵《みょうえ》（一一七三―一二三二）は、『阿留辺幾夜宇和《あるべきようわ》』を撰して、学仏道の者の戒めとした。これは、「あるべきように」ではなくして、どこまでも仏道修行者の「あるべきようは」である。明恵の表現を借用すれば、『随聞記』におけるこの段は、まさに仏法を学び、参禅学道する者に向かって示した道元禅師自身の、「あるべきようは」の一節であると言ってよいであろう。それは、ひとすじに「法」を重んじ、「道」を慕って、これに生きた類《たぐい》まれなる古徳の、親念切々の祈りであり、願いであると言ってよいのではないだろうか。

〔註〕

① 「内」は、仏教の内の意。「外」は仏教以外の意。

第十一回　学道の極

仏道を学び真実に生きようとするのにも、多くの門があり、様々な学び方があり、生き方があって、必ずしも一様ではありません。人里遠く離れた深い山の中に隠れ住むことによって、純粋に道を守り己れを全うする者もあれば、賑《にぎ》やかな町中に身を置いて、いろいろな人と交わり合いながらも清らかな道に己れを尽くし、少しも汚れない人もおります。

その表われ方は人によって違い、その形は状況によって決まってはおりませんけれども、そのようなことを本当に実現してゆくところの、いちばん根本のものを親しく身につけるためには、いったい、どのような心掛けが必要であり、いかなることに的を絞っていかなければならないのか、このことは道を学ぶ者にとっていかにも大切な、かつ切実な問題であるように思われます。そうして、このような問いに対する答えもまた、それが大切であり切実な問題であるだけに、かえって慎重でなければならず、これを問う人の事情やその時の状況に応じて、多種多様とならざるを得ないのも、また当然のことであると言ってよいかも知れません。

しかし、それにもかかわらず、学道の用心として心掛け実践してゆくべき、より根本的、より本質的な事柄を取り上げるとすれば、第一に貧しくあれということであり、第二は吾我《ごが》を離れよ、つまり自己中心的であってはならないということの二つに絞られ、これに尽きるように思われます。それでは、まず本文を読んでいただきましょう。

――己れの持ちものを捨てる

一日僧来《きたり》て学道の用心を問ふ。次《つい》でに示して云く、学道の人は先須《まずすべから》く貧なるべし。財おほければ必ず其の志を失ふ。在家学道のもの猶《な》を財宝にまとはり居処《きょしょ》をむさぼり眷属に交はれば、設《たと》ひ其の志しありと云へども障道の因縁多し。

古来俗人《ぞくじん》の参学する多けれども、其の中によしと云ふも猶《な》を僧には及ばず。僧は三衣一《さんねいっ》鉢《ぱつ》の外は財宝をもたず、居処を思はず、衣食《えじき》を貪《むさぼ》らざる間《あい》だ、一向に学道すれば分分《ぶんぶん》に皆得《とく》益《やく》あるなり。其のゆへは貧なるが道《どう》に親しきなり。（第三巻の十二）

【意釈】ある日、一人の僧が来て、仏道を修行してゆく上での心掛けや注意についての質問をした。そのとき、道元禅師は示して言われた。

仏道を学びこれを修行する者は、何よりもまず貧しくなければならない。物やお金を沢山に持っていると、必ず、道を求め真実に生きようとする心を失ってしまう。出家をせず世間にあって仏道を修行する者でも、なお財産に心がまつわりつき、住む場所や家を貪《むさぼ》るし、親類衆や一門の者らと交際などをしておれば、仮に、仏道を修行しようという志を強く持っていたとしても、それを碍《さまた》げる条件は少なくないのである。

昔から、出家をしないで仏道を修行する者は沢山いたけれども、その中で、これは立派だという人でも、なお、出家の僧には及ばない。僧はわずかに三種類の袈裟と、たった一組の食器の他に財宝を持たず、住む処なども心にかけず、着る物や食べる物を貪らないから、ひたすらに仏道を学べば、その人その人の分際に応じて、それぞれ、その人にふさわしい修行の進展があり、道の熟しがあるというものである。そのわけは、貧しいことが道に親しいからである。

ある日、一人の僧がやって来て、道元禅師に仏道を学んでゆく上での用心について教えを乞うた。この僧が、どのような法門を学び、いかなる立場にある人かよく分かりませんけれども、本文に述べられている様子から推察してみると案外、若い僧ではなくして、中年にして出家し僧となった人であったかも知れません。長い間、世俗の塵《ちり》にまみれ営々として妻子を養うてきたが、何かの事情もしくは機縁によって出家してみたものの、どのように自分の身を処してよいか、その根本のところがよく分からなくて、戸惑っている、そんな人の、思いつめた途方に暮れた様子が浮かんでくるようであります。僧はまことを面に表わし、つつましく、しかし真剣な眼差しをもって、道元禅師に問うたのでありましょう。

道元禅師がここで教えられている貧しさということは、文字通りお金や物を持たないということであります。道を求めるということは、何よりもまず、已れの所有を手放すということでありました。道に志すということは、すべてに優先して、已れの持ちものを捨てるということでありました。その究極は、捨てるということも捨てることであり、捨てたということも捨ててしまうことであります。

中国は唐の時代、厳陽尊者《ごんようそんじゃ》という人が趙州従諗《じょうしゅうじゅうしん》という僧に尋ねて言いました、

「何も持っていないとき、どうしたらよいでしょうか」

趙州は答えて言った、

「捨ててしまいなさいよ」

厳陽尊者が言う、

「すでに何ひとつ持ってはおりません、何を捨てるのですか」

趙州は言う、

「それならば担《かつ》いで行きなさい」

話はこれでおしまいであります。「何も持ってはいないということをお前は持っているではないか、持っていないということが、そんなにお荷物なら担いで行ってしまえ」と趙州は言うのであります。仏の方《かた》に己れのすべてを投托《とうたく》し尽くすということをおいて、ほかに仏道はありません。

本文に「僧は三衣《さんね》一鉢《いっぱつ》の外は財宝をもたず、居処《きょしょ》を思はず、衣食《えじき》を貪《むさぼ》らざる間《あい》だ、一向に学道すれば分分《ぶんぶん》に皆得益《とくやく》あるなり」とありますが、この表現の中には道元禅師における、お釈迦さまおよびお釈迦さまを中心とする原始僧団そのものへの限りない思慕と、後に一般に禅宗ないし禅宗教団と呼ばれるようになった仏教がもともと持っていたところの、極めて質素で枯淡な性格というものへの、無条件の讃仰《さんごう》があるように思われます。

お釈迦さまもカピラ城の王子さまであったのに、その位も富も権力もすべてを捨てて出家されましたし、そのお弟子さまの筆頭である摩訶迦葉尊者《まかかしょうそんじゃ》も、元は大変な富豪でありましたが、そのすべてを捨てて出家し、頭陀《ずだ》第一、つまり貧しく質素な生活のありようが、仏弟子の中で第一番であったと讃えられております。

仏道を学ぶということは、世俗の方にのみ向いていた自分の顔や心を、その反対側の方に振り向けるということであります。自分を太らせ肥やすためにのみ使っていた力を、そうではないことのために費やすことであります。それがためには当然、大いなる決断がなければなりません。

ここで道元禅師は、己れの持ち物のすべてを捨てて、ひとすじに道を求め、これに生きようとした人の例をあげ、学道の用心を問うた人に答えようとなさいます。

――財宝を海に沈めた龐居士

龐公《ほうこう》は俗人《ぞくじん》なれども僧におとらず、禅席に名をとどめたるは、かの人参禅のはじめ家の財宝を持ち出して海に沈めんとす。人是れを諫《いさ》めて云く、人にも与へ仏事にも用ひらるべしと。時に他に対して云く、我已《すで》に冤《あだ》なりと思ひて是れを捨つ。冤としりて何ぞ人に与ふべき。宝《たか》らは身心《しんじん》を愁へしむるあだなりと云ひて、つゐに海に入れ了りぬ。然《しこ》ふして後《の》ち、活命《かつみょう》の為には笊《ざる》をつくりて売《うり》て過《すぎ》けるなり。俗なれどもかくの如く財宝を捨ててこそ、善人とも云《いわ》れけれ。いかに況《いわん》や僧は一向にすつべきなり。（前同）

【意釈】龐蘊居士《ほうおんこじ》は在家の人であったけれども、出家の人に劣らず、禅の席にその名をとどめた。それには次のような事情がある。龐蘊居士が坐禅を修行するようになった初めのころ、彼は、家中の財宝のすべてを持ち出して、それを海中に投げ捨てようとした。ある人がこれを見て、「人にも差し上げ、仏事供養にもお使いになるべきです」と忠告した。

そのとき彼は、その人に向かって、「自分がすでに、邪魔なものだと思ってこれを捨てるのである。邪魔なものだと知っていて、どうしてそれを他人《ひと》さまに差し上げることができるのか。財宝は心を乱し身を苦しめる仇のようなものだ」と言って、とうとう海の中に投げ込んでしまった。

それから後は、生きてゆくために、竹でザルを作り、それを売って日々を過ごした。彼は世俗の人ではあるけれども、そのように財産のすべてを捨ててしまったからこそ、仏法上の善き人とも言われたのである。在家の人ですら、そのようにしたのであるから、まして出家求道の者は、捨てるもののすべてを捨てきるべきである。


ここに語られている龐居士《ほうこじ》のことについては、生まれた年時は分かりませんが西暦八〇八年に亡くなっています。今の中国は湖北省襄陽《じょうよう》の人で名前は蘊（ウンまたはオン）、字《あざな》は道玄。唐の貞元のころ、西暦では七八五年から八〇四年まででありますが、このころ、中国では禅と名づけられる仏教が非常に盛んでありました。そこで、これを学びとろうと志した龐蘊《ほうおん》は莫大な家の財宝のすべてを船に乗せ、洞庭湖《どうていこ》の中に漕ぎ出して、それを水に沈めようとしました。とても正気の沙汰とは思えません。第一、たいへん無駄なことでもあり、もったいないことのように思われます。

果たせるかな、ある人が龐居士を押し留めると、その無謀たることを説き、諫《いさ》めて言いました。

「せっかく今まで営々として蓄積してきたであろうところの、この莫大な財物《ざいもつ》を無為にして、水に投じてしまうなどということは、いかにももったいない。もしそれを人にも与え仏事供養にでも使ったならば、人も助かり功徳をも積むことになって、どれほど有意義であるか計り知れない。それを、ただ水に投じてしまうなど、なんとも不都合千万《せんばん》、思い返してみたらいかがであるか」と。

この当然とも思われる忠告を龐居士はしりぞけると、昂然《こうぜん》として言い放ったのであります。

「自分は財物というものが、人間によからぬ影響を与える原因であり、その種となることを思い知って、これを捨てようというのである。財宝が人間に仇《あだ》なすものであることを知りながら、どうしてそれを人に差し上げることなどできようか。財物は所詮、人を惑わせ、人の生を誤らしめる材料にしかすぎませせぬわい」

そう答えると龐居士は、そのすべてを水に沈めてしまったというのであります。

龐居士はそれから、石頭希遷《せきとうきせん》禅師をはじめ、多くの禅僧たちに導かれたり交わったり致しますが、やがて馬祖道一《ばそどういつ》禅師という人の法を継ぎ、あえて出家の僧にはならず、在家の身分のままで教えを広め、遂には中国の維摩居士《ゆいまこじ》と称せられるようになりました。維摩居士はインドの人ですが、『維摩経』というお経の主人公で、在家の身でありながら仏教のいちばん深く大事なところを身につけて、大いに人々を導いた人として大変人気があります。

龐居士には妻と一男一女がおりましたが、家の財宝のすべてを水に投じてしまってから、龐居士はザルを作って、それを娘の霊照《りんしょう》に売らせ、赤貧の中にその生涯を送ります。ある日、石頭大師から、このごろどんなことを仕事にしているのかと問われた龐居士が、答えようもありませんと言いながら、なおその答えを求められて、水を運んだり柴《しば》を担《にな》ったりするほかに真実は何もない、という意味の詩を申し述べたところ、石頭大師もこれに頷《うなず》いたという話が伝えられております。

この詩はもう少し長くて、何ものをも追わず、どんなことからも逃げ出さず、今ここに己れを尽くして現実を取りはずさない、という意味のことを詠《うた》い上げておりますけれども、ここには、喘《あえ》ぎやもがきの片鱗すらとどめぬ龐居士の、まことに幽邃《ゆうすい》な宗教的世界があると言ってよいでありましょう。

私どもに親しい越後の良寛さんにも、「柴を搬《はこ》びては龐公《ほうこう》を懐《おも》い、碓《うす》を踏みては老盧《ろうろ》を思いぬ」と歌った詩があります。あとの「碓を踏みては老盧を思いぬ」の老盧というのは達磨さんから六人目の祖師である慧能《えのう》禅師のこと。慧能禅師は初め五祖弘忍《こうにん》禅師のおわした黄梅山《おうばいさん》の米搗《こめつ》き部屋で碓を踏んでいたといいます。良寛さんは龐居士や六祖慧能禅師の行実を仰ぎ面影を慕って、そのように歌い自分を励ましたのでありましょう。

龐蘊《ほうおん》は出家せず在家のまま過ごしましたから居士といいます。在家に身を置いた龐居士は、その財宝のすべてを捨てて道を求めた。それゆえにこそ龐居士は善き人、つまり仏法のために善き人と言われるのであり、在家人ですらそのようであるのだから出家人は、なおさらのこと、あらゆるものをすべて捨てて、捨てて捨てて、捨てきってしまわなければならぬ、と道元禅師は仰せられるのであります。

人には、財宝の山に埋もれながら、これには汚されない在り方もあれば、捨てたということを誇り、これに縛《しば》られ汚されるという不自由な人もおります。龐居士の見事さは、躊躇《ちゅうちょ》なくすべてを捨ててから道に向かい、事実としてそれを全うしたということであります。それが観念や思想の所作ではなくして、生活に直接する大切な物の具体的な放棄であったところに、大きな意味があるように思います。

龐居士にとって財宝の放棄は、それまでの生活の放棄と截断《せつだん》であり、その生活意識の根底からの転換であったに違いありません。それはまた、従来の生活に対する決定的訣別の行為であったということができます。人は、捨てるということの大切さやその意味を十二分に了解していながら、いざとなると、いろいろな理由をつけ、たくみに弁護して、それを実行することがなかなかできません。それは畢竟《ひっきょう》、ものへの執《とら》われであると同時に、己れへの執着であります。龐居士の行為は外面的にも内面的にも、自分の全分を道の方に完全に切り替えるための、崇高な儀礼であったと言うことができましょう。

富が人を惑わせ、人間を迷妄の渕に導き塗炭の苦しみに陥れる、極めて有力な素材であることは、私どもが日常生活の間《かん》にしばしば見たり聞いたりするところであります。そして、それは決して他人事《ひとごと》ではありません。それゆえ、道を求め、それに生きようとする人は、すべからく貧でなければならぬ道理であります。仏者もキリスト者も、道に生き真実に身を委ねた人は例外なしに、極度な清貧の中に己れを空しうした人たちでありました。そのような意味において、貧しさこそが、真実に生きる者が決して見失ってはならぬ最も重要な心得の一つなのであります。

次に道元禅師は、学道における、より根本的な問題を提出致します。

――― 仏道の身心

示して云く、学道は須《すべか》らく吾我《ごが》を離るべし。設《たと》ひ千経万論《せんきょうばんろん》を学し得たりとも、我執《がしゅう》を離れずんば終《つい》に魔坑《まきょう》に落《お》つべし。古人の云く、若《も》し仏法の身心《しんじん》なくんばいづくんぞ仏《ぶつ》となり祖と成らんと云云《うんぬん》。我《が》を離るると云《いう》は、我が身心を仏法の大海《だいかい》に抛向《ほうこう》して、苦しく愁《うれ》ふるとも仏法に随《したが》て修行するなり。（第五巻の九）

【意訳】示して言われた。

仏道を修行するためには、必ず自己を捨て、己れへの執われということから離れなければならない。たといどれほど多くの経典や論書を読みあさって、仏教の法門や道理を学び、これに精通したとしても、自分への執われを離れないことには、結局は、出口のない深い魔性の穴に落ち込んでしまうであろう。昔の人は、「己れを捨てきった仏法の身心《しんじん》というものがなければ、どうして仏となり祖師となることができようか」と言っている。「我《が》を離れる」ということは、自分の身心のすべてを、ことごとく仏法の大海原に投げ捨ててしまい、たといどのように苦しく悩むことがあったとしても、ただひたすらに、仏法に随って修行してゆくのである。

道元禅師は示して仰せられた、「学道は須《すべから》く吾我《ごが》を離るべし」と。仏道の修行ということにおいて最も重要なことは、何をさておいても吾我、つまり「己れ」というものへの執われを清算するということであります。己れというものへの執われをそのままにし、それを処理することなしにどれほど仏教の書物を読み、そこに説かれている解脱への論理を憶え、目覚めへの過程を知り尽くしたとしても、それは仏道に関する知識であって、仏道そのものの実際ではありません。それればかりか、知識の量や深さを誇る快いおごりの穴に落ち込んで、これから這い出ることは困難となるであろう、と道元禅師は警告されます。

料理の献立やメニューの中味を、どれほど精密にかつ沢山憶えこんだと致しましても、そこには具体的な味わいもなければ、色も香りもありは致しません。第一、空いたお腹の足しには何もなりは致しません。それどころか、なまじいに知っていることが、かえって実際の調理の上で邪魔になることだって少なくはないはずであります。

仏道は理論ではなくして、どこまでも今ここに生かされ、かつ生きつつある私自身の、なまの問題なのであり、床の間に飾って眺める置物の問題なのではありません。たとえそれが、いかに美しい言葉によって飾られ、緻密な論理によって、たとえようもなく見事に塗り固められたものでありましょうとも、生きる実際には直接、関わり得ないものであると言うほかはありません。

仏法はいのちの実物の問題であります、それゆえ、もの欲しい人間の性《さが》を軸とし、己れを中心とし、もととしてのみ習い覚えたことは、凡夫としての私を増長させ、愚かしさを増大させる肥《こ》やしとはなっても、道のための力とはなり得ない。そればかりではなしに、かえって道を塞《ふさ》ぎ、これを阻《はば》むところの、いとも厄介な条件にすらなってしまうに違いありません。

本文の「設《たと》ひ千経万論《せんきょうばんろん》を学し得たりとも、我執《がしゅう》を離れずんば終《つい》に魔坑《まきょう》に落《おつ》べし」というのは、そんな意味なのでありましょう。このことはある意味で、知識を中心とし生命とする学問と、信を核心としその命とする宗教とは、その領域が根本的に違っている、ということを物語っているように思われてなりません。

道元禅師は次に、「若《も》し仏法の身心《しんじん》なくんばいづくんぞ仏《ぶつ》となり祖と成らん」という昔の人の言葉を引用致します。この言葉が誰のものであり、どの書物にあるのか知りませんけれども、そこに語られていることは、たとえて言えば、胡瓜《きゅうり》のつるには茄子《なす》は成らないということで、その言葉自身の意味は実に明断でありますけれども、その内容とするところは、なかなか含蓄があると言わなければなりません。

道元禅師はこの言葉を引用して、仏道を学ぶのには仏道の身心が必要なのであり、仏道の身心なくして、どうして仏道を成ずることができようか、と仰せられているのであります。それでは仏道の身心とは、いったい何であり、どうすることが仏道の身心になることなのか、これを説き明かしたのが本文の次の文でありますが、本文の「いづくんぞ仏となり祖と成らんと云云《うんぬん》」という言葉の次に、仮に「仏道の身心とは、我《が》を離るることなり」という言葉を補ってみますと、この文章の意味がはっきりするように思います。

仏道の身心を文字通りに受け取れば、仏道を学ぶにふさわしい己れに立ち帰るということであり、またそのように己れを整えるということでありますが、それはまた同時に、己れの全体を仏道の側に手放すことでもありましょう。仏道の側に己れを手放すということなしに、仏道の身心ということはできないはずであります。仏道に己れを手放すということは、己れのために道を学ぶのではなしに、道のために己れを尽くすということであります。それを別の言葉で「我を離れる」と言ったのでありましょう。

自分を中心とし、己れを軸としてしか働くことを知らない凡夫というものに、とっぷり浸《つ》かり込み、そこに籍を置いて、これに浸《ひた》り込んでいる限り、仏道の身心にはなり得ないに決まっております。仏道の身心とは、凡夫と名づけられる戸籍から抜け出て、仏の戸籍に入ることであり、仏の家の人になることであると言ってよいかも知れません。

もともと人はみな仏の家の人であったのに、知らない間に凡夫という表札を掛けて、見当違いのところに一所懸命になり、的外れの方向に力を入れてきてしまった。ところが、自分がもと仏の家の人であったということに気がついて、元の家に帰ろうとするのだけれども、その帰り方もその道筋もさっぱり分からない。それに、永い間なれ親しんだ凡夫という名の癖《くせ》がこびりついて残っております。いったい、どうしたものか。

それに答えるのが、「我が身心を仏法の大海《だいかい》に抛向《ほうこう》して、苦しく愁ふるとも仏法に随て修行するなり」という教えであろうかと思います。我儘《わがまま》いっぱいの、凡夫という癖がこびりついておりますから、仏法の大海にこの身を投げうち仏の家の人になるといっても、なかなか一筋縄ではまいりません。「苦しく愁ふるとも」という言葉が、実によくその辺の消息を表わしているように思います。

人はこの身体という存在においてあり、生きるという営みを持ち続ける限り、「われ」というものへの執われを、完全になくするなどということは、おそらくできないでありましょう。悟りや救いは、あるには違いありませんけれども、もしそれが「私の手」にしっかり握られているものであるならば、それは悟りや救いに似たものでしかありません。また、そのような悟りや救いに似たものが、仮にあったと致しましても、人は畢竟、「われ」に執われ死ぬまで迷い続けてゆく存在であるに違いありません。道元禅師が「我が身心を仏法の大海に投げ捨ててしまえ」と仰せられるのは、自分の都合を計算に入れるなということであります。

かけがえのない自分を、生きるという営みのソロバン勘定から外してしまうということは、人間にとっては不都合この上もないことであり、間尺《ましゃく》に合わないことでありますけれども、それをしないことには仏道にはなりません。自分のためには何にもならぬ。そんな間尺に合わぬことをただする。これほどけったいなことはありませんけれども、それを実践するのを「我が身心を仏法の大海に抛向《ほうこう》する」というのであり、そこに生きるのを仏道というのであります。

仏道は無限を行ずることであります。それゆえ仏道修行には見返りも手応えもありません。それにもかかわらず、人は必ず心のどこかで密かに、しかし力強く、修行や祈りに対する反応を期待し、見返りや手応えのあることを求めております。もしそうであるなら、神に対する信仰も仏道修行も、神や仏にその代償を求める、欲たらしく物欲しい自分を満足させるための、取引行為であると言うほかはありません。それゆえ、かかる行為が熱心であればあるほど、吾我を離れるということとは正反対なことになってしまいます。

されば仏道修行とは、己れの「めど」を外すこと、修行に「あて」や「見込み」を持ち込まぬことであると言ってよいでありましょう。己れの胸算用を持ち込まぬところにこそ、仏道修行の要諦があります。ここに、たとえいかに「苦しく愁ふるとも仏法に随て修行する」という言葉の意味があります。しかし、それにもかかわらず、「われ」への執われは、いかにもしぶとく、かつ執拗《しつよう》であり、どこまでも私にまとわりついて、離れようとは致しません。

――世情に随うことなかれ

自分に対する他人《ひと》の思惑や評価は、ある意味では自分を鍛え、己れを磨いてくれる砥石《といし》の役割を果たしてくれることもありますけれども、それはそれを受け入れる人の、受け入れようであり、全く同じ言葉や評価が、自分を傷つけ息の根を止めるような凶器となってしまうことだってあり得ます。自分に向けた世の人の無責任な批評や噂話《うわさ》が、己れの大事を失うことすらないわけではありません。こういったことについて道元禅師は、己れへの執われを離れるということに関連して、次のようにその戒めをお説きになって下さいます。

若《も》し乞食《こつじき》をせば人是をわるしみにくしと思はんずるなれど、かくのごとく思ふ間《あい》だはいかにしても仏法に入得《いりえ》ざるなり。世の情見をすべて忘れて、唯道理に任せて学道すべし。我身《わがみ》

の器量を顧《かえり》み仏法に契《かな》ふまじなんど思ふも、我執を持《もち》たる故なり。人目を顧み人情を憚《はば》かるは、即ち我執の本なり。只仏法を学すべし。世情に随ふことなかれ。（前同）

【意訳】もし、食物を貰いに歩いたりすれば、人はそれを見て、よからぬことだ醜いことだと思うであろうなどと、そんなことに心が煩《わずら》わされているような間は、どのようにしても仏法に入ることはできない。世間的な思惑や考えなどを、すべて忘れてしまい、ただ、仏法の道理に従い、これに自分のすべてを任せきって、修行せよ。自分の資質や能力などについて考え、とうてい仏法にはかなうまいなどと思うのも、自分に執われる心を持っているからである。他人の批評や思惑を気にしたり、噂や評判に悩んだりするのは、とりもなおさず己れへの執われの本となる。ただひたすらに、無条件に仏法を学ぶのである。世間の感情や思惑に随ってはいけない。

乞食《こつじき》というのは托鉢のことであり、食べ物を貰い歩くことであります。托鉢して歩くことを「乞を行ずる」というところから、「行乞《ぎょうこつ》」ともいいます。「行乞」は、お釈迦さまの率いた仏教の原始僧団においては生活の基本形体であり、食べ物を得る唯一の方法でありました。

お釈迦さまが、その臨終に際してお説きになったと伝説する『仏遺教経《ぶつゆいきょうぎょう》』、仏さまの遺言としての御教えと略称するお経の中には、「お前たち出家せし者よ、自分の頭をなでてみるがよい。すでに髪を剃《そ》り飾りを捨てて、粗末なお袈裟を身にまとい、食器を捧げ持ち、乞食を行じて自ら生きている。それゆえ、出家の者は憍慢《きょうまん》、つまり奢り高ぶりの心をおこしてはならぬ。憍慢を増長することは俗世間の人々においてすら、よろしくないと戒められている。いわんや出家の人は、解脱のために、自らその身を下して乞食を行じているのだから」と述べています。托鉢が単に食物を乞うて歩くということだけではなしに、自らの憍慢を戒め、これを実践する忍辱《にんにく》の行、つまり耐え忍ぶ修行の一つであったことが、これによってよく分かります。

食べる物を乞うて歩くことは、ごく一般的に言えば、自ら生活の能力を持たず、あるいはこれを捨ててしまったところの、無気力でだらしのない人の生き方であり、人生に落伍してしまった怠け者の、落ちぶれ果てた生活のありようであり、恥ずかしいことだというのが普通であります。「托鉢」は、それとは全くその意味や内容を異にしながら、行動そのものはこれとおんなじでありまます。だから托鉢の真義を知らぬ人の中に、食《じき》を乞うて歩くことは厭《いと》うべく恥ずべきことであるという認識や価値判断があっても、不思議ではありません。「若《も》し乞食をせば人是をわるしみにくしと思はんずるなれど」という表現を見ますと、道元禅師が『随聞記』をお説きになった時代には、一般に托鉢という風儀がなかったもののように思われます。だとすると寺院や僧の大方は、檀越《だんのつ》の布施によって寺を経営し、自らの生活を支えていたのでありましょう。

食べ物を乞うて歩くのを、恥ずかしいことのように思い、よからぬこと、醜いことなどのように思っている間は、とうてい仏法に入ることなどできはしない、と道元禅師は仰せられます。つまらぬ見栄や意地は捨ててしまえ、凡夫としての気位や誇りなど、仏道の前には邪魔になるばかりだというのでありましょう。

「世の情見」とは、世間における価値判断やこれに基づく思案商量ということであります。世間の物差しは仏法の邪魔になる、仏道を学ぶとは、世間のハカリを捨て仏法の道理に己れの身を任せ心を委ねて、振り向かぬことであり、世間の評価や噂話に決してよろめかぬことである。それればかりではなしに、「我身の器量を顧み仏法に契《かな》ふまじなんど思ふも、我執を持《もち》たる故」である。自分自身を反省して、オレはとうてい仏道にふさわしい器ではないなどと思ったり言ったりするのは、一見謙虚な在り方のように見えるけれども、それとても、己れを中心に立てる思いがあるからだと言う。

自分が仏道にふさわしい器であるか否かはどうでもよい。そんなことにかかわらず、己れを仏道に打ち委せればよいのであって、それをはからうのは、人間のいじましさであり小賢しさである。まして仏道を学び仏法を修行することによって、少しは人に知られ世に尊ばれようとする下心があって、自分は仏道にふさわしくない人間だなどと思うのであれば、もはや論外であります。

そんな響きが、この言葉の中にはあるように思います。当たり前であれば何でもないのに、ついつまらぬ色気を出したりするから、自分は仏法の器ではないなどと思ったり、言ったりする。それは皆、どこかに自分をよく見せたい願望があるからであろう。ここの「我執を持たる故なり」というのは、そういうことでもありましょうか。総じて「人目を顧み人情を憚《はば》かる」のは、ひとえに己れ可愛さ、自分大事ということが、その元になっている。オレは己れに執われていないぞという振りをするのも、己れへの執われであり、自分は何にも執われていないからと言って、雨が降っているのに傘もささず、これ見よがしに悠々と歩いて行ったりするのも、また我執の一表現であり様相であります。

「人目を顧み人情を憚かる」という言葉の中に、ただ人目を気にし人の評価に心をつかうということばかりではなしに、今申し上げたようなことをも合わせ含めて考えてみますと、いっそう意味がはっきりするかも知れません。

我執とは、要するに「己れ可愛さ」という盲目的なハタラキであると言うことができます。それは生きている限り、とうてい無くなるものではありますまい。けれども、仏道を学ぶということは、その我執を抱きかかえたまま、己れが仏の前に潰《つい》えることであると言ってよいのではないでしょうか。

「只仏法を学すべし」というときの「只」は、やはり「無条件に」ということであり、「ひたすらに」ということだと思います。

世情というのも、自分以外に拡がりをもつ世界に住む人のことばかりとは言えません。世情は、何よりもまず自分の中にあるのではないか。そのように考えてみますと、「世情に随ふことなかれ」というのは、人の目や世間の声ばかり気にして好い子になるな、ということのほかに、自分に甘え、己れに寄りかかるな、ということにもなりましょう。

「只仏法を学すべし」というのは、自分の眼《め》の子勘定《こかんじょう》や胸算用なしの道を生きるということであり、「世情に随ふことなかれ」とは、内にも外にも、己れという「めど」を立てず、「われ」という定位点を置かない久遠《ぐおん》の道を、独り行くことであると言ってよいでありましょう。

※

「学道の人は先ず須《すべか》らく貧なるべし」というのは、数多い道元禅師の名句の中でも、特によく知られた言葉の一つである。仏道を修行する者が、「貧」でなければならぬことについて、道元禅師は繰り返し繰り返し倦《う》むことなく説きつづける。それを言いつづける道元禅師の心衷《しんちゅう》には、仏教の開祖釈尊と、その会下《えか》の比丘《びく》たちによる修行形態や規範に対する限りない思慕がある。

道元禅師は如来の行儀《ぎょうぎ》を、「正法《しょうぼう》」として限りなく思慕した。それゆえ道元禅師は、「仏の言《のたま》く、衣鉢《えはつ》の外は寸分も貯へざれ、乞食の余分は飢《うえ》たる衆生に施せ、設《たと》ひ受け来《きた》るとも寸分も貯ふべからず」と示したあと、「今生一度《こんじょうひとたび》仏制に随て餓死せん、是れ永劫《ようごう》の安楽なるべし」(『随聞記』第一巻の一六）と言を極める。道元禅師が大梅法常《だいばいほうじょう》（七五二―八三九）を慕い、芙蓉道楷《ふようどうかい》（一〇四三―一一一八）を讃仰《さんごう》するのも、彼らが仏制に従い、極度に枯淡な生活に甘んじて、純一に道業を全うしたからである。法常は大梅山《だいばいさん》の絶頂にのぼり、世の人と全く交わらず、草庵に独り住んで、松の実を食べ蓮の葉を着て過ごし、坐禅弁道すること三十余年であった。彼は坐禅するとき、八寸ばかりの鉄塔一基を頭の上に置いて眠りをいましめ、死に到るまで、そのことをやめようとはしなかったという。

芙蓉道楷はそのような古聖先哲《こしょうせんてつ》の枯淡な行実《ぎょうじつ》を慕い、自分の住した寺における一年間の米のあがりを三百六十等分し、人数の多寡《たか》に対応して、これを増減することをやめてしまった。人数が少なければ飯にするが、多いときは粥に、もっと多いときには米湯にするなど、できるだけ余計なことを省き、時を惜しんで専一に参禅弁道した。

道元禅師は道楷の行実や説示の語を引き、「これすなはち祖宗単伝の骨髄なり。高祖の行持《ぎょうじ》おほしといへども、しばらくこの一枚を挙《こ》するなり。いまわれらが晩学なる、芙蓉高祖の芙蓉山に修練せし行持、したい参学すべし。それすなはち祇園の正儀《しょうぎ》なり」（正法眼蔵行持《ぎょうじ》）と激揚する。「祇園」とは、「祇園精舎」のことであり、釈尊を意味する。道楷の修行の様子は、祇園精舎における釈尊やその弟子たちの、修行の仕方そのままだと言うのである。また道元禅師は、潙山霊祐《いさんのれいゆう》（七七一―八五三）の行実を讃えて次のように言う。

潙山のそのかみの行持、しづかにおもひやるべきなり。おもひやるといふは、わがいま潙山にすめらんがごとくおもふべし。深夜のあめの声、こけをうがつのみならんや、巌石《がんせき》を穿《せん》却《きゃく》するちからもあるべし。冬天のゆきの夜は、禽獣もまれなるべし、いはんや人煙のわれをしるあらんや。命をかろくし法をおもくする行持にあらずば、しかあるべからざる活計なり。薙草《ちそう》すみやかならず、土木いとなまず、ただ行持修練し、弁道功夫《べんどうくふう》あるのみなり。あはれむべし、正法伝持《しょうぼうでんじ》の嫡祖《てきそ》、いくばくか山中の嶮岨《けんそ》にわづらふ。潙山をつたへきくには、池あり水あり、こほりかさなり、きりかさなるらん、人物《にんもつ》の堪忍すべき幽棲《ゆうせい》あらざれども、仏道と玄奥《げんおう》と化成することあらたなり。かくのごとく行持しきたれりし道得を見聞す。身をやすくしてきくべきにあらざれども、行持の勤労すべき報謝をしらざれば、たやすくきくといふとも、こころあらん晩学、いかでかそのかみの潙山を、目前のいまのごとくおもひやりて、あはれまざらん。(『正法眼蔵行持』)

「命をかろくし法をおもくする行持」が、正法伝持《しょうぼうでんじ》の仏祖たちの行実であった。道元禅師における学道の標準と、学人策励の根拠の一つがここにある。己れのことについては寸分もかえりみることなしに、たとえ、いかに苦しく愁《うれ》うるとも、ただ、強《し》いて、ひとえに仏のかたに身を投じ、己れを尽くしてゆく。それが参学の要であり、学道の極なのである。

第十二回　仏道の願

　願というのはその字の示す通り、願いであり、求めであります。何を願い何を求めるのかということは、人により、その立場により、またその人の関わり合いの状況や条件によって千差万別《せんしゃばんべつ》である、と言ってよいかも知れません。たとえば、愛する者の病気が一日も早く治ることを願ってお薬師さまに願を掛ける、その願掛けの証拠として、その人の病気が治るまでお茶を飲まない。そのような、昔にはよく見られた茶絶ちというやり方もあります。願を掛けるときには、嫌いな物を絶つのではなしに、自分のいちばん好きな物、日常生活に欠かすことのできない物や事、それを願が成就するまで食べたり飲んだり、自分の身に近づけない。

　そういったことが願の一つのあり姿でありますが、願は、誓いという言葉を上にのせて誓願という熟語としても盛んに使われます。ここに誓いというのは、目的を成し遂げるまで己れを制御して努力し続けることを心に定め決めて、これを実行することであります。

それゆえ誓願とは、はっきりした目標を立て、その目標成就達成のため、脇見をせずに奮励努力し続けてゆくことであります。人生を当てもなくさまよい、さすらうことではなしに、はっきりした的を立て目標を選んで、それに焦点を合わせ照準をつけて、その実現のために生活の全分をそこへ集中し、制御して、限りなく前に進んでゆく、それが極めて一般的に言うところの「誓願」という言葉によって表現されたものの意味であり、また主旨であると言ってよいでありましょう。

誓願は現実に生きる私どもにとって、なければならぬ人生の指標であり根源の力であります。誓願の無い人生はハンドルの無い自動車、羅針盤を持たぬ船や飛行機と同じであると言ってよいでありましょう。かけがえの無い一生を気紛《きまぐ》れに、ついでに生きてゆくというのは、自己に対するこの上もない冒瀆であり、無責任さであると言うほかはありません。

願は自分の生きる方向を決めるものであります。この私というものの生涯をどの方向に振り向け、このいのちを、この身体を何のために、どのように使っていくのか、それを決定するのが願であります。『大般若経』というお経の中に「行《ぎょう》あって願《がん》なきは菩薩の魔事《まじ》なり」とあります。魔事というのは悪魔の事と書きます。かけがえの無いこの身を、魔性のものに占領され売り渡さないためにも、私どもには、なんとしても願ということがなければなりません。

それでは仏道の願とは、いったい、いかなるものであるのか、その在り方の一つの例を道元禅師についてゆくことに致しましょう。

重心の置き方

示して云く、或る人の云く、我は病者なり、非器なり、学道にはたえず、法門の最要を聞《きい》て独住隠居《いんきょ》して身をやしなひ病をたすけて、一生を終へんと思ふと。これは太《はなは》だ非なり。
(第六巻の二)

【意訳】道元禅師は示して言われた。
ある人が、「私は病気持ちで体が弱く、その上、無能な人間で、とても仏道修行には堪えられません。そこで、仏法の教えのいちばん肝心なところだけを聞き、独り住いをして世間との関わりも絶ち、体をいたわり、病の療養もしながら、一生を終りたいと思う」と言っている。しかしながら、これは大変な間違いである。

ある日のこと道元禅師は門下の人々に向かい、ある人の語ったことを例にひいて、これを批判するとともに、仏道を学ぶ上での最も肝心な心掛けについてお話をなさった。本文の冒頭に出て来るある人というのが、いったい、いかなる経歴や立場の人であるのか、よく分かりませんし、また、このことを直接、道元禅師に語って言ったのか、それとも道元禅師がそれを間接的に知ったのか、その辺のことについても必ずしもはっきりしているわけではありません。いずれにしても、ある人が、私は病気持ちで身体が弱く、その上生まれつきボンクラで何の能力もありませんので、とても厳しい仏道修行などということにはついてゆけず、また堪えられそうにありません。そういうわけですから、せめて仏法のエッセンス、教えのいちばん肝心要《かんじんかなめ》のところだけを聞き、独り静かに世間との交わりも絶って、ひっそりと隠れ住み、身体をいたわり病の療養をもしながら一生を終りたいと思っています、と語ったのであります。

これを語った人は、おそらく真面目な人であったに違いありません。若いころからコツコツと実直に生きてきて、いささかの財をも貯え、家の中にさしたる風波もなく、一応穏やかに安定した暮らしをしている。病気がちで身体が弱いというのは本音かも知れんが、非器なり、つまり自分は性《さが》が貧しくって能力に貧しいという申し分には、かなりに謙遜をしている響きがある。この人には人生の大半をそつなく生きてきたようなところが見えます。そのゆえに、この人には万事を心得たような風情が見え、何かものの分かったような表情がチラつく。浮き世の荒波にもまれて生きてきた人に特有な、もしくは有りがちな、どこか小器用なバランス感覚とでも申すべきものによって、要領よく整えられた調和のよさみたいなものが、この人の発言にはある。なるほど、いやごもっとも、できればそれに越したことはない、と一応は人を頷《うなず》かせる要素が、ここにはある。

それを道元禅師は激しく拒絶される。それは大間違いだ、とんでもない了見違いだ。本文の「これは太《はなは》だ非なり」というのは、そういう意味であります。自分にだけ都合のいい甘ったれたことを申す者かなという響きや、仏道とはさようなものではございませんぞ、という響きが折り重なるように、この拒絶の言葉の背後に大きく余韻をひいているように思われてなりません。今日流の表現で言えば、いい気なものだ、とすら言いたげな様子がここにはあります。

それでは道元禅師は、一見筋道も通っており至極もっともだとすら思われるような、ある人の申し条を、なぜこのように「太だ非なり」と厳しく退けられるのか。そうしてその根拠は、いったいどこにあるのでありましょうか。その一つはこの人の持つ小器用な要領よさであり、道に対する及び腰の態度であります。

「我は病者なり、非器なり、学道にはたえず、法門の最要を聞て独住隠居して身をやしなひ病をたすけて、一生を終へんと思ふ」と言う、ある人の言葉をよく吟味してみると、病やそれによる身体の不都合さを口実にし隠れ蓑《みの》にして、そこに逃げ込もうとしたり、自分の能力の貧しさを盾にとって、努力しようとする気力や志を初めから捨ててしまって持とうとしない。そこにあるのは気まぐれであり、勝手な決め込みである。それでいて、法門の最要を聞いて身を養い病を助けて一生を終えようと思う。これはいかにも慎《つつ》ましく要を得た在り方のように見えるが、その実、なんとも身勝手であり我儘《わがまま》そのものの考え方や態度である、と言ってよいでありましょう。この人は生きることに及び腰になっているように見える。仏道というものを、何か自分の人格や、いのちというものとはひどく隔たった特別なもののようにしか見ていないところがある。

仏道は気まぐれで学ぶものではないし、「真実に生きる」ということは、何かのついでに思いつきや弾《はず》みですることではない。けれどもこの人は、及び腰できれいなことを言いすぎる、こういう人の感覚に仏道は決してなじまない。一応はそのように申し上げてよろしいでありましょう。仏道は人間の甘え心や怠けた在り方を救い、これを癒すための逃げ場所ではありません。

道元禅師がここに引用されたある人の状況を、そのまま率直に了解し、一掬《いっきく》の同情を懐きながらも、なおそのように申し上げるほかは、やはりないように思われます。これと似たようなことについても道元禅師は、しばしば厳しい態度で拒否せられております。

一日《いちじつ》、ある僧がやって来て道元禅師に、このごろ世を逃れて道を求むる者のありようは、不自由なく修行ができるように着る物や食べる物などを十二分に用意し、後々生活の煩《わずら》いがないように万全の支度をするのが、いわば常識となっている。これは小さくささやかなことではあるけれども、道を学ぶためにはあずかって大いに力となるものであり、その準備が足りないと、いろいろな行き違いや不都合なことが出て来るようである。今、貴方の申し条を承っていると、それらの支度を一切しないで、ただ運を天に任せよと仰せられているが、もし本当にすべてを天に任せてしまったなら、あとで不都合なことが出て来はしないか、いかがでありましょう、と問うた。

これに対して道元禅師は、そのことについてはすでに先人たちによって様々な実例が示されているのであって、私が自分勝手にそれを言っているのではない。インドはもとより中国において、仏法の宗教的生命をまさしく伝え来たった人々は、みな例外無しに、己れ一身の命運を天に任せ、極めて貧しい生活の真っ只中に、各々道を全《まっと》うしてきたのである。それはお釈迦さまの残された福分のおかげである。この福分は無限であって、その尽きる時は遂にない。だからどうして自分で生活のことを思い煩う必要があろうか。

また明日はどのようにすべきかということについても、決め難いというのが本当のところである。このようなことは仏祖といわれる方々がみんな行じてこられたのであって、そこに仏祖自身における、はからいも企《たくら》みも、もとよりありはしない。けれども、もし実際に食べる物がなくなって絶食するようなことでもあれば、それは、そのときにおいて適宜の処置のしようも出て来るであろう。初めから絶食の状態を想定し、必ずそういう状況になると決め付けるものではない、とお答えになっています。

――ハタラキ・道・自己

この二つの話に共通しているのは、質問する人の、道の求めにおける重心の置き方や焦点の在り方が、いずれもはっきりと自分の側にあるということであります。道に焦点を合わせ、そこに己れのすべてを絞ってゆくのが学仏道の肝心なところであり、己れに焦点を合わせてしまえば、道は遠くに霞んで見えなくなってしまうのは、けだし当然のことであると言わなければなりません。

その第二には、道元禅師の宗教の根底には、常に無常という自己存在の事実についての思いが、いとも力強く働いているということであります。道元禅師においては、無常は個体としての「われ」を、または己れを固定して、次の瞬間にはこんでくれる時間の流れをいうのではなくして、己れを今ここに、かりそめの一個体としてあらしめている実体を持たない「ハタラキ」の全体をいうのであり、私自身が決して出逢うことのできない自己の正体であると同時に、それはまた、万法《まんぽう》をここにあらしめ、万象《ばんしょう》を今に現在せしめているハタラキでもあります。そのハタラキを道元禅師は、ある時は「道」とも「光明」とも言い、またある時は「仏性」とも「月」などとも語りました。それゆえ、道を求めるとは自己を求めることであり、道を学ぶとは自己を学ぶということであります。

道元禅師が『正法眼蔵現成公案《げんじょうこうあん》』の中で「仏道をならふといふは、自己をならふ也。自己をならふといふは、自己をわするるなり」と言い、「自己をわするるといふは、万法《まんぽう》に証せらるる」ことであると仰せられているのも、この道理であります。ハタラキを道と呼び、自己がハタラキ、つまり道のほかにないとすれば、道を求め道を学ぶということは自己が自己を求め、自己を学ぶということであり、道が道を求め、道を学ぶということにほかなりません。仏道を遠くに置いて、それを学ぶことを他人事《ひとごと》のように思うのは、やはり誤りであるということになりましょう。

それについて道元禅師は、次のように仰せられています。

「仏道修行する者は、まず須《すべか》らく仏道を信ずべし。仏道を信ずるとは、須らく自己もと道中《どうちゅう》にあって、迷惑せず、妄想《もうぞう》せず、顚倒《てんどう》せず、増減なく、誤謬《ごみょう》なしということを信ずべし。かくの如くの信を生じ、かくの如くの道《どう》を明らめ、よってこれを行ずる。すなわち学道の本基なり」

これは、文暦《ぶんりゃく》元年（一二三四）三月、つまり道元禅師が数え三十五歳の春、山城の国深草の興聖寺《こうしょうじ》でお書きになった『学道用心集』第九に説かれている言葉であります。仏道を修行する者は、何よりもまず仏道を信じなければならないが、その仏道を信ずるということは、仏道を向こう側に置いて、それをこちらの側にいる私が信ずるということではなしに、自分自身がもともと道に生かされているものであるという事実を信じなさい、と仰せられる。

道に生かされているものであるという事実とは、「自分というものが、ハタラキによって今ここにあらしめられている事実を信ぜよ」ということであります。私を今ここにあらしめているハタラキには、もとより迷いや妄想《もうぞう》のあるべきはずはありませんし、またあり得ようがありません。迷いや妄想が起きるのは、人間として歴史の現実にあらしめられている自分が、生きるための営みをもつとき、避け難い現象として起こるのであり、そうしてそれもまた、いわば派生的なハタラキの一様相であるけれども、その元となるハタラキの事実には、人間としての歪《ひず》みもなければ癖《くせ》も偏《かたよ》りもありは致しません。その事実を事実の如く誤りなくはっきり受け入れよというのが、「須らく自己もと道中にあって、迷惑せず、妄想せず、顚倒せず、増減なく、誤謬なしということを信ずべし」ということであります。

迷惑とは迷い惑《まど》うことであり、妄想とは実体のないことを自分を中心にしてあれこれと思いめぐらすことであり、顚倒とは、ひっくり返っている、逆さまという意味で、もともとありもしないことをあるとばかり思い込んで、それのみを相手にして生活を営む人間というものの在り方について言ったのであり、増減とは、すべては元のままで元来減りもしなければ増えもせず、また汚れもせず、それゆえ、清らかになるということもないのに、そういうことがあるように思い違いすることであり、誤謬《ごみょう》とは、誤もあやまり、謬も間違いという意味で、道には本来それ以外に特定すべき価値基準やこれに基づく判断などということはあり得ないから、道を誤るということもあり得ない道理であります。

現実に生きている自分は、迷いと惑い以外の何ものでもなく、常に妄想を懐き妄想を追い、妄想に追いかけられ、美しい物や美味しい物、あるいは幸せという特別なものが一種の塊《かたまり》のような状態として本当にあるように思って、力の限りそれを追いかけ、儲けてはシメタと思ったり、損しては悲観してみたり、やることなすこと間違いだらけの生活にもみくちゃになり、喜怒哀楽に浮き身をやつして、もがき喘《あえ》いでいる。しかし真《まこと》の自己の正体はそういうものではない、というのが「自己もと道中にあって、迷惑せず、妄想せず、顚倒せず、増減なく、誤謬なし」ということであります。

その自己を今ここに実現していく、それが仏道を学ぶということの本来のありようであり、最も基本となる在り方であるというのであります。

さてそこで道元禅師は、道に生き、道を全うした様々な人のあり姿を総括的に述べ、学道の人はどのようにあらねばならぬのかということを次に申し述べられます。

——道元禅師の歴史観

先聖《せんしょう》必ずしも金骨《きんこつ》にあらず。古人《こじん》豈《あ》に咸《ことごと》く皆上器《じょうき》ならんや。滅後を思へばいくばくならず、在世を考《かんが》うるに人人《にんにん》みな俊《しゅん》なるにあらず。善人もあり悪人もあり。比丘衆《びくしゅ》の中に不可思議の悪行《あくぎょう》なるもあり、最下品《さいげぼん》の器量もあり。しかあれども卑下《ひげ》しやめりなんと称して道心をおこさず、非器なりと云《いい》て学道せざるはなし。（前同）

〔意釈〕 道に達し悟りを得た先人たちだって、必ずしも頑丈な体の人ばかりではない。昔の人だからといって、どうして、すべての人が、みんな立派であり有能であったと言えるのか。釈尊が亡くなられてから、仏法は次第に衰えてゆくというが、釈尊ご在世のころを考えてみても、すべての人がみんな優れていたわけではない。善い人もおれば悪い人間もいたのである。出家した釈尊の弟子たちの中でさえ、考えられぬほどの悪いことをした者もおり、全く無能な出来損《そこ》ないもいた。しかし、自分をおとしめて卑屈になり、仏道の修行などはやめてしまおうなどと言って、道を求める心をおこさず、また、自分は無能だと思いあきらめたからといって、修行をしなかった者はない。

昔のことを神聖化し絶対化する傾向は、人間の内に潜む一つの心情であり要求であるには違いありませんが、それはやはり一種の幻想であり錯覚であるにすぎません。道元禅師は、縦に連なる時間を主軸とする歴史の見方に幻惑されず、横に広がっているところの、今ここに生きつつある人間のなまの在り方を見とどけ、人間の本質にじかに触れることによって、そこに歴史の経緯と仏道の真実を見たのであります。

道元禅師にとって仏道は、どこまでも観念の世界の消息や論理の領域の問題ではなくして、歴史の現実に生きて働くなまの人間の生き方の問題であり、その態度の問題でありました。

歴史を時間というものを軸として考えるときには、第三回目のところ（52～53頁）でも述べましたが、二つの方向があります。その一つは、昔は良かったが今はダメになった、もしくは、だんだんダメになりつつあるという方向であり、いま一つは、昔はダメであったが今は良くなった、もしくは、だんだん良くなって行くという方向であります。初めの方は宗教や倫理、道徳といった人文現象について多く言われることであり、あとの方は科学文明といったことに関わって言われることが多いように思われます。そうしてこの二つの考え方は、私どもの中に奇妙に調和しながら同時に潜んでおります。

『随聞記』の本文が「滅後を思へばいくばくならず」と言っているのは、はからずも道元禅師の仏法に関する歴史の見方や感じ方を率直に表現しているように思います。ここで滅後と言っているのは「お釈迦さまのおかくれになったあと」ということであります。「滅後を思へばいくばくならず」の「いくばくならず」ということは人の性《さが》に変りはない、という意味にとれます。昔も今も人間というものはそんなに変りはしない、と仰せられているように受け取れます。

昔が良くって、時間が経つにしたがって次第にダメになってくるという歴史の見方やとらえ方を、一般に末法史観とか末法思想というふうに呼びます。我が国では、平安時代の中ごろも末に当たる永承《えいしょう》七年（一〇五二）を末法の始まりと考え、それまではいわば地表の近くを流れていたところの、末法にふさわしい教えとしての浄土教などが、ほとばしるように競《きお》い興って、いろいろな困難に遭い抵抗や障害を受けながらも次第に人の心の中に沁《し》み通り、やがて大きな力となって怒涛のように時代を席捲《せっけん》して行きます。末法の始まりとされた永承七年は、道元禅師がお生まれになる百五十年ほど前のことであります。

道元禅師は仏教に伝統的な、この末法という考え方を十二分に承知しておられながら、しかもなお歴史の中心に、時間ではなくして人間を置き、その人間というものの本質や性が、わずか千年や二千年くらいの時間の経過で、すっかり変ってしまうものではないというのが、「滅後を思へばいくばくならず」という表現の中味であります。人間性の立場に立つ限り、お釈迦さまのご在世中もその滅後も、それほど変りようはないはずであります。それが「滅後を思へばいくばくならず」という言葉の真意であると言ってよいと思います。

そのことを道元禅師はあからさまに、「在世を考《かんがう》るに人人《にんにん》みな俊なるにあらず。善人もあり悪人もあり。比丘衆《びくしゅ》の中に不可思議の悪行《あくぎょう》なるもあり、最下品《さいげぼん》の器量もあり」と申されます。ここにいう在世とは、お釈迦さまが生きて、この世におわしますことをいいます。それゆえ、ここにいわれていることは、お釈迦さまの直弟子に対する、いわば虚しい偶像化の拒否であり、仏教の伝統に位置する人々への、いたずらな理想化の廃止であります。

仏法はどこまでも、私自身に関わるなまの問題なのであります。しかしながら道元禅師は、それだからといって単純に、お釈迦さま在世の中途半端や出来損《そこ》ないの直弟子たちを批判し、切り捨ててしまったわけではありません。切り捨てるどころか、そういった比丘たちが皆、道に励み、道に生きたことを申し述べて彼らを賞賛し、学仏道の人を激励するのであります。

それが次の「しかあれども卑下《ひげ》しやめりなんと称して道心をおこさず、非器なりと云て学道せざるはなし」というお言葉であります。このことは同時に、器用に物知り顔に物を言うたある人への非難であり、その心得違いを諭す教訓と励ましであります。その励ましが次の言葉を呼び起こしてくるのでありますが、ここで少し本文の説明を補っておきましょう。

お釈迦さまご在世の比丘のことについて、道元禅師は具体的に比丘や経典の名前などをあげず、取りまとめる形で申し述べておられますが、道元禅師は戒律についてのお経をはじめ、仏教の初期のころに成立したと思われる大小様々な漢訳仏典を、実によくお読みになっているように思われます。ここに登場させられている無名の比丘たちの中にも、経典にその名を記《しる》されている者もあれば、その出来事や事柄だけが述べられている文字通り無名の比丘もおります。

男子の出家者を指す比丘という言葉は、そのまま日本語化しており、現在でも使っていますし、女性の出家者をいう比丘尼《びくに》という言葉も同様に生きてはいますが、普通には比丘尼の尼という字を日本読みにして、尼《あま》さんとか、もと小さな庵《いおり》に住いした人が多かったり、また男の僧に遠慮した言い方なのでありましょうか、庵主さま、などと言ったり致します。

不可思議な悪業というのは、考えられないほどのけしからん行為という意味であります。不可思議にはその字の示すように、思いはかることのできぬ、人間の思量分別の枠にはまらないというほどの意味があり、それがこの言葉の本来のつかい方であり、また持ち味でもあるように思われますが、ここでは単に、考えられないようなとか、途方もなくといった意味に解すべきでありましょう。最下品というのは最低ということであります。

道心というのは菩提心《ぼだいしん》の略語であり、その文字の通り道の心のことをいいます。道の心とは、道の自ずからなる発動としての心ということであります。普通にいえば道心とは、道を求める心であり、真実を求める心のことでありますが、意味をとって別な言葉で表現すれば、道心とは道に己れを空しうし、法のために「われ」を潰《つい》えしむる心の在り方をいうのであって、己れを太らしめ自分を肥やすために道や仏法を求めるのを道心とはいいません。

道元禅師の仰せの如くならば、道心とは、我が心を先とせず、仏の説かせたまいたる法《のり》を先とすることであり、また、あいかまえて法を重くし、我が身、我がいのちを軽くすることであり、また法のためには身もいのちも惜しまざることであります。まことに道心のありようは、人の情にそむき、世間の枠にはまらぬものであって、人間にはいかにも厳しく、険しく、保ち難いもののように思われます。しかしその心を強いておこしてゆくところに、道が成就されると申さなければなりません。

道心とはこのように、ふとした思いつきや出来心などとは本質的に異なるものでありますから、不用意にこれを口にし、軽々しく扱うべきものではないように思われます。お釈迦さまご在世の折の比丘たちは、いかに最下品の者も、不可思議に悪業なる比丘も、やがて道心をおこし遂に道に生きる者となった、と説かれているところに、今ここに生きつつある愚かなる「われ」に対する道元禅師の誘いと励ましがあります。その誘いと励ましの言葉がさらに次の言葉となって、この章を完結に導きます。

――今をおいて、いつそれを果たすのか

今生《こんじょう》に若《も》し学道修行せずんば、何《いず》れの生《しょう》にか器量の人となり無病の者と成《なり》て学道せんや。只身命《しんみょう》を顧《かえ》りみず発心《ほっしん》修行するこそ、学道の最要なれ。（前同）

【意訳】この生《しょう》において、もし仏道を学び修行をしなかったならば、いったい、どの生で有能な人間となり、病気にかからない者となって、仏道修行をするというのか。そんな時は永遠に到来しはしない。それゆえ、この生において、自分の体や生活の都合など、あれこれ考えないで、時を移さず、求道の志を奮いおこし、修行することこそが、仏道を学んでゆく上で、最も重要なことなのである。

「今生《こんじょう》に若《も》し学道修行せずんば、何《いず》れの生《しょう》にか器量の人となり無病の者と成《なり》て学道せんや」。道

元禅師は『正法眼蔵帰依三宝《きえさんぽう》』の巻で、「人身《にんしん》うることかたし、仏法あふことまれなり」、人間の身体を受けてこの世にあることは大変難しいことであり、その上、仏の教えに出遇《であ》うことは、よりいっそう困難なことである、と仰せられておりますけれども、もとよりこれは一人道元禅師だけの申し条ではなくって、仏教が古来言い伝え来たところの一つの譬えであり、沢山のお経の中に説かれております。

たとえば大地が全部沈んでしまって、世界は果てしも限りもない大いなる海だけになったと致します。ここに一匹の眼の見えない亀がいました。その亀は数え切れない無限の寿命をもっており、百年に一度だけ波間に浮かんで顔を出します。ところで、この果てしもない大海原の中に小さな板切れが漂うております。その板切れの真中には、たった一つだけ小さな穴があいています。百年に一度だけ波の間に頭を出す眼の見えぬこの亀が、その板切れにあいている穴から首を出すことが大変稀であるように、私どもが人間に生まれおち、仏法に遇《あ》うのは難しいというのであります。

仏法どころか、人が人に出逢うことすら実に稀であります。私どもは毎日毎日多くの人の顔を見、視線や言葉を交わしながら一生過ごすわけでありますけれども、人との出逢いは極めて稀であります。私どもは人にも物にも、言葉にも、事柄にも、すれ違ってばかりいて、本当に出逢うということが滅多にありません。朝に夕に一緒に生活をしている親と子でも、なかなか出逢うということはできません。一緒に暮らしているから出逢っているということにはならないのであります。

親と子が本当に出逢うことができるのは、たいていは親が世を去ってしまった後のことであります。「さればとて石にふとんも着せられず」という句があります。千石船を七艘も持っていた富豪の家に生まれた播州加古川の人、滝野新之丞《たきのしんのじょう》は、道楽と遊蕩の果てに家を潰《つぶ》してしまいましたが、母親の命日に墓参りに行った折、その墓の前で詠んだ句だといいます。この句には新之丞の母親に対する深い懺悔《さんげ》の心とともに、生前には遂に出逢うことのなかった母と子との悲しい思いが込められているように思われてなりません。

人と人とが出逢うことすら並大抵のことではありませんから、眼の見えぬ亀と果てしない大海原に漂う板切れが出逢い合う話の譬えのように、人間に生まれるということが、それほど困難であり、仏法に遇うことが、そのように稀であればこそ、人は切に道を求めなければならぬ道理であります。そしてまた「今生《こんじょう》に若《も》し学道修行せずんば、何《いず》れの生《しょう》にか器量の人となり無病の者と成《なり》て学道せんや」という言葉の底には、道元禅師の徹底的な無常についての思いが込められております。

真実を求め道に生きるのは今であり、今をおいてほかに、いつそれを果たそうというのか。人が生まれかわり死にかわるというけれども、次の生が人間であるという保証はどこにもありは致しません。それゆえ「今生《こんじょう》のいまだ過ぎざる間に急ぎて菩提心《ぼだいしん》をおこし道に生くる者となれ」と言うのであります。

今生のほか、いずれの生《しょう》においてか、仏道を学ぶにふさわしい能力や資性の持ち主となり、健康な身体となり得るというのか、今この生を別にして道を学ぶ時の到来は決してありはしないという、この道元禅師の燃えるような呼びかけと切実な問いかけは、「只身命《しんみょう》を顧りみず発心《ほっしん》修行するこそ、学道の最要なれ」という言葉に実を結んで、学人の自己に力強く迫るのであります。

私を軸にしてしか生きられない私自身が、仏法のために自己の全身心を挙《こ》し、それを空しうして生きることなど、とうていよくなし得ることではありません。道に己れを失うことの心の決めを道心というなら、それは形なき外からの無限の呼びかけであり促《うなが》しであると同時に、最も内なる「われ」の、これに対する無底《むてい》の応《いら》えであり、応答であると言うことができましょう。それは生命的な響き合いであり、伴いであると言うことができましょう。

その響き合いを絶やさぬために道元禅師は、「一発心《いちほっしん》を百万発《ひゃくまんぱつ》せよ」と仰せられます。一遍道心をおこしただけでは、たちまちその響きが消えてしまうから、絶えず道心を振るいおこし続けてゆかねばならぬというのであり、それを百万発せよ、と表現されました。

道に自分の全分を委《ゆだ》ねきることのために、ただ一度《ひとたび》の発心だけではなくして、それを百万遍も奮いおこせというのは、人間の愚かな性《さが》をよく見届けた人にして初めて言い得る、なんという凄《すさ》まじい至気《しいき》であり申し条であることか。けれども、たとえいかにつらく侘《わび》しく、憂《うれ》うるとも、無条件にこれを受け入れ、これに従って限りなく発心し続けてゆくところにこそ、仏道の願《がん》があると言わなければならぬのでありましょう。

※

道元禅師の宗教の根底には「無常」がある。道元禅師の仏法は「無常」によって成り立っている。しかし、その「無常」は、人間の意識の眺望における景観としての「無常」なのではない。道元禅師にとって「無常」は、どこまでも「自己の正体《しょうたい》」であり、万象の事実であった。「無常」を仮に「ほとけ」と呼ぶとき、「自己の正体」が、もと「ほとけ」であるということの「気づき」と「うなずき」は、「行実」をもって証拠するほかはない。

仏道は「凡夫の行」ではなくして、「仏祖の行」である。しかしながら、現実には凡夫としてしかあり得ぬ雑染《ぞうぜん》の「われ」が、「仏祖の行」を行ずるというのであるから、そこには一種の「決定《けつじょう》」が求められる。この「決定」を「願」という。「願」とは、自己をはこぶ方向を決定することである。仏道における「願」は、仏法の大海に自己を投帰し尽くすことである。仏制に己れの一切を投托して、再び我が身をかえりみないことである。この「願」の無いところに、決して仏道の成就は無い。たとい生をかえ身をかえても、「願」の無い求道は虚《むな》しいばかりである。世は無常である。されば、今生《こんじょう》のいまだ過ぎざる間に、いそぎ発願《ほつがん》し営まなければならぬ。我が身のことをかえりみず、「願」に従って、ただひとえに、仏道修行に打ち込むこと、それが肝要であり、そこにこそ仏道の成就がある。願行のあるところ、病身は病身ながら仏道の成就であり、非器は非器のまま自己の完遂《かんすい》である。

病身と非器のゆえに、仏道にはとうてい堪えることはできぬであろうと自らを判断し、その現況に対応して、分相応に仏道を学ぶことを希《ねが》ったこの人は、おそらくは、ためらいがちに、つつましやかな態度をもって懐奘禅師に相談したのであろう。懐奘禅師からこのことについて聞き、それに答える道元禅師の心衷《しんちゅう》は、たとい今生においてそれが果たされなくとも、いずれかの生においてか必ず成就するに決まっているという、つよい思いと祈りがあったに相違ない。

「原事実」としての「自己」と「現事実」としての「われ」は一であり、同時の「ハタラキ」として現在しながら、「われ」が、「現事実」の「われ」という「ハタラキ」であるとき、「原事実」としての「自己」は、「現事実」としての「われ」にかくれて、永遠に自己を埋没し、決して現われることはない。「原事実」としての「ハタラキ」、つまり「ほとけ」を、「われ」において実現するのは、かえって「われ」の潰《つい》え去ることにおいてある。それを可能ならしむるのが「願」であり、「行」である。

「懸崖《けんがい》に手を撒《さっ》して絶後に蘇《よみがえ》る」と言うとき、人をして、万仭《ばんじん》の懸崖に手を撒せしむるのは、「願」である。「願」によって、万仭の懸崖から手を放った正にそのとき、「われ」はたちまち絶後に蘇り、己れの想念や思惟のいかんにかかわらず、真に「人」となり、まことの「自己」となるのである。

先に第三回目においても述べたごとく、この問いへの応《いら》えは道元禅師の非情さではなくして、かえって真の大悲なのである。たとい、一人有漏《うろ》の迷情に背くとも、哭《な》いて捨身の行を願い、これを実践するとき、そこに、「道」は必ず成就されるであろう。

「願」の無い宗教は無い。「願」の無い宗教は空虚である。生々世々《しょうじょうせせ》を尽くす「願行《がんぎょう》」によってのみ、仏法は歴史の現実に生きるものとして、時代に伝承されてきたのである。「道」を求め、これを修せんと志す者における「仏道」の「願」とは、まさにそのようなものであったと言うことができる。

第十三回　真実の光

人はしばしば、真実を求めると言い、本当に生きるということを心に願い、どこかで力強く求めておりますけれども、それがどういうことであり、どのようにすることであるのか、よく分かりません。昔も今も、そこに人間の願いの苦《にが》さがあり、求めの苦《くる》しさがあります。人が真実に生きるとは、いったい、どのようなことなのでありましょうか。

――「捨てる」という「求め」の誤り

因《ちなみ》に問て云く、学人《がくにん》若《も》し自己これ仏法なり、外に向《むかっ》て求むべからずときて、深く此の言《ことば》を信じて、向来《きょうらい》の修行参学を放下《ほうげ》して、本性《ほんしょう》に任《まか》せて善悪の業《ごう》をなして一期《いちご》を過《すご》さん、此の見解《けんげ》いかん。（第二巻の二十二）

【意訳】ある話のちなみに、懐奘《えじょう》は道元禅師に質問をして言った。

仏道の修行者が、もし、自分自身が仏法である、外に向かって求めるべきものではない、ということを聞いて、深くこの言葉を肯《うけが》い信じ込んで、今まで積み重ねてきた修行を捨て、参禅学道もすっかりやめて、生まれついたままの勝手な感覚や感情にまかせて、善いことも悪いことも、ほしいままに振る舞って、一生を過ごしてゆこうと言ったとき、この考え方はどのようなものか、ご教示を仰ぎたい。

文の初めに「因《ちなみ》に問て云く」という言葉がありますが、これはこの話に先立つ教えがあり、そのちなみにという意味でありますので、本文に入る前に、ちょっとだけこれを補っておきましょう。

ある夜、道元禅師が門下の者に、仏道を修行する者は食べ物について、選《え》り好みをするようなことがあってはならぬというお話をなさったことがあります。その話が終ったところで懐奘禅師が質問をして言った、というのが「因に問て云く」ということの中味であります。

懐奘禅師の質問は、仏道を修行する者が仮に、自分の本性《ほんしょう》はもともと仏と同じものであり、その仏を別にして仏法というものはない道理であるから、真実を自分以外のところに求めてはいけない、という教えを聞き、深くその言葉を信じて、今まで積み重ねてきた修行や学問を捨ててしまい、自分の生まれつきの性《さが》に身を任せ、その命ずるところに従って気ままに一生を過ごそうという、この考えはいかがなものでしょうというのであります。

インドから中国に伝わった仏教は、中国という国に特有の文化や、その国の人の気質といったようなものに次第に馴染み、すっかり溶け込んでいきます。これは仏教が身につけていたインド的な衣装や言葉が、中国にふさわしい衣装に変り、言葉になったと言ってよいかも知れません。日本に伝わった中国の仏教も同じことであります。その変り方や熟し方の一つに、一般に本覚思《ほんがく》想と呼ばれるものがあります。それを根本に置いて法を説く仏教の教えの在り方を本覚法門といいます。

本覚思想とか本覚法門とか呼ばれるものについて、ごく簡単に申し上げますと、仏さまは自分とは別にあるのではなしに、自分自身の中におわしますものであり、自分自身がもともと仏さまであって自分を別にして仏はない、という考え方であります。それだけではなしに、宇宙全体がそっくりそのまま穢《けが》れなき永遠なる仏さまの世界だというのであります。こういう考え方はインドに源を発し、中国で発達し、日本の平安時代に至って、その頂点に達し、その後の日本文化に様々な影響を与えることになります。

平安時代も末のころ、日本仏教の総合大学とも申すべき比叡山で一人熱心に坐禅を修行している大日能忍《だいにちのうにん》という人がおりました。この人は源平の戦《いくさ》で有名をはせた平景清の伯父《おじ》に当たる人であり、後年この景清に誤解がもとで殺されてしまう悲運の人でありますけれども、ある日のこと坐禅をしている最中に悟りを開きました。

その悟りがどういう内容のものであったか、という具体的なことについては、必ずしも明確にされているわけではありませんけれども、そのころに書かれた古い書物などによれば、大日能忍の禅は、人間の本性は仏なのだから本性に任せていけばよいのであって、ことさら厳《いかめ》しく修行したり戒律を護ったりするのは、まだ自己の本性に気がつかない人の在り方である。自分がもともと仏であるということに気がつき、それに目覚めてみれば、仏さまを拝んだり、坐禅をしたり、お念仏を称えたり、生臭い物を食べないといったようなことをする必要はどこにもなく、気ままに寝たり起きたりしていればよいのである。それが、自分がもともと仏であり仏と少しも違わぬという悟りを開いた者の正しい在り方であり、人間の究極の生き方である、というのであります。

道元禅師に質問をした懐奘禅師は、お若いころ比叡山で勉強されたあと、そのころ競い興った新しい仏教についても様々に学びとりますが、道元禅師のお弟子になる直前には、この大日能忍の一門（日本達磨宗）でありました。でありますから、この質問は懐奘禅師ご自身の学習や体験を踏まえた問いであり、ある意味では、その本音をさらけ出した質問であると言ってよいと思います。道元禅師は静かにお答えになります。

示して云く、此《こ》の見解《けんげ》、言《ごん》と理《り》と相違せり。外に向《むかっ》て求むべからずと云《いい》て、行《ぎょう》を捨て学を放下《ほうげ》せば、此の放下の行を以て所求《しょぐ》ありときこへたり。これ覓《もと》めざるにはあらず。（前同）

【意釈】この問いに、道元禅師は示して言われた。
　この考え方は、言っていることと道理が食い違っている。外に向かって求めてはいけないからといって、修行を捨て参学もやめてしまえば、その「捨てる」「やめる」ということによって、何かを得たいというように聞こえてくる。それは「求める」ことであって、「求めない」ことではない。これは「捨てる」ということをもって、何かを得る手段方法としているにすぎず、本当に「捨てる」ということとは違うし、「求めない」ということとも異なる。

　自分はもともと仏であるから仏を外に求めてはいけない、という教えを聞いて深くこれを信じ、今まで学んだことをすべてなげうち、自分の気持の赴くまま、勝手、気ままに生きることが本当だなどという理解の仕方は、その言っていることと道理とがまるで食い違っている。このようにまず道元禅師は、いわば総論を述べ、次にその違っている理由を説明致します。
　自分がそのまま仏であるから、仏を外に向かって求めてはいけないからと言って、修行も学問も捨ててしまえば、いかにも外に求めないという道理にかなったように見えるけれども、よく考えてみると、それは捨てるということを媒介にし、これを代償にして何かを求めていることになりはしないか。それならば捨てるということではなしに、求めているということになるではないか、というのがこの「放下の行を以て所求《しょぐ》ありときこへたり。これ覓《もと》めざるにあらず」と仰せられたことの中味であります。

そこで道元禅師は、外に向かって求むべからずということの真《まこと》の理解とその在り方について、次のようにこれをお述べになります。

――ひとむきに、無条件で

只行学《ぎょうがく》もとより仏法なりと証《しょう》して、無所求《むしょぐ》にして、世事悪業《あくごう》等は我が心になしたくともなさず、学道修行の懶《もの》うきをもいとひかへりみず、此行《このぎょう》を以て打成一片《たじょういっぺん》に修して、道成《どうじょう》ずるも果を得るも我が心より求《もとむ》ることなふして行ずるをこそ、外に向て覓《もとむ》ることなかれと云《いう》道理にはかなふべけれ。（前同）

【意釈】ただ、参禅修行するそのことが、もともと仏法であるということを、はっきりと心得て、何ひとつ求めることなく、世間の事や道に外れた行ない等は、自分の心の中で、それをやりたいと思ってもなさず、仏道修行が億劫《おっくう》になっても、そんなことに気をとられず、ひとすじに専ら坐禅だけになりきって、たとい目覚めたり、悟りを得ることがあったとしても、自分の心の方から求めることがなくて修行することこそ、「外に向かって求めてはいけない」という道理にかなうであろう。

今読んでいただいたところを五つほどに区切って整理してみますと、文章の意味がよく分かるように思います。

その一番目は「只行学もとより仏法なりと証する」ということであります。これは修行も学問もそれ自身がもともと仏法であり、仏法中の出来事であり、行為であるということを無条件に受け入れ、その事実をはっきりし、またこれを肯《うけが》うということであります。自分の学びや修行の舞台、つまり置かれている場所やその時や、その様相が仏教としての大地であり時であるということを受け入れなければ、ちょうどコンクリートで固めた土の上に種を蒔くようなもので、どれほど真剣に修行し学習したとしても、仏道は決して芽も出さなければ花も実もつけないでありましょう。

「行学もとより仏法なりと証する」というのは、そのような事実をはっきりと肯うことであり、また行ずるということと学ぶということとの間に隙間《すきま》や隔たりを置かないということでもあります。行ずるとは学ぶこと、学ぶとは行ずることで、両者は同時のものだというのが、この言葉のもう一つの主眼であるように思います。「智目行足《ちもくぎょうそく》」ということを言います。智慧の目、実践の足の、どの一つが欠けましても仏道は成就されません。まことに、智なき行は盲目であり、行なき智は空虚であります。

その二番目は「無所求《むしょぐ》」ということであります。無所求とは求めるところ無しということです。仏道の修行や勉学に、あてや見込みを持ち込まない、効果や見返りを要求しない、胸算用や目の子勘定、功徳についての当て推量等を初めから計算に入れないで、ただ、する。いかなる効果をも全く期待しないで、無条件に、しかも手抜きなしでする、これが無所求ということの中味であります。

第三番目には「世事悪業《あくごう》等は我が心になしたくともしない」ということであります。

ここに世事悪業といっても、人の物を取るとか、嘘をつくといったようなことを指すのではないでありましょう。世間では、自分を中心とした損得勘定や、幸不幸といったことがその最も重大な関心事であり、それを軸にしてすべてが回転しているように思います。それゆえ、自分の儲けになることや都合の良いことだけを追いかけ、損することや都合の悪いことを避けて通ろうと致します。そういった人間の生活上のあり姿を、ここでは世事と言ったに違いありません。

悪業というのも、人の道にそむき人に迷惑をかけるような、まがまがしい行為だけを指していうのではなしに、ここではもっと日常的な、もっと人間的なことをも、これに含めているように思われてなりません。人はいつでも、自分の欲求に甘え、本能的な衝動そのもののレベルに下って行きたい傾向を、本質的に持っているように思います。本能のままに開放され、その欲求のままに自由でありたい自分を、強い心の手綱でぐっと引き締めて油断しないこと、これが「心になしたくともなさず」ということの意味でありましょう。

第四番目は「学道修行の懶《もの》うきをもいとひかへりみず、此《この》行を以て打成一片《たじょういっぺん》に修行する」ということであります。仏道の修行はもともと決して楽なものではなく、また楽しく愉快なことでもありません。それゆえ、時に怠《なま》け心がおこってくることもあり得ましょう。まして満たされるものもなく、行き着くところもない果てしない行だというのでありますから、ものうき心が湧いてくるのも無理のないことであると言い得ます。しかし、そういう思いや衝動に心を奪われ足を取られてしまわないで、強いて己れを励まし道に駆り立てて、その行に成りきるということ、それが肝心であるというのであります。

打成一片というのは、それに成りきるという意味であります。成りきるというのは、見境もなくそれに溺れ沈んで、ボーッとしているとか、カチカチになってしまうということではありません。そのもの以外のことはすべて計算の外に置き、それに心を遊ばせないで、ひとえにそのことを、その場で成し遂げてゆくことであります。脇見や浮気をしないで、そのことに己れを尽くしてゆくということであります。

第五番目は「道《どう》成ずるも果を得るも我が心より求《もとむ》ることとなふして行ずる」ことであります。道成じ果を得るということを平たく言えば、悟りが開けるということであり、救われるということでありますが、悟りを開こうと計画して修行するのではなく、自分の方からは何も求めることなくして、ただひたすらに、ひとむきに無条件に、ロハで手放しで修行すること、それが大事だというのであります。

以上、本文に示された短い言葉を仮に五つに区別し整理して、少しばかり補足してお話し申し上げましたが、そこに一貫していることは要するに、己れのすべてを手放しにし、ただ、ひたむきに修行をするということでありました。これが「外に向って覓《もとむ》ることなかれ」ということの、言葉と道理が食い違わないありようの実際であり、修行の仕方であると仰せられ、さらに言葉をついで道元禅師は次のように申されます。

――― 南嶽磨磚の意味

南嶽《なんがく》の磚《せん》を磨《ま》して鏡となせしも、馬祖《ばそ》の作仏《さぶつ》を求めしを戒めたり。坐禅を制するにはあらざるなり。（前同）

【意訳】南嶽懐譲《なんがくえじょう》が敷き瓦《がわら》を磨《みが》いて、「鏡にするのだ」と言って見せたのも、馬祖道一《ばそどういつ》が、坐禅して仏になろうとしたことを戒めたものであって、坐禅そのものをするなと言ったのではない。

南嶽《なんがく》と申しますのは、達磨さまから六人目のお祖師さまである六祖大鑑慧能《たいかんえのう》禅師（六三八―七一三）の代表的なお弟子さんの一人で、つぶさには南嶽懐譲《なんがくえじょう》（六七七―七四四）。慧能禅師の仏法を受け継いでから、湖南省南嶽の般若寺というお寺に住して、大いにその禅風を振るったのでその名があります。

馬祖とありますのは、南嶽懐譲の法を継ぎ、のち江西省の開元寺という寺に住して宗風を振るい、天下にその名を知られた馬祖道一《ばそどういつ》（七〇九―七八八）。ここに引用されているのは、馬祖がお悟りを開く、つまり宗教的に目覚めるきっかけになった出来事であります。

ある日のこと南嶽は、馬祖という和尚が伝法院というお寺にあって、来る日も来る日も坐禅ばかりしているということを聞き、これは仏法のために大いに見所のある男だと思い、はるばると伝法院に馬祖道一を訪ねて行きました。

「お前さんはこのごろ何をなさっておいでじゃ」

という南嶽の問いに、馬祖は答えます、

「ハイ専ら坐禅だけを、ひとすじに努めております」

南嶽が問う、

「ホホゥ、だが坐禅をして何を得ようと思っておいでになるのかの」

馬祖が答える、

「仏になろうと思っているのです」

それを聞いた南嶽は、やにわに近くにあった敷き瓦《がわら》を取り上げると、それを庵の前にあった石にあててカシ、カシ、カシ、カシと研《と》ぎ始めました。それを見て不審に思った馬祖が、南嶽に質問致しました、

「いったい何をなさっているのですか」

磚《かわら》を研ぎながら南嶽はニコリともせず、

「ご覧の通り磚を磨《みが》いておりますわい」

馬祖が聞きます、

「磚など磨いて、いったい何になさるおつもりですか」

「磚を磨いて鏡にしようと思いましての」

と南嶽が答えると、いささか呆れた風情で馬祖が言います、

「磚をどれほど磨いても、鏡になるわけはないではありませんか」

すかさず南嶽は言う、

「坐禅をして、どうして仏になることができるというのか」

この話はもう少し続きますが、南嶽と馬祖のこの出逢いは大変有名で、昔から禅を学ぶ人の間に親しく語り伝えられてまいりました。馬祖が仏になるために坐禅をしているというのを聞いて、南嶽は磚《かわら》を研《と》いで見せ、磚が鏡にならないように坐禅をしても仏にはなりはしない、と説いたのがこの話であります。

文字に表わされた表面の上からだけ、この話を切り取って理解すれば、坐禅は結局無駄なことだから坐禅ばかりしていないで、ほかに仏になるべき有効な方法を工夫し実践すべきである、ということを暗に勧めているような響きがあります。

けれども道元禅師は、そのようには理解しないで、「自分のためには何の足し前にもならない坐禅を、ただ行じ抜いて行くことが、実は磚が鏡になることである」とお説きになっているのでありまず。馬祖はどれほど坐禅しても、遂に仏になることはできず、畢竟《ひっきょう》、馬祖でしかあり得ません。その限りにおいては、馬祖が仏になろうと企《たくら》んで坐禅をしているのは誤りであることになります。

『随聞記』の本文は、この話の表の意味を素直に取り上げて、どれほど坐禅してもそれによって仏になりはしないよ、と南嶽は馬祖に言っているが、それだからといって、南嶽は坐禅をおやめなさいと、どこにも言っていないし、勧めてもいない。また、そんな心づもりで南嶽は馬祖をたしなめたのではない、と申し述べているように見えます。

なるほど一応はその通りであります。また、それに間違いはありませんけれども、しかしもう一度この『随聞記』の文をよく読んでみますと、ここには「南嶽の磚を磨して鏡となせしも」とあります。これは磚を磨いて鏡にしたということでありますから、もとのお話の、磚を磨いても鏡にはならないというのとは正反対の意味になります。これは、いったい、どうしたことなので ありましょう。道元禅師はそこを読み違えられたのでありましょうか。それとも他の方が誤って記録し、またそれをそのまま伝えて来てしまったのでありましょうか。

すぐ前にもお話し申し上げましたように、南嶽と馬祖のこの話は大変有名であり、かつ、すこぶる重要な意味をもっておりますので、道元禅師の取り扱いもまた慎重であり、かつまたこれを『正法眼蔵』の中にも取り上げて、繰り返し繰り返し、道元禅師の仏法の立場から、その大事なところをお述べになっておりますが、それによれば、馬祖がしていた坐禅は実は何もならぬ全く無内容な坐禅だったのであり、この馬祖のためには何ひとつ役に立つことのない坐禅を、ただ、ひたすら行じ抜いてゆく、その処、その時に、かえって馬祖がまことの馬祖になるのであり、坐禅が真《しん》に坐禅となるのである。このことを、磚を磨く、つまり磨磚という言葉で表現した、と道元禅師は言うのであります。

つまり何もならぬ坐禅は、磚を磨いて鏡にしようという行為に似て、一見まことに無意味であり、また何の内容もない無駄な行為にしか見えないけれども、実にはその行為自身が磚を磨いて鏡にしていることにほかならぬ、というのが道元禅師の申し条なのであります。それが『随聞記』本文の「南嶽の磚を磨して鏡となせしも」と表現せられたお言葉の内容であります。

道元禅師に従えば、私にとっては何にもならんところの、したがって得るところも悟るところも何にもない、手応えなしの坐禅を、ただすることこそが仏道の大事であり、その行き着くべき仕切りや枠のない無限の行を、無条件に行ずること自身が、磚を磨いて鏡を今ここに実現している行為そのものだというのであります。

磚を磨くということについて、これを道元禅師がどのように受け取られたか、ということをご紹介申し上げるために、少し回り道を致しましたが、再び『随聞記』の本文に戻って、かいつまんでお話し申し上げますと、道元禅師は、馬祖が仏になるために坐禅をしているのだというそのことの誤りをたしなめ正すために、南嶽は磚を磨いて見せたのであって、坐禅はいくら修行しても仏にはなれない、無駄な行だからやめておしまいなさいと言っているのではない、と述べられました。これが「南嶽の磚を磨して鏡となせしも、馬祖の作仏《さぶつ》を求めしを戒めたり。坐禅を制するにはあらざるなり」という表現の内容であります。

それでは坐禅というのは、いったい何なのでありましょうか、これを示すのが道元禅師の次のお言葉であります。

道元禅師の坐禅

坐はすなはち仏行《ぶつぎょう》なり、坐はすなはち不為《ふい》なり。是れ便《すなわ》ち自己の正体《しょうたい》なり。此の外《ほか》別に仏法の求むべき無きなり。（前同）

【意釈】坐禅は、それがそのまま仏の行ないである。坐禅は人間の物欲しい「営み」の尽きたところである。坐禅が自己の正体である。坐禅のほかに、別に仏法として求むるべきものはないのである。

「坐はすなはち仏行なり」というのは、その表現の通り、坐禅がそのまま仏の行であるということであります。一般に、何かを修行するということは、未熟な者が熟した者となるための方法であり、未完成な者がたどるべき完成への手段であり、手だてであると言ってよいでありましょう。坐禅の修行を仏法に即して言うとすれば、それは凡夫が仏に至るために欠かすことのできない実践的な方法であり、手段であるということになりましょう。

しかし道元禅師は、坐禅は凡夫が仏になるための手段や方法ではなくして、坐禅それ自体が仏の実現であり、仏ご自身の行為であると言うのであります。

インドにおいても中国においても、また日本においても、坐禅はどこまでも自己を究明し、宇宙の真実を「われ」において顕《あら》わにするための方法であり、愚かなる己れの迷いを払い、目覚めの世界にはこんでくれるところの極めて優れた手段であったはずであります。坐禅は古いインドの昔から、心を鎮《しず》め精神を統一し集中することと、心の中に何かを映し出す、つまり瞑想することを、二つの大きな柱として様々な立場の宗教や精神生活を支え、広く大きく深い影響を与えながら、いつの時代にも生きて今日まで伝えられてまいりました。そうして禅定《ぜんじょう》、つまり坐禅が時代に生き続ける限り、禅定そのものの持つこのような精神集中と、瞑想という言葉によって表現される二つの大きな柱は、この後も決して変ることがないでありましょう。

ところで、この精神集中ないし統一と瞑想ということは、もともと人間の心や意識といったものを直接の対象とし素材として、あるいは単独に、また時には互いに関わりあいながら、心のきめの粗末で荒々しい状態から、だんだんにこれを整えて、全く荒々しくないきめの細やかな状態に自らの心を収めてゆく手だてであり、また浅いところから次第に深いところへと自らの意識や精神の在り方をはこんでゆく方法であります。

このように坐禅は、その教えや、その教えが依って立つ実践の仕方、並びにそれについての背景やこれに伴う意味づけの相違によって、多くの在り方や説き方があり、同じ仏教といい禅といっても、実に千差万別《せんしゃばんべつ》であって一様ではありませんけれども、今も申し上げましたように、坐禅そのものの持つ精神集中と瞑想という根本的な二つの性格に変りはないはずであります。このことは同時に、坐禅がもともと手段や方法としての性格を持っているということにほかならず、したがってまた、これは坐禅というものが凡夫が成仏するための方法としての性格を持ち、位置を占めていたということである、と言ってよいと思います。

しかし道元禅師はそうではなくって、坐禅がそのまま仏の行であると仰せられるのであります。それはインド・中国・日本を通して長い間、歴史に受け入れられ伝えられて来たところの方法としての坐禅を、その根元《ねもと》から覆《くつがえ》して坐禅そのものに絶対の価値を置くという立場であります。これは坐禅というものに対する革命的な発言であり、そこにまた道元禅師ご自身のほかにその例を見ない独自な宗教的世界があるということになります。

そうしてその坐禅の内容について、道元禅師は「坐は即ち不為《ふい》なり」と仰せられます。「不為」とはその字の通り何もしないということであります。坐禅に一切加工をしない。人間の手を加えない、それが不為ということの意味であり、実践的な内容であります。不為とは私を手放しにすることであります。

私どもは我がはからいによって生きているのではありません。私のはからいは生かされた後の出来事であります。背丈が伸びるのも、髪が白くなるのも、心臓が動き血液が流れ、私どもの身体を作り上げている幾百億、幾十兆という細胞の一つ一つが、それぞれの任務を果たして新陳代謝してゆくのも、我がはからいや私の思想や信念においてなされているのではありません。私どもは髪の毛一筋、爪一枚、自分ではどうすることもできません。この根元《こんげん》の事実に人間的な善悪の対立もなければ是非の戦いもありません。その善悪も是非もない事実に己れのすべてを任せきること、それが不為ということであります。

仏《ほとけ》とは我《が》という名前で呼ばれるしこり、己れという名の結《むす》ぼれを解《ほど》くことだ、と言います。しかし私どもは生きている限り、このしこりや結び目の解けることはないに違いありません。それゆえ、結び目ぐるみ無条件に仏の家に自分を投げ込んでしまうのであります。ここには私の手柄はなりません。これを神の御手に己れを委ね、神の御心のままに己れを尽くすことであると言ってよいかも知れません。

坐禅は日常的な私以前の立場に帰ることであり、私のはからいのない、つまり是非善悪のない私自身のいのちの世界を、この身と心において、そのまま顕《あら》わにすることであります。私自身は、もともとはからいのない、そして、はからうこともできない事実によって、ここに生かされているのであります。ここでは、そのはからうこともできない私自身の根元的な生の事実を、自己の正体と言ったのであります。その事実を私の全身心をもって今ここに実現する。それをおいて他に仏道として求めるものはない、と道元禅師はここに結論されたのであります。

人は、鏡に映った自分の影に驚いて脂汗を流す四六の蝦蟆《がま》のように、我が心の影に怯《おび》え、その影に喜び、もて遊ばれて一生を送ると言ってよいでありましょう。私どもはそれとは気づかずに、自分自身が勝手にしつらえあげた心の影に踊らされ、それとがっぷり四つに組んで独り相撲をとっているに違いありません。そういう生の実際を見届けて、何ものにも騙《だま》されず、いかなることにも呪《まじな》われてしまわない自分を、今ここに取り戻して生きる、それが自己の正体を生きるということなのでありましょう。

道元禅師は「光明《こうみょう》というは人人《にんにん》なり」と仰せられ、「生死去来《しょうじこらい》は光明の去来なり」とお説きになります。私の生かされている事実を光明にたとえ、その生きる中味としての様々な苦しみや悲しみも、また光明の「ハタラキ」であると言うのであります。

※

道元禅師の仏法を一口で言えば、それはある意味で、日本に本格的に根づいた本覚法門に対する批判的超克《ちょうこく》と、それまで方法としてしか位置づけられず、また機能し得なかった禅定に対する根本的変革である。道元禅師は自己存在の全体が、「無常」という言葉によって表現される無底の「ハタラキ」であるという事実を徹証した。

安貞《あんてい》元年（一二二七）、宋から帰国した道元禅師は、参学の人の請により『普勧坐禅儀《ふかんざぜんぎ》』一巻を撰する。別に書かれた『普勧坐禅儀撰述由来』と後人によって命名された文書によれば、道元禅師は、この『普勧坐禅儀』において、中国の禅林に重用されてきた長蘆宗賾《ちょうろのそうさく》（不詳）の『坐禅儀』とは、根本的に相異なる宗教的立場を説き、その世界を宣揚する。安貞二年に書かれた『普勧坐禅儀』は散逸して伝わらないが、これを修訂したといわれる『普勧坐禅儀』一巻が現存し、永平寺の宝庫に秘蔵せられている。天福元年（一二三三）七月十五日に浄書されたこの『普勧坐禅儀』の、冒頭に置かれた一連の語は、坐禅に関わる道元禅師の宗教的立場とその世界を宣説するものとして、修訂が加えられてはいないものと判断してよいであろう。『普勧坐禅儀』は、次のような言葉によって説きおこされている。

たずぬるに、それ道《どう》もと円通《えんづう》、いかでか修証《しゅしょう》をからん。宗乗自在《しゅうじじょう》、なんぞ功夫《くふう》を費やさん。いわんや、全体はるかに塵埃《じんない》を出ず、たれか払拭《ほっしき》の手段を信ぜん。おおよそ当処《とうじょ》を離れず、あに修行の脚頭を用《もち》うるものならんや。しかれども、毫釐《ごうり》も差《しゃ》あれば、天地はるかに隔《へだた》り、違順わずかにおこれば、紛然として心《しん》を失す。（原漢文）

ここで道元禅師が、「道」と言い「宗乗」と言っているのは、「ハタラキ」のことである。「われ」の全体が「ハタラキ」の全体であるとき、「われ」は「ハタラキ」を対象化することはできぬ。「塵埃《じんない》」というのは、「われ」において眺められ、判断や取捨の対象となって「われ」に所有されるすべての世界のことを言うが、すでに対象化され得ないのであるから、「全体はるかに塵埃を出ず」と言うのである。しかしながら、これを根拠とし、これに倚《よ》りかかって、現実に生きる「物欲しい己れ」を無反省に放置するとき、もと「塵埃」なき清浄なる世界は完全に没して、雑染《ぞうぜん》の世界だけがあらわになる。このことを「毫釐《ごうり》も差《しゃ》あれば、天地はるかに隔《へだた》り、違順わずかにおこれば、紛然として心《しん》を失す」と言ったのである。「違順わずかにおこれば、紛然として心を失す」という言葉は、人が己れのために仏を求めるとき、仏への道は途絶するという意にも受容することができる。

「無常」の事実に己れの一切を投托し、「よろづをいとふこころなく、ねがふ心なくて、心におもふことなく、うれふることなき」(『正法眼蔵生死《しょうじ》』)ものとして、至心《しいしん》に打坐《たざ》するとき、自己の坐上に、「真実の光」は久遠《ぐおん》の光芒を放ち、「不滅の道」を果てしなく荘厳するものとなるであろう。それはまさに、「仏のかたよりおこなはれ」(同上)る一真実の世界の現成であり成就である。されば、「此の外別に仏法の求むべき無き」道理である。「喘《あえ》ぎ」のやんだ、人間の「真実の光」に照射された乾坤無塵《けんこんむじん》の世界がここにある。

天保二年(一八三一)正月六日、今際《いまわ》の床《とこ》に良寛さんを見舞った貞心尼《ていしんに》が、

生き死にのさかいはなれてすむ身にも
さらぬ別れのあるぞ悲しき

と歌ったとき、良寛さんは、

うらを見せ表をみせて散るもみじ

と返しました。この日の夕刻、良寛さんは亡くなりました。七十四歳でした。道元禅師の仰せに従うとすれば、七十四年に及んだ良寛さんの生涯は文字通り光明の生涯であったということになります。

ある日、良寛さんのところへ泥棒が入りました。けれども持って行く物が何もありません。しかたなしに彼《か》の泥棒は、良寛さんの寝ている蒲団に手をかけました。良寛さんは寝返りを打ったようなふりをして、泥棒にその蒲団を持って行かせました。泥棒が行ってしまったあと、むっくり起き上がった良寛さんは窓辺によって、澄んだ夜空の月を眺めながら、

盗人《ぬすびと》に取り残されし窓の月

と歌いました。この月は水も火も滅ぼすことのできぬ永遠の月であり、人の思いや、はからいによっては、いかんともなし得ない久遠《くおん》の光明であります。

それを道元禅師は自己の正体と言ったのでありましょう。人はどんな人でも、この月によって生かされております。そのことを古人は「月一つもたぬ草葉の露もなし」と歌いました。誰も彼も例外なしに月に生かされ、月に保たれているのであります。

また「月一つかげさまざまの踊りかな」という句があります。私は初め、この句は盆踊りか秋祭の夜、明るい月の光のもとで樽《たる》の太鼓のリズムにあわせ、差す手引く手も楽しげに、みんな輪になって踊るその姿が地面に黒々と影を落とし、いろいろに形を変えながら踊りにつれて動いてゆく、そんな様子の面白さを詠んだものとばかり思っておりました。

しかし日本の言葉で月影と言うとき、それは月の光がものに遮《さえぎ》られて地上に落とすシルエットや、あるいはシャドーという意味の影ではなくて、月の光そのものを指す言葉であることを知りました。もし月の影をそのように受け取れば、「月一つかげさまざまの踊りかな」というこの句は、全く別の意味に理解することができます。

私どもはこの生《せい》において、内にも外にも多種多様な関わり合いの中で、いろいろな配役を受け持ち、様々な任務を背負って生きてゆかなければなりません。たとえそれが外から要請され、強いられたものであったと致しましても、また己れの内から、自ずから湧き上がり燃え出たものであったと致しましても、その状況や様相のいかんにかかわらず、そのすべてを月の光として受け止め、月の光として行為することができるように思います。

この光をくらますのは、人の思い上がりであり、自己中心的なはからいなのでありましょう。世は無常であり、人には次の瞬間の保証は何もありません。それゆえにこそ人は、強いてこれに生きてゆかねばならんのでありましょう。人がまことにそこに生きたとき、初めて自己を覆《おお》い世を隠している雲が晴れ、真実の光が射し込むことになります。

かくして真実の光とは、山のあなたの空遠くに仰ぎ恋い慕い求めるものではなくして、かえって私において実現されることでありました。道元禅師は、これをしも「此の外別《ほか》に仏法の求むべき無きなり」と申されたのでありましょう。

付編

禅宗の修行

▼五家七宗

いつの頃からそうなったか、はっきりした時期はわからないが、昔から日本の人には老若男女の区別なしに、ずいぶん親しまれている外国のお坊さんがいる。達磨《だるま》さんである。南インドにあった香至国《こうしこく》の、第三王子だという説もあれば、ペルシャの人ではないかといった説もないではない。

達磨さんに関する物語や伝説は、ほとんど中国でつくりあげられたもので、母国のインドにはない。伝説では南海を三年もかかって中国に渡来したという。自ら大変な仏教信者でもあり、また仏教の研究に熱心でもあった梁《りょう》の国の武帝《ぶてい》が、勢いこんで達磨さんと会見したが、何とも話が噛みあわぬ。やがて、河南省嵩山《すうざん》の少林寺にこもった達磨さんは、小さな部屋で専ら坐禅三昧の日を送った。

当時の中国は、異国の文化である仏教の紹介吸収が盛んであった。どうしたらインドの宗教が、中国の人にうけいれられ、完全に消化されて、民衆の生きる根源の力となってゆくことが出来るようになるのか、仏教に直接たずさわる人々の苦心がそこにあった。伝訳、格義、講経の盛んな時代であった。別な表現をすれば、仏教の学問が隆盛の時であった。

ところが、達磨さんは、そんな時代の趨勢には目もくれず、坐禅に明け暮れていたので、世の人は「壁観婆羅門《へきかんばらもん》」と綽名《あだな》した。「壁にむかって坐禅ばかりしている異国の僧」というほどの意である。それが評判になって人々が集るようになったが、達磨さんの仏法は高尚すぎて、なかなか理解されなかったらしい。やがて、慧可《えか》という人が来て熱心に修行し達磨さんの仏法を相伝した。達磨さんは、中国にはじめて本物の禅を伝えてくれた人だというので「神丹初祖《しんたんしょそ》」とよんで崇敬する。慧可は二祖である。

達磨さんの仏法は、やがて中国の大地に深く根を下し、完全に中国的な仏教となって、多くの人々の琴線に触れ、その魂を灌漑するようになる。唐の時代になって、いわゆる禅宗教団が誕生する。宗教は人によって生きるものである。禅が中国の各地に伝播するに随って、さまざまな個性があらわれるようになった。大雑把にいえば、四祖道信《しそどうしん》のもとから牛頭法融《ごずほうゆう》を始祖とする「牛頭禅《ごずぜん》」がうまれ、五祖弘忍《こうにん》の下からは北方に化《け》を張って、天子や皇后の帰依も厚かった神秀《じんしゅう》を長とする「北宗禅」がおこる。

おなじ五祖門下からは、六祖を継承した慧能《えのう》があらわれ、その門流が多く南方に教線を張ったので、これを「南宗禅」と称したりする。六祖の会下《えか》は抜群の禅匠が、ひしめくようにいたが、とりわけ青原《せいげん》行思《ぎょうし》と南嶽懐譲《なんがくえじょう》が傑出しており、二甘露門と称せられた。

やがて青原下から、洞山良价《とうざんりょうかい》とその弟子曹山本寂《そうざんほんじゃく》の名を冠した「曹洞宗」がおこり、ややおくれて雲門文偃《うんもんぶんえん》を祖とする「雲門宗」が成立し、ほとんど時を同じうして、法眼文益《ほうげんもんえき》による「法眼宗」が誕生する。一方、南嶽下からは、百丈《ひゃくじょう》門下の潙山霊祐《いさんれいゆう》とその弟子仰山慧寂《きょうざんえじゃく》の名を借りた「潙仰宗《いぎょうしゅう》」がうまれ、臨済義玄《りんざいぎげん》を仰いで「臨済宗」が組織される。以上が「五家《ごけ》」と称せられた禅の流れであるが、その臨済下から、楊岐方会《ようぎほうえ》を中心とする「楊岐派」、黄龍慧南《おうりゅうえなん》を核とする「黄龍派」がおこり、前の五家に後の二派を加えて一口に「五家七宗《ごけしちしゅう》」というようになった。

「五家七宗」といっても、それぞれの特徴や個性について言ったものであろうから、修行者たちは、その何れかに拘束されて、精神の自由を失うということはなかったであろう。しかしながら、時代がすすむにしたがって、自然に消滅したり、他の門に吸収されたりして、宋の末のころには「臨済・曹洞」の二宗と臨済下の「黄龍・楊岐」の二派のみが化を振っていた。

日本に禅がはじめて伝えられたのは奈良時代、法相宗《ほっそうしゅう》の僧道昭《どうしょう》によってであるが、鎌倉時代以後には、都合四十六派の禅が伝えられたという。このうち流派をなしたのが二十四流ある。臨済宗楊岐派に属するものが二十、黄龍派一、曹洞宗三となっている。楊岐派もいくつかの枝派にわかれ、曹洞宗の二流もやがて臨済宗に組みこまれてゆくなど、禅宗の歴史も時代の大きなうねりの中で、さまざまな変容を示しながら今日に到っている。

▼日本の三禅宗

現在、日本の禅には三つの大きな流れがある。曹洞宗と臨済宗と黄檗宗《おうばくしゅう》である。曹洞宗は鎌倉時代、道元禅師が中国に渡り、五カ年にわたる苦修練行《くしゅれんぎょう》と参学の果てに、その師如浄《にょじょう》禅師から学び、これを伝承した禅であるが、道元禅師の深い宗教経験に裏打ちされたこの禅は、中国曹洞宗の直線的延長上にあるのではなく、まさに日本の禅、永平道元禅師の仏法として、深く日本文化の中に浸透した。

道元禅師より早く宋に入り禅を伝えた人に栄西禅師がいる。栄西禅師は茶祖としても有名であるが、黄龍派の禅を継承して建仁寺《けんにんじ》を開き、禅宗挙揚《こよう》に大いに力を尽くした。鎌倉時代から室町時代にかけては、入宋して禅を学ぶ僧も多かったが、かの地から渡来して禅風を振った僧も少なからずあり、京都、鎌倉はその中心地の観を呈した。江戸時代に入ると、臨済宗の隠元隆琦《いんげんりゅうき》が来朝して黄檗宗を開き、その時代の禅宗各派に大きな影響を与えた。

臨済も曹洞も黄檗も、日本の国に根を下してから、順風満帆の勢で今日の隆昌をみたのではない。各宗とも頗《すこぶ》る起伏と波瀾に富んだ歴史をその背景にもっている。江戸時代には仏教各宗は徳川幕府の掌握と管轄下におかれ、厳しい監視と保護の下に、行政や民政にかかわる役割をも負荷《ふか》されるようになった。その背景には切利支丹の禁令がある。檀家制度は、いわばそういった時代の要請として組織され、成立したものといってよいであろう。

日本曹洞宗は、道元禅師を高祖と仰ぎ瑩山《けいざん》禅師を太祖《たいそ》と崇《たっと》んでいる。瑩山禅師は道元禅師より四代目の祖師であるが、宗団拡大の始祖となった。曹洞宗は下級武士や土豪、農民等の間に教線を拡大し、やがて大宗門として発展するようになる。これらの事に従事したのは、主として僧堂で修行をつみ、人間としても訓練された僧たちによってであった。彼等は武士や農民たちに、高尚な仏法の道理を説いたのではなかったであろう。肉体の労働をもって、真剣に今日を生き明日を生きてゆかねばならぬ人々にとって、せめてもの要求は、何よりもまず直接に自分たちの労苦を慰めてくれる話であり法要であった。渇する者が水を求めるように彼等は心の憩いを求めていたにちがいない。永平門下の僧たちは、そういった人々の要求にこたえるべく自らを運び、力をつくした。

道元禅師の仏法の生命は「只管打坐《しかんたざ》」である。「只管打坐」の宗要は、おのれの方に「仏」を引きずり下してくるのではなしに、「仏」の側に自己を投げ入れることである。その宗教の綱格が僧たちの血となり肉となって、人々の心田を耕し潤したのである。その地道な、ひたむきな曹洞の禅を評して「曹洞土民」という言葉がある。

これに対して臨済宗は、為政者や上流社会の人々に多くの信者をもち、ある意味では日本を代表する文化開拓の一翼を担った。「臨済将軍」の名のある所以《ゆえん》である。茶・庭園・建築・書画・文学その他、もろもろの文化に果たした臨済僧の役割は絶大である。時代の変遷にしたがって、初期の臨済宗は一時衰退したが、これを復興したのは白隠禅師である。白隠禅師は現代臨済宗に屹立《きつりつ》する一大巨峰である。

臨済宗の宗風は、古聖先哲《こしょうせんてつ》が真の宗教的覚醒を得る契機となった事件や言句、ないしは条件や物事を一つの素材とし、それを修行者に与え、必死の修練工夫を加えることによって、本人自身を真に覚醒せしむところにある。重要なことは、その開悟が自分の独りよがりであったり、本人の精神的独占物として閉鎖格納されてはいけないということである。自己存在の至極をあきらめ、精神の栄光に目覚めた人は、なによりもまず人のために、社会のために、立ってはたらく者とならなければならぬ。ここでも矢張り、己れを尽くしてつとめることが畢生《ひっせい》の大事であるとされる。

宇治にある黄檗山万福寺は明朝風の堂々たる大伽藍である。寛政十一年（一七九九）宇治に遊んだ長門の俳人、一字庵菊舎尼がよんだ「山門を出ずれば日本ぞ茶摘歌」という句の刻みこまれた小さな碑が、山門のそばにある。明朝風の文化や文物をそのままもちこんだ隠元禅師の渡来は、当時の禅界を容赦なく衝撃した。曹洞・臨済両宗には容檗派と反檗派が反目しあい、かまびすしく是非の論をたたかわせた。黄檗の宗旨は念仏によって禅の至極を達するにある。黄檗で「即心即仏《そくしんそくぶつ》」というとき、その「心」は念仏を唱える「心」であり、その「仏」は「阿弥陀仏」である。すでに中国では古くから「己身《こしん》の浄土、唯心《ゆいしん》の弥陀」ということが言われ、また信じられていた。「一心浄土の法門は弥陀の聖号を示す」とは隠元禅師の言葉である。現在も台湾、中国本土にみられる仏教の形態は、多く念仏禅であるという。念仏禅は、中国人の宗教意識や体質に最も適合する形態であるのかもしれない。

▼まことを以って生きる

以上のべてきたように「禅宗」という呼び名は一つでも、その内容は多様である。宗教は、その教の開祖によって説かれたことが絶対であると信じ、これを受用するところに、生きたものとして機能する。その宗徒にとって、宗祖や開祖のお説きになった教えは、比類なき真理の言葉であり、その行実は無上の真実である。しかし、これを受けいれる側の意識のあり方や心情は、かならずしも一様であるということはできない。その時代により、地域により、人によって様々に変容することを余儀なくされる。たとえば、出家して独身のまま僧院に共同生活をする人と、妻子眷族をかかえ、そこから派生するいろいろな問題に悩みながら、満員電車にゆられて通勤する人とは、同じ仏教を学ぶにも、これを受容する意識や心情や、ないしはその態度におのずから大きな差異を生ずるであろう。

その宗団が、誇り高くもつところの、宗義や教説や実践の在り方などよりは、コップ一杯の酒の方が、よほど心を慰め魂を憩わせてくれることか。妻子と交す、たあいのない雑談や笑顔の方が、どれほど明日に生きるための力となることか。それが多くの人たちの本音であるにちがいない。また一方で信仰に汚される人がある。神仏の名による陶酔の深さが、信仰の深さだと思いこんでいる人もある。

「禅」という名でよばれる宗教は、いずれも「醒めている」ことを眼目とする。信仰は精神の陶酔や銘酊ではない。独りよがりでもない。また「信心」を代償とする神仏との取り引き行為でもない。誰人にも代ってもらうことのできない、そして、次の瞬間の保障が何ひとつない自己の生の現実をはっきりと見きわめて、「いま」「ここ」の自己を完遂《かんすい》して生きてゆくということである。

生きている限り、好むと否とにかかわらず、人はさまざまな配役につかざるを得ない。食事をし排泄をし、入浴し談話する。そういった個人に直接する生活の基本的あり方や、対社会的な人間関係や、さまざまな問題と、またそれに関連して派生する種々な事柄への対応や処理の仕方にいたるまで、そのひとつひとつが自己を完遂する「場」であり、「道」を成就する「時」である。休むときには、休むときの用心があり、寝るときには寝るときの心得があると古人はいう。「括弧《かっこ》」でつつんだ特別な修行も、勿論、重要であり大切であるにちがいないが、心に思っても、思うだけでなかなか果たせないのが実情であろう。ゴルフには早朝からいそいそ出かける人は多いが、同じように坐禅する人は少ない。麻雀で徹夜する人は少なくないが、徹宵して坐禅する人は稀である。

人は一生修行だという。坐禅だけが本当の修行で、あとは修行でないということは出来ぬ。人は、「いつ」でも「どこ」でも「どんなとき」でも「いくつ」になっても修行である。ただし、見返りをあてにして修行すると、修行が苦行になり取り引きになって、汚れてしまう。修行にも、物欲しそうな人間の薄ぎたない手垢《てあか》に染った「よごれた修行」のあることも知っておかねばならぬ。

自分にも行きづまらず、社会にも滞《とどこお》らず、たといどんな境遇にめぐりあっても、畢竟《ひっきょう》「人にうまれてきて良かった」と感謝して瞑目できるように、一所懸命に、己れを尽くし、まことを以って生きる。それが、三つの流れをもつ「禅」に共通な、修行の基本的あり方であるように思う。

詳しいことは菩提寺の和尚さまに聞かれるとよい。ほんとうは、やる気があっても無くても、強いて坐禅するとよい。坐禅は強いてしなければ出来るものではない。ただ、仏法の独学はしない方がよい。かならず正師《しょうし》の導きをうけなければならぬ。そうでなければ、独善に陥るか邪路にさ迷ってしまうかの何れかである。思いきって「よき人」をたずね、その導きをうけることが理想的である。そんなことについてもまた、お寺さまに聞いてみることをおすすめする。きっと親切な答えが返ってくる筈《はず》である。

（『大法輪』昭和60年12月号「特集・仏教と世界の宗教にみる修行」より）

孤雲懐奘

鎌倉時代の禅僧で、日本を代表する仏者の一人である道元禅師（一二〇〇～一二五三）の高弟で、禅師の仏法護持のために、その生涯を尽くし抜いて全うした孤雲懐奘《こうんえじょう》は、建久九年（一一九八）、京洛に出生したと伝えるが、その出生については、九条大相国為通の曾孫、鳥飼中納言為実卿の孫であるとしながらも、なぜか、その父の名も、また、母の俗姓も名も明らかにしない。『伝』のごとくならば懐奘は、十八歳で比叡山に出家し、天台の教観はもとより、倶舎《くしゃ》・成実《じょうじつ》・三論《さんろん》・法相《ほっそう》等、主要な仏教の学問を修《しゅ》習《じゅう》したというが、その出家の動機についても、また、明らかではない。

母は、深く仏法に帰依した心の篤い人であったらしく、一日、懐奘は、「ワレ汝ヂヲ出家セシムルコロザシ、上綱ノ位ヲ補シテ公上ノマジワリヲナセトオモハズ、タダ名利《みょうり》ノ学業ヲナサズ、黒衣《こくえ》ノ非人ニシテ、背後ニ笠ヲカケ、往来、タダ、カチ（徒歩）ヨリユケトオモフノミナリ」という母の慈誨を聞き、翻然《ほんぜん》として比叡山を下る。『伝』には、「忽《にわか》ニ衣ヲカヱテ、フタタビ山ニノボラズ」とある。比叡山での学問修行が、権勢を誇り社交の具となって、宮廷人や権力中枢にある人々との華やかな交流を持つということが、その頃多く見られたに違いない。懐奘の母は、わが子にそれを固く誡めたのである。「黒衣ノ非人」とは、紫衣金襴《しえきんらん》を身に纏《まと》う高位の僧ではなく、粗衣を被着し、粗食に甘んじ、一筋に仏道を修行する真箇の出家沙門の意である。懐奘は生涯、慈母の遺命《ゆいめい》を守りとおし、遂に節をまげることはなかった。

比叡山を背にした懐奘は、浄土宗を開いた法然（一一三三～一二一二）の高弟で、後に同宗西山派の祖と仰がれる證空《しょうくう》（一一七七～一二四七）を、西山の善峰寺に訪ねて念仏門の奥義《おうぎ》を極め、さらに、大和の多武峰《とうのみね》にあって、独自の禅風を振っていた日本達磨宗の二祖、覚晏《かくあん》（不詳）の門をたたいて、その宗要を得たという。

安貞二年（一二二八）は、およそ五年に及ぶ参学を終わって、宋より帰国した道元禅師が、建仁寺に落ち着かれた年であり、また、興福寺の衆徒によって多武峰が焼き払われた年でもある。この年、懐奘は、初めて道元禅師を訪ねた。すでに叡山に西天東土の秘教を探り、念仏の法門を学し、臨済宗楊岐派《ようぎは》下の禅法についても宗要を得ている懐奘である。新帰朝の道元禅師を験する気持ちが、全くなかったとは言いきれぬ。

初めの二、三回、両者の見解は如同した。それが、回を重ねるごとに己の見解とは全く異なる道元禅師の法要を聞いて懐奘は、禅師に帰依の衷情《ちゅうじょう》を吐露した。しかし禅師は建仁寺に仮寓の身であることを理由に、時の熟しを俟《ま》つべく諭《さと》して訣《わか》れた。

再び懐奘が禅師を訪ねたのは、それから六年後の、文暦元年（一二三四）も暮れ近くになってからである。

その直後の頃から懐奘は、常に禅師の身辺に侍《じ》して、日常生活の間における説示や、質疑の応酬・問答の往来等を丹念に記録し始める。この筆録は約四年後の嘉禎四年（一二三八）の晩秋の頃までつづく。『正法眼蔵随聞記』（全六巻）の誕生である。

懐奘は道元禅師より二歳の年長であるが、数え三十五歳の暮れ、禅師の膝下《しっか》に投じてからの懐奘は、あたかも影の形に随うがごとく侍し、心を尽くして倦《う》むことはなかった。『伝』のごとくならば懐奘は、禅師に仕えた二十年の間に、師命によって病を養った十日間以外は、師の顔に向かわなかった日はないといい、余の人が聞いて懐奘が聞かなかった禅師の話は、全くなかったという。

懐奘は、道元禅師とその仏法のために、至誠の限りを尽くした無垢《むく》の道人であり、無私の仏者であった。懐奘の禅師に対する赤心は、禅師の滅後も、生前といささかも変わることなく捧げられた。懐奘は、禅師から譲られた禅師御自縫のお袈裟を常に着用され、また、自室に禅師の御影《みえい》を安じ、夜間に珍重《ちんちょう》（お休みなさいませの意）、朝《あした》に和南《わなん》（挨拶の礼拝）して一日も怠らず、生々世々《しょうじょうせせ》を尽くして奉侍せんことを希った。

懐奘は、道元禅師の仏法の保護任持のために、生涯をかけて身心を傾け精魂を弄《ろう》した。そのために、道元禅師の主著『正法眼蔵』の書写・保存・伝持に努力し、禅師一代の説法・説示・法語・偈頌《げじゅ》等の蒐《しゅう》録《ろく》（世に『永平広録《えいへいこうろく》』という）に尽瘁《じんすい》し、「正伝《しょうでん》の仏法」伝持の人物を教養打出《たしゅつ》することに努め、そのための道場である伽藍の整備や、規矩《きく》（清規《しんぎ》）の厳正とに心魂を傾けた。

しかし、だからといって懐奘は、声高かにこれを門弟に号令し、時代に呼号したのではない。懐奘は寡黙《かもく》の人である。否、むしろ沈黙の道者であった。

道元禅師への随参の記録『正法眼蔵随聞記』も、懐奘自身ではなくその門人たちが、懐奘の手控えとしての記録やメモを編集して六巻にまとめ、その功を懐奘に帰したのではないかと推測する学者もあり、また、懐奘の最晩年における、そして、唯一の著作であると信じられ伝承されている『光明蔵三昧《こうみょうぞうざんまい》』についても、その著述者は、懐奘でないのではないかと、疑念を呈する人もいる。

いずれにしても懐奘は「正伝の仏法」護持の赤誠に身を焼きながら、どこまでも「おのれ」を伏して顕《あらわ》そうとしなかったところの、清冽な地下水のような道者であった。

弘安三年（一二八〇）四月、病床に臥した懐奘は、禅師と同じ日にみまかることを希《ねが》い、また、自分の遺骨は禅師の側に埋めるだけで、別に塔を立てることも、わがためにする法要も、すべて無用であると遺誡《ゆいかい》した。かくて懐奘は、禅師の忌日に先立つ四日前、同年八月二十四日の夜半、示寂《じじゃく》した。この日の夕方懐奘は「先師（道元禅師）は半夜に円寂せり、予もまたこれを慕う、丑《うし》（午前二時）に至って往くべし」と門人たちに告げたが、果たして、その刻限に寂を示したのであった。

懐奘は、どこまでも道元禅師を慕い、禅師に殉じ抜いた孝順の仏子であった。世寿八十三歳。遺偈《ゆいげ》にいう。

　八十三年　夢幻のごとし
　一生の罪犯　弥天《みてん》を覆《おお》う

而今《にこん》　足下無絲《むし》にして去《ゆ》く
虚空を蹈翻《とうほん》して　地泉《よみ》に没す
（私訳）八十三年夢のごと
　犯せし罪は天に充つ
　今や足下に何もなし
　自在に趣く地泉の国

かかる懐奘の遺偈は、

六十六年罪過弥天《ざいかみてん》
箇の踍跳《ぼっちょう》を打《た》し
活きながら黄泉に陥つ
咦《いい》
従来生死《しょうじ》あい干《あずか》らず
（私訳）六十六年の生涯に犯せし罪は天に充つ
　（臨終の）時を契機に跳りはね
　生きたままゆく黄泉《よみ》の国

ああ
生と死を超ゆ無限の道《どう》

という如浄《にょじょう》（道元禅師の師）のそれと如同する。それはまた、如浄の遺偈を踏んだ道元禅師の心操に一如するものでもある。

懐奘は、かつて「罪業の所感醜陋《しゅうろう》の質、人中第一の極悪人〈（私訳）いと罪深き醜きわれは、救いがたなき非道の人よ〉云々」と、自書したことがある。この深刻な罪業感が、何に由来するのかもまた明らかではないが、遺偈にみる限り懐奘は、その最も深い魂の内面を、悽絶《せいぜつ》に苛《さいな》みつづけてきた罪業感を完全に払拭し、自らを束縛してやまなかった業障《ごっしょう》の糸も、消え去り潰《つい》え果てて、今や、生死あいあずからざる悠久なる精神の天空に、自在に飛翔したのである。懐奘にそれをもたらしたのは道元禅師である。その仏法であり教導であり、そして、その人格である。

もしかしたら懐奘の、道元禅師に対する比類なき帰依と随順の行実は、このことに起因する報恩と感謝の誠と、赤き心の表白であったのかも知れぬ。そして、そのような懐奘の生涯を、徹頭徹尾貫き通してこれを支えたのは、若き日の悲母の慈誨であったように思われてならぬ。

まことに懐奘は、無私に生きた祖席の雄将であり、沈黙の巨聖であったと言うことが出来るのではないだろうか。

（『遺偈・遺誡』平成10年9月、大法輪閣刊より）

人生を決めた仏教書〈『禅談』『正法眼蔵随聞記』など〉

◆沢木興道『禅談』

そのころ、私は病院の書生をしていた。病院は東京神田の九段下にあり、院長は美髭を貯えた俠気《きょうき》の人であった。院長の父親はクリスチャンで、看護婦学校を経営する偉丈夫であり、母親は小柄だが十二人の子をなした人である。

着校後の身体検査で、手術を要する病を発見され、やむなく航空学校を一時退去せざるを得なかった文なしの一少年に、六度の手術と入院を以って遇してくれたのは、俠魂の院長であり、その両親であった。

無償の恩義に酬ゆるには、身を粉《こ》にして働くしかない。入校までの間、その病院の書生となって懸命につくした。一日、はしなくも頂戴した給料を、薬餌《やくじ》の払えぬ人にかわり、内緒で支払ったことが露見して、院長の母親にひどく叱られた揚句《あげく》、今日は何を買ってもよいと言いわたされ、僅かな自由時間を与えられた。

九段下から淡路町までは、よく知られた古書の街である。勝手知った街並みや小路の書店を覗きこみながら、適当な書物にめぐりあえず、殆《ほと》んどあきらめかけて、最後に手にした本が、沢木興道老師の『禅談』（大法輪閣刊）であった。

心のどこかで、たえず自殺を考えているような暗い少年であった私の魂に、この書は鮮烈な光明をもたらしてくれた。勿体《もったい》ぶった説教臭や、持ってまわった宗教者に特有な翳《かげ》りがない。その真率《しんそつ》な語り口が、生きることに孤立して、硬直せざるを得なかった少年の心の窓を、大きく押し開いてくれたのだ。

足許に宵闇の迫った店頭で立読みしたとき、この著者は人間の悲しみのわかる人であり、まことに人の痛みを知った人だと思った。作りもののない透明な爽やかさが、はらわたの底までぢかに響いて来るようであった。

巻末に掲載されている「坐禅の仕方」に導かれて、坐禅に親しむようになった。自分の狭い了見ではなしに、この一法が丸ごと俺をたすけてくれると、真剣に思った。深夜の内務班で、外出先の寺の一室で、しばしば壮烈といってもよい坐禅の時を持った。

細木原青起《ほそきばらせいき》画伯の挿絵がよかったし、老師の似顔絵が、とりわけ印象に深くのこった。

昭和十三年二月の第一刷は、四月にはもう三版を重ね、昭和五十九年には復刊第九刷目が世に送り出された。普通名詞である筈の「禅談」は、沢木興道老師の「禅談」となり、時代をこえて今も生きている。

◆高神覚昇『般若心経講義』

昭和十八年末、戦局はようやく苛烈をきわめ、憂色は頓《とみ》にその濃さを増していた。身心共に純潔のまま祖国に殉じよう。それが私に与えられた天の命であり、私が遂行すべき光栄ある義務のひとつである。そんな思いがあった。それにもかかわらず己が内面には、およそこれとは正反対の、いぢましく、うす汚れた想いだけが明滅し、あぶくのように湧き上っては心の水面《みずも》にはじけて散った。

下級兵士に個人的苦悩を訴えるすべはない。一個の人間は、その人格を問われるより以前に、肉弾となるべき戦力の消耗品としての意味しかもたぬ。人格やその内面的苦悩は、戦力評価の完全なる埒外《らちがい》にあった。

殉国に燃える心の帰趨《きすう》を、それとは矛盾する自己の上に、どのように調和せしめ、整合させてゆくべきか。それは、その時代に生きた、そして死と直面せざるを得なかった一少年の、いかにも切実な求めであったと言ってよい。

すでに出版も統制令下にあり、地方の本屋の書棚には、かなりの空隙があった。そんな状況の中で入手したのが、高神覚昇の『般若心経講義』である。

第一書房刊行の手垢によごれたその本は、戦火に失った。昭和二十三年、焼けのこった神田の書店で、再刊された講談社版にめぐりあい、懐かしい思いと一緒に購入した。一金六十円也であった。この年、著者は世を去っている。五十四歳であった。いま、とうに還暦を過ぎた年になって、改めてこの本を読み返してみても、変らぬ新鮮な魅力があり、教えられることばかりである。

苦悩した青春の日、たまらず飛び込んだ寺の和尚の、扇子を素材に教えてくれた「空」と「色」の説明より、活字の本書から学んだことの方が生きていた。必死の少年の、ひたむきな熱望と心の渇きを、柔らかく癒《いや》してくれた忘れ難い書物のひとつである。

◆道元禅師『正法眼蔵随聞記』

戦争が終った翌年の秋、落下傘袋一つを背に、落葉の小径を越えて貧しい禅寺の小僧になった。寺は宗門から指定せられた専門僧堂の一つで、十余名の雲水が起居しており、空き腹をかかえながらも活気に充ちていた。

ある日、一人の雲水が「これ読んでみないか」といって、一冊の和書を貸してくれた。かなり傷んでいたが、青色の表紙をはぐると、いちばん初めに「正法眼蔵随聞記」とあり、片仮名まじりの文がつづいていた。

隙間風に背をまるめ、かじかむ手に息を吹きかけながら、穂先のちびた筆で書き写す作業をはじめたが、第一巻の半ばにも達せぬうちに、中断せざるを得なくなった。彼が自分の師僧の許に帰ることになったからである。

何年か後、東京渋谷の古本屋で文庫本を手に入れた。大学を卒業するまで殆《ほと》んど軍服を着ていたが、文庫本は上衣の物入れにはいるので、持ち歩いて読むのに都合がよかった。

そのうちに、朱や青の傍線で行間が埋められ、綴ぢ糸が切れてボロボロになった。それで、また古本屋の書棚をたずねたりした。

『随聞記』には道元の肉声がある。これを編集した懐奘《えじょう》も、深い業苦《ごうく》にさいなまれた悲しい人であったにちがいない。

「先聖《せんしょう》必ずしも金骨にあらず、古人豈《あ》に咸《ことごと》く皆上器ならんや」といい、

「仏々祖々、皆な本は凡夫なり。凡夫の時は必《かならず》しも悪業《あくごう》もあり、悪心もあり、鈍もあり、痴もあり」と説き、

「古へも皆な苦を忍び寒にたゑて、愁ひながら修行せしなり。今の学者苦るしく愁《うれう》るとも、只《ただ》しひて学道すべきなり」と示されている。

はじめてこの文を読んだとき、肚《はら》の底からこみあげてくるものを抑えきれず、声をあげて泣いた。学問的なむつかしいことは、私にはどうでもよかった。この言葉は、道元が私自身に直接語りかけてくれたように思えてならなかった。

『随聞記』は、私に対する道元の驀直《まくじき》なる呼びかけである。『正法眼蔵随聞記』の中からは、たしかに古仏永平道元の、生《なま》の御声がきこえてくる。

日まさに暮れなんとして、道いよいよ遥《はる》けき今、何冊目かの『随聞記』から、小僧になった日のころと、少しも変ることのない慰めと激励をうけつづけている。

（『大法輪』昭和62年11月号「特集・人生を決めた仏教書」より）

禅僧の臨終〈沢木興道〉

沢木興道は、他にあまり例をみない酷薄な命運の中に長じ、そして人となった。興道が担《にな》わざるを得なかった非情な「負《ふ》」の暦日は、日露の戦役に出征した興道の戦死を当てにし、それによって政府から給付されるであろうところの、遺族年金その他を見込んで、博打《ばくち》や遊興に費《つか》い果たした上、さらに莫大な借金を残し、その悉《ことごと》くを興道に背負わせた養父の死後も、なお続いた。興道にふりかかった雑多な悲運は、かなり後年まで折り重っている。

沢木興道老師

それにもかかわらず興道の生涯は、底抜けに明るく清らかで、そして温かい。

わくら葉の吹き溜《だま》りのような、遊廓《ゆうかく》の裏町で育ちながら少年興道は、金や物や名誉などによっては、決して置き換えることのできぬ、人の「まこと」を学び、廓《くるわ》に遊んだ中年男の、秘め事中の突然死の様《さま》をみて、無常の事実を直《じ》かに知った。興道をとりまいた汚濁《おだく》の環境と悲命は、しかしながら興道の人間性と宗教を、限りなく深める根源の力となったのである。

興道は人間の「痛み」や「悲しさ」や「物欲しさ」を知悉《ちしつ》し、人情の機微を、実によく心得ていた。それが「床の間の置き物」にはならない「生きた仏法」として、人の心を、楽しませ、洗い、清め、慰め、力づけ、灯《ひ》をともし、豊かにし、勇気を起こさせ、反省せしめた。

「頭を剃《そ》り、お袈裟を搭《か》け、坐禅して、それでおしまい」と語った興道は、仏法には極めて森厳《しんげん》に、自己にはいとも峻烈であったが、他に対しては可成りに寛容であった。金品や名誉への執われは微塵もなく、「法」のため「道」のため「人」のために、労を厭《いと》い骨身を惜しむ気配や風情《ふぜい》は寸毫《すんごう》もなかった。そして、最後まで他の為に気を遣《つか》い、慎《つつ》ましく謙虚であり、よく堪《こら》えた人であった。

昭和三十八年（一九六三）六月二十五日、極度に身体の衰えをみせた興道は、それまで果たしてきた一切の任と役目を退き、京都の安泰寺《あんたいじ》に隠棲した。

居室となった安泰寺の二階の部屋からは、鷹《たか》ヶ峰《みね》がよく見え、雲の往来もまた興趣《きょうしゅ》を添えた。次第に篤《あつ》くなってゆく病の床で、興道は鷹ヶ峰と語らい雲と愉《たのし》んだ。身近に侍《はべ》る弟子達や見舞の客に、興道は時折りそのことを、しみじみした口調で語らった。

「来来去去山中の人」と、句を起こした宏智正覚《わんししょうがく》（一〇九一〜一一五七）の偈《げ》（仏法の詩）を承けて永平道元は、「山中の人は愛山の人なるべし、去去来来山これ身、山これ身、身いまだ我《われ》ならず、さらに何れの処にか一根塵《こんじん》を著《つ》けん」と頌《じゅ》した。「山」は、「われなき真実の象徴」である。

道元はまた、「生死憐れむべし雲の変更」とも賦した。慕古《もこ》の赤心に生きた興道の心窓に去来したのは、或はその「山」であり「雲」であったのかも知れぬ。

興道は終焉《しゅうえん》のとき、何も言わなかった。ただ静かに瞑目《めいもく》したのみである。

かくて「何にもならぬ坐禅」に一生を捧げ尽くした「宿なし興道」の、八十六年に及んだ壮絶な生涯は終った。時に昭和四十年（一九六五）十二月二十一日午前一時五十分であった。

生前の指示により、浄められた遺骸は京都大学医学部に献体され、その日から四十九日の間、「接心葬（坐禅のみによる葬儀）」が営まれた。それは「赤肉団辺《しゃくにくだんぺん》に古風を振」い、純乎《じゅんこ》として古仏《こぶつ》道元の仏法に生きぬいた祖席《そせき》の雄将沙門興道の、終焉を荘厳《しょうごん》するにふさわしい葬儀であった。

（『大法輪』平成6年10月号「特集・禅僧の臨終―その死に方と遺偈」より）

赤心の人〈沢木興道老師を偲ぶ〉

▼おとこ気

町外れから、低い山なみに沿って一筋の街道が奥の方につづいている。向い側の山との間に田圃が連なり、それがだんだん狭くなって、山裾に詰って途切れるあたりに、見上げるような石の碑があり、そこから岐れた道が左に折れると急に上り坂になり、その先に小さな峠がある。

昭和二十三年の師走、臘八接心《ろうはちせっしん》に来到される沢木興道老師を、町の小さな電車の駅まで私は迎えに出た。寺から町まで小一里はある。この前のときは雨だった。雨装束に身を固めた小柄な老師を、改札口の雑沓に見失って、老師より後に寺に到着し、師僧よりひどく叱られたことのある私は、その失敗を繰りかえすまいと眼をこらした。

老師は足速やである。私は後に随う。町中《まちなか》の小間物屋に入って、買物をされる老師に遠慮し、やや下って控えていると、

「これ、お負けしときます」

という内儀の言葉に続いて、老師の声がした。

「いや、負けていらん」

老師が、天草宗心寺《そうしんじ》の小僧であったころ、四本柱に覆《おお》いがあるだけの小屋に住み、籾殻《もみがら》の中に寝、一枚しかない着物を親子が共同で着ていたという、村いちばんの貧乏者だった「藤《とう》」の父親が死んだとき、自分の着物を脱いで「藤」に着せ、有り金を全部はたいて村人に馳走し、心をこめて葬式を出さずにはおれなかった老師の侠気や、もっと幼いころ、自分に親切にしてくれた婆ちゃんが、「足が冷える」といったのを聞き、自分の懐にその足を入れて温めようとした老師の、純な気持がここに一筋に連っているように思える。

折角のサービスを、にべもなく断られた内儀の、爽やかな、明るい笑い声がきこえた。その声を背に老師は、小さく跳びあがるような仕草で、買った小間物を頭陀袋《ずだぶくろ》に入れながら出口に向った。

▼脇見なし

町の外れから川が山沿いになる。川の向う側の切りたった丘の上に、こんど中学校の校舎が建つという。前回、老師が来られたときには、まだその話を耳にしていなかったので、この土地の新しいニュースを伝えるつもりで、そのことを切り出した。

日頃、「人に接するときは、いささかなりとも話をして、無聊《ぶりょう》を慰めるのが、小僧のつとめであり、長上に対する礼儀というものだ」と師僧は教訓した。「聞く側からすれば、つれづれに新しい事を知らせて貰うのは、嬉しいものだ。見聞を広めるという意味においてもナ」とも言った。

小僧になって日も浅く、坊様の世界のことなど全く無知で不案内であった私にとって、そういった師僧の訓えや言葉は、絶対であったし、それが、人の生きてゆく上での一種の大切な指標のように思えた。それゆえ、私はそのことを素直に実行しようとしていた。

しかし老師は「あそこに今度、新しく中学校が建つそうです」という私の言葉には、全く無表情で、何の反応も示さず、口を真一文字に結び、視線を真正面に向けたまま、歩速もその儘《まま》に歩きつづける。

このときの老師の表情は、人間の小賢しい処世の術やそのあり方を、厳しく、そして、頑《かたく》なに拒んでいるように見えた。

それは丁度、すべてのものを峻絶して、とりつくすべもない巨大な巌の壁面が、天空高く垂直にそそり立って、果てしなく続いているような、孤独で、そして、透明な精神の城砦《じょうさい》を垣間みる思いであった。

その後、「きょろ、きょろ、するナ」という老師のド太い声を聞くたびに、私はこの時の老師の、巌のような表情を思い出す。それから何十年も経た今でも、その表情は、その声と共に私の中に生きつづけている。

▼仏法領のもの

道が、これからいよいよ奥の方にさしかかろうとする途中で、老師は、痰《たん》のからんだような咳払いをした。

明治三十七年八月末日は、日露戦争の中でも、激戦をもって知られた首山堡《しゅざんぽ》の戦いである。この日、老師は重傷を負った。弾丸が首筋から口へ抜けて舌を断ち切ったのだ。おそらくそれが原因だったのであろう老師は、しばしば、痰のからんだような咳をした。

この時も老師は、袖からチリ紙を出すと、痰と唾をそれで始末し、紙を懐中に戻すと、その儘《まま》、何事もなかったように歩き出した。

人っ子ひとり通っていない田舎の狭い土の街道である。路の両脇は枯草におおわれている。そこへ痰や唾を吐いたとしても、ほとんど痕跡はとどめないし、第一、誰も見てはいない。かりに見る者があったとしても、それを咎《とが》める者など、おそらくは居ないであろう。しかしながら老師は、素速く、しかも丁寧に始末すると、それを再び懐中にし、表情を変えることはなかった。これはいったい、どういうことなのか。

寺の庫裏《くり》、つまり台所へ行く脇の出入り口の外側に、低い竹の矢来で囲った便所があった。便所とは名ばかりで、大きくもない甕《かめ》が一箇埋めてあるだけで、周囲を遮《さえぎ》るものなど何ひとつない簡便なものである。ある時、そこで用を足しながら、何気なしに甕の中に唾を吐いたことがある。夕方になって、古くからその寺に出入りしていた初老の婦人に声をかけられた。婦人は、

「あんた、先刻《さっき》、用を足しながら便器の中に唾を吐いたが、あんなことをしてはいけない。お前さんの小便は、烏枢沙摩様《うすさま》が粗相のないように、ちゃんと受けとっていて下さるのに、そこへ唾をするということは烏枢沙摩様の顔に唾を吐きかけるということで、大変無礼な仕打ちであるから、決して為《し》てはいけない。自分の顔に唾を吐きかけられたら、どんな気持がするか」

という意味のことを、穏やかな口振りで語り、若い私の不行儀をたしなめてくれた。「烏枢沙摩様」とは、「烏枢沙摩明王」といい、古来から、東司《とうす》（便所）の守護神と信じられ、祠《まつ》られてきた。

老師には、それと関連するような素朴な信心が身についていて、自然に痰や唾を始末されたのか、外に理由があったのか。

明治・大正を通じての、高名な念仏者であった村田静照《じょうしょう》和上が、京の三条の橋の上でふと立ちどまり、そこに落ちていた紙切れを拾い、そっと袖にしのばせた。紙片は往来の人に踏まれ、泥にひどく汚れていた。それをみたお供の者が、「和上さま、勿体《もったい》ない」と言って恐縮すると、静照和上は、「仏法領のものじゃでのう」と答えたという。

この話の主人公は村田静照和上ではなくて、あるいは七里恒順《しちりごうじゅん》和上かも知れぬ。恒順和上もまた一世の念仏者で、静照和上の念仏相続の師に当る。静照和上は老師と同じ、伊勢一身田《いっしんでん》の出身で、浄土真宗高田派の仏者である。老師も二十七歳のころ、高田派の専門学校に入って仏法を学んだ。静照和上とは親近感があったに違いない。老師が、この話を、心に銘じていたかどうかは定かではない。しかし老師は、痰や唾を外には吐かなかったし、その後も、そんな老師の姿を見たことなど、一度もない。老師にとって、一木一草は例外なしに「仏法領」のものであり、路傍の土も石塊《いしくれ》も常恒に真実を説きつづける仏界の清浄身《しょうじょうしん》であったのであろう。

痰や唾を常に紙に拭《ぬぐ》うて、遂に外に吐かなかったのには、そんな思いがあったに相違ない。しかし老師はそのことを、決して他者に強いるようなことはしなかった。

▼「**憩い**」

この坂を登りきってしまうと、道が降り坂になって、その先に寺がある。「坂や階段を上る時には、先輩や、殊に老人の腰に手をあてて、上躰を支え、押すようにするものだ。それが、小僧の心配りというものである。よく心掛けるように努めよ」と師僧は教誡し、自らの腰を雲衲《うんのう》たちに押させた。

峠にさしかかったとき、それを実行しようとして老師の腰に手をあてると、「いらっていらん」と言いざま老師は、数歩を駆け上るようにした。

こんど老師に逢ったら御相談申しあげようと思っていたのに、それを切り出す機会が見つからず、何度か逡巡を繰り返していた私は、老師の言葉に何となく気持がほどけて、老師の背中に声をかけた。

農家の屋根を下方に望む峠の斜面の、枯草の上に腰をおろすと老師は、薄緑色の箱の一隅に、淡紅の斜線が画かれてある「憩」の箱から、一本を私に抜きとらせ、自分は別の一本の三分の一ほどを、財布から取り出した握り鋏で切りとり、それを煙管《きせる》につめると、まず私の煙草に火を点け、その火を自分の方に移しながら、「相談とは何か」を問うた。誰にも言えず、独り悶々として長らく抱いていた思いの、ほんの一端を、私は手短かに語った。「寺を出る」相談である。

二年前の秋、必死の思いで寺に飛びこみ頭を剃って貰ったが、忽《たちま》ちにしてその思いは萎《な》え、色褪《いろあ》せてしまった。落下傘袋ひとつを背に、出家すべく出発する日の朝、「坊さんの世界も、同じ人間の娑婆だでネェ」と、しみじみした義姉の言葉を、「そんなことは判っている」と、やや激しく遮《さえぎ》って寺に向ったことや、行商の途中、山の中で出あった風采のあがらぬ中年の男性から、「お坊さんになるなら、今度は、お寺に生まれて来なさいよ」といわれたことなど、いくつもの出来事が、目まぐるしく心窓を去来していた。

「金は貰ったか」

と老師は私に訊いた。「いいえ」と応《いら》えた直ぐあとで、私は「はい」と返事をした。鐚《ビタ》一文、師僧からは貰ってはいない。しかし、寺で食事をし、托鉢した金員のなにがしかを、割り布施として他の雲衲らと平等に貰っている。「金を貰っていない」とは言えない。ことに、食べることについては、幼年のころからの、悲しく、辛く、暗い思い出が、幾重にも折り重って骨の髄まで染《し》み透《とお》っている。一椀の粥飯は、私にとって途方もなく重いものに感じられていた。

はじめ否定しながら、直《す》ぐ応諾の返事に改めたのには、そんな事実への思いが背景にある。そのことを老師に話したわけではない。

「（寺を出奔《しゅっぽん》することは）駄目だな」

と言って立ち上った老師は、衣についた枯草を払った。

「（和尚には）内証にしておいて下さい」

「わかった」

相談は了った。老師は終生、約束を守ってくれた。

老師に接した人は、例外なしに、自分の正面に老師がおわし、老師の視線が一直線に自分の上に注がれていると感じ、まさに、そのように受けとめていた筈《はず》である。それは、僧俗・老若・男女の別を問わない。誰もが「オラが老師」と思い、信じ、慕った。

老師は、どんなお小僧さんでも、得度しない人の下座にすわることを嫌った。老師には、どれほど社会的地位が高く、かつ、老齢で、しかも、自分の膝下《しっか》に何十年も坐禅した久参底の者であったとしても、それが未出家の人である限り、一たび出家受戒した者の上に位置することを、厳しく戒めた。それは法を重くし、身を軽くする沙門の道義であり通則であるが、それを老師は頑《かたく》なに守り通した。

老師は、仏道に己れのすべてを尽くしきった稀有の仏者であった。その人格の、途方もない深さ、大いさ、清らかさ、気高さ、爽やかさ、無邪気さ、そして、作りもののなさは、譬えるものとてない。

「坐禅（仏法）は人生の憩いである」

と老師は仰せられた。私にとって峠の一服は、それに連なる人生の憩いであった。このとき老師六十九歳である。

昭和四十年十二月二十一日、午前一時五十分、老師は京都北区の一隅に遷化《せんげ》された。時に八十五歳六ヶ月であった。

老師に接し、老師に導かれた多くの方々も、今や、次第にこの世から、その姿を消しつつある。

しかし、幾歳になっても、その人格に直接触れたことのある者にとって老師は、限りなく恋しく、懐しく、慕わしい存在であるに違いない。

ことしは、その老師の滅後、丁度、三十三回忌に相当するが、私は依然、曠漠たる裾野の一隅に立ちつくして、仏道に己れを尽くしきって逝かれた、この偉大な仏者の無私の高嶺を、至心《しいしん》に仰ぎ見るばかりである。南無三宝。

（『大法輪』平成9年12月号「特集・真実の禅僧　沢木興道老師を偲ぶ」より）

あとがき（初版）

本書は、昭和六十三年七月から九月まで、ＮＨＫラジオ第二放送の「こころをよむ」という番組において亡父が担当した『正法眼蔵随聞記』の講義録である。

都合十三回、延べ九時間四十五分に及ぶその放送は、すでに日本放送出版協会よりカセットテープによって発売されており、また放送の際にはテキストも発売された。

一般的な感覚からすれば、講義のテキストというのは、その講義の内容とほぼ一致すべきである。ところが父は「テキストに記したことをそのまま話すのであれば、テキストを買って読めば済んでしまう。それでは、せっかく早朝から講義を聞いてくれる聴取者に申し訳ない。だからテキストに引用した『随聞記』の内容を使いながら、テキストとは別の解説を加えるのだ」と話していた。

事実、放送はその通りになった。テキストは学者らしい書きぶりであるのに対して、講義は法話のような話しぶりであって、どちらか片方だけでもそれなりの理解を得られるが、両方が合わさることによってよりふくらみを持ち、実感が湧くものとなった。

その父は、経験（体験することや事実を見聞きすること）の重要性と、経験の限界性をときおり私たち家族に話していた。

いわく、「人にとって経験は重要である。経験しなければ分からないことは数多い。しかしそれは、経験のみが真実を知る方法だということではない。もし、経験がものごとの真実を知り得る唯一の方法だとすれば、道元の真実は道元しか知り得ないのであり、釈尊の真実は釈尊しか知り得ないことになる。あらゆる人にとって、すべてのものごとの経験の機会はたった一度である。時や環境が違ったりすれば、たとえ自分自身が再び似たような経験をしたとしても、決して同一の経験ではない。他人であればなおさらである。それはすなわち、釈尊の真実を得ようとした道元の真実は釈尊の真実とは別物であることを意味することであり、道元の門派は仏教ではなく、また釈尊の真理は釈尊一代で断絶していることになる」と。

それならば、思考によって真実が得られるのかといえば、思考・思索の重要性は認めつつも、「単なる思考は空虚でしかない。思考は高度であればあるほど空虚になる傾向があり、それは真実と遠ざかっていく」と言い、真実より遠ざかる思考を、直截には「小賢しい」と否定しきっていた。

単なる経験や思考を否定するのであれば、両者が合一すればよいのかというと、それもそうではなく、思考によって組み立てられた経験―予想した結果を真実として求める経験や、当事者の心情と同じ状態になろうとして行なう追体験―もまた真実から遠ざかるものとして否定した。そこに、悟りの手段として、また釈尊の悟りや道元の心情を追体験する行為としての坐禅を否定しきる姿勢が見える。

父は貧しい家に生まれて幼いうちに母や姉を失い、軍隊にあっては自らが元気であるにもかかわらず生死の境にあることから、生死が紙一重であるということを思い知らされた。そして、死は思考によって成り立つのではなく、ただ経験されるのみでしかないということが、生涯を通しての信念となった。

そこに、結果を求める経験や追体験などのような、思考によって組み立てられた経験を否定する強い姿勢の根源を見ることができる。

要するに、真実を生死の境にある瞬間瞬間の自己の在り方として捉え、経験とは自己の在り方の状態、思考とは自己の在り方を理解する手段なのだと考えていたようである。

だから、父は坐禅を釈尊や道元の追体験としてしたのではなく、そしてまた単に形を真似したのでもなかった。ただ坐り息をするだけのことが、生死の境目にあることを意味する端的な状態なのだという、その一点に理由を見付けて坐ったのである。

その姿勢は本書の元になった講義への姿勢でもある。つまり、この講義の主題は『正法眼蔵随聞記』を単に読んで理解してもらうことではなく、実はそれを読むという行為、講義を聞くという経験そのものが、聴取者にとっての真実であるということを理解してもらうことであったのだ。

テキストと講義とが必ずしも一致しなかった真の理由はそこにある。

本書は、父に篤信して下さった石川吉弥翁が放送内容を原稿化され、大法輪閣編集部の小山弘利氏と私がテキストの内容をそれに加えることによって仕上がった。また放送内容の使用には日本放送協会の、テキストの使用には日本放送出版協会のそれぞれ御理解を頂いた。各位に深く感謝する次第である。

平成十四年九月

編集関係者を代表して　鈴木　一馨

増補版のための　あとがき

本書の初版が世に出てから十四年ほどの月日が流れた。

初版が出たのは、弊師でもある父が生を他に遷《うつ》してから三年後のことだったので、つまりはすでに十七年以上、直接に声を聞いていないことになる。人間の記憶というのは、それがどこまで正確なのか多分に疑問のところがあるが、その不確実さゆえに思い込みがそれなりに含まれる。子として生を享けて三十数年のあいだ聞き親しんだ父の声や言葉が、母や姉弟、また父と親しかった同輩・同僚や教え子の方々が記憶しているそれと、果たして等しいのか否か、全くもって自信がない。

よく知られる禅の理念を示す言葉に「不立文字」がある。真理は文字（＝言葉）によって理解されるのではなく、体験（体感）によって得られるのだということである。なぜそうなのかといえば、文字や言葉は解釈によってどのようにも変化する不確実なものだからで、それに対して体感で得たものはそれが直接の感覚であるかぎり確実なものだからである。しかし、体感はひとりひとりに完結するものであり、それは決して共有されることはない。だから、もし安易に「不立文字」を禅の真髄だと言ってしまえば、その真理は個々人に帰結してしまい、その真理が本物か否かを他者が理解することはできなくなってしまうし、だとすれば禅の真理は莫《な》きに等しいものとなってしまう。

私たち三人の子供が幼かった頃、ときおり父は「今、ワシはオシッコをしたいのだが、ワシの代わりに行ってくれるか?」とからかい半分に言ってきた。当然ながら子供たちは父親の代わりに小用をすることはできない。「できないよぉ」という子供らの答えに、「そうか、では仕方ないからワシが行ってくるか」と、いそいそ行くのが常だった。

このとき、父は「体感の真理」をどのように捉えるべきか、ということを確認していたようである。幼児にもわかる小用の要求が、しかし実際に小用を欲するオノレにしか体感されず、幼児には共有されない。このとき激しく体感の共有を求め、共に用を足すことを強要したとしても、決して尿意からの開放感を(己の血を承けているにも関わらず)幼児が共有することはできないのである。

読者には、この話はいささか下品に感じられるかも知れない。あるいは「(崇高な)禅の理念をシモの話で喩えるとは何事か」と思う方もいるかもしれないが、これは生きている以上免れることのできない、ある意味ではもっとも端的に「体感するオノレ」を指し示す現象なのである。

なぜ、禅僧が「不立文字」また「教外別伝」を理念としながら、矛盾するように数多の著述(＝言葉)を生みだしてきたのか?　——父は「祖師の言葉」を読むとき、この問題を念頭におきながらしていたきらいがある。それは「禅とはなにか?」という「禅僧としてのオノレ」の立脚点をさぐる試みであったとも言える。

果たして、これは父の想いと等しいのだろうか?　と、不確実さの不安を抱えながらであるが。

今回、本書を再刊するにあたり、「禅宗の修行」「孤雲懐奘」「人生を決めた仏教書〈『禅談』『正法眼蔵随聞記』など〉」「禅僧の臨終〈沢木興道〉」「赤心の人〈沢木興道老師を偲ぶ〉」の五本の短文を付編として増補した。初版ではＮＨＫラジオ第二放送の「心の時代」における、父の『正法眼蔵随聞記』の講義録を出版することに主眼を置いていたためにそれのみであったが、理解の参考になればという意味である。

なお、この増補版の出版にあたっては、とある篤信の方から受けた「父の導きへの感謝」としての喜捨をそのまま使わせて頂いた。また、付編の選択をはじめとした編集には、初版と同じく大法輪閣編集部の小山弘利氏の御尽力を頂いた。各位に深く感謝する次第である。

平成二十八年九月

編集関係者を代表して　鈴木　一馨

鈴木格禅（すずき・かくぜん）

大正 15 年　愛知県に生まれる。
昭和 21 年　出家得度。
昭和 28 年　駒澤大学仏教学部卒業。
昭和 37 年　駒澤大学兼任講師。
以後、助教授・教授を歴任。同大学在職中より各地で参禅指導にあたる。
平成 元 年　駒澤大学禅研究所所長。
平成 3 年　この年より永平寺東京別院にて眼蔵会講師を務める。
平成 9 年　駒澤大学を定年退職。
平成 10 年　この年より永平寺にて眼蔵会講師を務める。
平成 11 年　遷化（72 歳）

主な著書　『参禅指導の手引き』（昭和 38 年、曹洞宗宗務庁）。『正法眼蔵随聞記』（昭和 63 年、日本放送出版協会）。『禅の修行』（平成元年、社団法人日本能率協会）。『ＣＤブック正法眼蔵 生死 提唱』（平成 18 年、大法輪閣）。『禅と念仏』（共著、昭和 58 年、大蔵出版）。『道元禅師全集』5・6・7（共著、平成元年～2 年、春秋社）。『坐禅要典』（指導、平成 10 年、大法輪閣）。その他共著多数。

〈増補新版〉
若き道元の言葉
正法眼蔵随聞記に学ぶ

平成 14 年 10 月 10 日　初版発行 ©
平成 28 年 11 日 10 日　増補新版発行

著　者　鈴　木　格　禅
発行人　石　原　大　道
印刷所　三協美術印刷株式会社
製本所　東　京　美　術　紙　工
発行所　有限会社　大　法　輪　閣
東京都渋谷区東 2－5－36　大泉ビル 2F
TEL（03）5466－1401（代表）
振替　00130－8－19 番

ISBN978－4－8046－1389－5　C0015